# 像机构投资者一样思考
## ——散户逆向投资策略实战指南

黄佛森 编著

清华大学出版社
北京

## 内 容 简 介

近年来A股市场由于上市公司数量的增加、衍生品交易的逐步放开，监管的趋严以及信息传播渠道的广泛化，传播速度也更加快捷，A股市场的投资模式已发生较大的变化，越来越趋于机构化，市场参与者很难通过信息不对称获利。因此，对于散户来说，就要充分了解市场中聪明的机构投资者，我通过研究发现市场中成功的机构投资者多为逆向投资者。

因此，本书主要从两条主线介绍我的A股投资体系，第一个是逆向投资，第二个就是跟随聪明的机构投资者。本书以实际案例向大家展示为何逆向投资者收益丰厚，如何实现逆向投资，逆向投资中的风险是什么，以及在投资中如何借助聪明的机构投资者的各种信息，让其他的投资者为自己抬轿，实现收益。

本书封面贴有清华大学出版社防伪标签，无标签者不得销售。
版权所有，侵权必究。举报：010-62782989，beiqinquan@tup.tsinghua.edu.cn。

图书在版编目（CIP）数据

像机构投资者一样思考：散户逆向投资策略实战指南/黄佛森编著. —北京：清华大学出版社，2021.4（2022.1重印）
 ISBN 978-7-302-57330-2

Ⅰ.①像… Ⅱ.①黄… Ⅲ.①股票投资—指南 Ⅳ.①F830.91-62

中国版本图书馆 CIP 数据核字（2021）第 016124 号

责任编辑：张立红
封面设计：梁　洁
版式设计：方加青
责任校对：李梦婷
责任印制：宋　林

出版发行：清华大学出版社
　　　　网　　址：http://www.tup.com.cn，http://www.wqbook.com
　　　　地　　址：北京清华大学学研大厦 A 座　　邮　编：100084
　　　　社 总 机：010-62770175　　邮　购：010-62786544
　　　　投稿与读者服务：010-62776969，c-service@tup.tsinghua.edu.cn
　　　　质 量 反 馈：010-62772015，zhiliang@tup.tsinghua.edu.cn
印 装 者：三河市金元印装有限公司
经　　销：全国新华书店
开　　本：170mm×240mm　　印　张：16.75　　字　数：269 千字
版　　次：2021 年 5 月第 1 版　　印　次：2022 年 1 月第 2 次印刷
定　　价：69.00 元

产品编号：083744-01

―― 前 言 ――

# 站在巨人的肩膀上

A股市场从1990年设立以来，至今才30年，与成熟的市场相比，还是个正在成长的孩子。其中最大的特色是散户数量巨大，根据中证登截至2020年年末的统计数据，沪深两市自然人的投资者达1.6亿。

但是，从盈利上看，机构投资者的整体盈利明显跑赢散户。因此，对于散户来说，要想获得丰厚的超额收益，最简单的方法就是站在巨人的肩膀上，像这些聪明的机构投资者一样思考。

聪明的机构投资者又是如何思考的？我通过观察那些成功的投资者，包括一些个人投资者，发现他们有一个共同的特点就是独立思考，在投资中"不去人多的地方"，所以他们大多是逆向投资者。

本书从散户的角度出发，结合我在A股的投资经验以及在私募基金的工作经验，以通俗易懂的文字向读者系统性地介绍逆向投资的理论基础、周期判断、行业选择、交易技巧、A股中的聪明机构投资者以及股票逆向投资中三种典型的反转投资机会。

## 本书特色

1. 理论方面：系统性地阐述逆向投资的机会与风险，并结合我的实际投资案例进行实证。

2. 操作方面：从基本面及技术上分析如何选股，以及如何尽最大可能做好择时交易。

3. 市场方面：解析如何识别市场上聪明的机构投资者，并在投资上借助这些巨人的东风。

4. 实战方面：详细地讲解投资的具体操作，如信息收集技巧及财务分析方法。

## 本书内容

本书共分 11 章，每章简介如下：

第 1 章  源于生活的股市投资哲学

本章介绍自己在股票投资及基金工作中总结的股票投资理论体系："反""下""少""阳""溢"，分别指：逆向投资获利才最丰厚，接地气才能长成大牛股，专注几只股票看准机会重仓，机构投资者突击现大阳就是买入时，人多拥挤交易火热就是卖出时。

第 2 章  逆向投资要建立在认识周期的基础上

本章向大家介绍如何在认识周期的基础上进行逆向投资，而不是盲目地进行逆向投资，分别从资产泡沫形成——破灭周期、A 股的政策周期与市场周期、A 股行业轮动周期规律以及系统性风险下的结构性机会 4 个方面阐述 A 股投资周期的特点。

第 3 章  不是所有的行业和公司都适合逆向投资

本章向大家介绍如何在逆向投资中进行行业和公司选择，规避低 PE 的投资陷阱。

第 4 章  如何避免倒在黎明前？

本章主要从交易的角度出发，首先，在资金选择上，避免投资资金期限错配；其次，如何准确地抄底；最后，如何实现利润最大化卖出。

### 第5章 让机构投资者为你抬轿

本章主要向大家介绍 A 股中哪些机构投资者是聪明的投资者，以及散户可通过哪些方式借助这些机构的东风使自己的股票账户实现投资收益。

### 第6章 逆向投资者需要重点关注的财务指标

本章分别从避免踩雷和实现利润最大化两个角度，介绍逆向投资中应重点关注的财务指标。

### 第7章 信息收集、调研及分析

本章从信息收集方法、调研方法及分析方法的角度，介绍在投资中如何获取有效信息和分析信息。

### 第8章 系统性下跌带来的防御性行业投资机会

本章介绍如何在系统性下跌行业中规避系统性风险，同时用数据证明在系统性下跌后的反转行情中，防御性行业的上涨也是不输于其他行业的，最后以贵州茅台为例介绍如何在系统性下跌后抓住防御性行业的投资机会。

### 第9章 行业景气下滑带来的行业反转投资机会

本章介绍如何把握第一类的结构性机会，以白羽鸡及生猪养殖业为例向大家展示如何在周期性行业反转投资中实现利润最大化。

### 第10章 事件性危机带来的估值修复投资机会

本章介绍如何把握第二类的结构性机会，以奶粉行业的三聚氰胺事件以及中兴通讯芯片禁运事件为例向大家展示如何在事件性危机反转投资中获利。

### 第11章 成功的投资者都是典型的逆向投资者

本章介绍股票投资中成功的且较为著名的投资者，包括沃伦·巴菲特（Warren E.Buffett）、查理·芒格（Charlie Thomas Munger）、塞斯·卡拉曼（Seth Klarman）和卡尔·伊坎（Carl lcahn），他们的投资策略各有不同，但他们都是典型的逆向投资者。本章介绍了他们各自的投资理念以及具体的投资案例，散户投资者可以从中获得启发。

## 本书的读者对象

本书适合所有在 A 股市场的散户投资者，尤其是初学者、崇尚价值投资的长期投资者，以及一些在 A 股市场以实际投资回报为导向的各类投资公司研究员。

# 目录

## 第1章 源于生活的股市投资哲学 / 1

1.1 "反"——逆向投资获利才最丰厚 / 2

1.2 "下"——接地气才能长成大牛股 / 3

1.3 "少"——专注几只股票看准机会重仓 / 4

1.4 "阳"——机构投资者出击现大阳就是买入时 / 5

1.5 "溢"——人多拥挤交易火热就是卖出时 / 6

## 第2章 逆向投资要建立在认识周期的基础上 / 8

2.1 投资者如何从资产价格泡沫中获取财富 / 9

    2.1.1 潜伏期 / 10

    2.1.2 意识期 / 10

    2.1.3 狂热期 / 10

    2.1.4 破灭期 / 10

2.2 A股的政策周期与市场周期 / 13

2.3 流动性周期与大类资产配置 / 14

2.4 中国经济周期与A股的行业轮动 / 19

2.5 自下而上的选股也可规避系统性风险 / 23

## 第3章 不是所有的行业和公司都适合逆向投资 / 25

3.1 生命周期是逆向投资行业选择的关键 / 26

3.2 新兴行业应选择行业龙头避免踩雷 / 28

3.3 低PE有可能是投资陷阱 / 29

3.4 围绕净资产收益率进行逆向投资 / 31

  3.4.1 净资产收益率的定义与计算方法 / 31

  3.4.2 净资产收益率与公司价值 / 32

  3.4.3 净资产收益率与公司股价 / 34

  3.4.4 杜邦分析法的基本思路 / 36

  3.4.5 高净资产收益率企业的三种模式 / 38

3.5 A股主要逆向投资机构的选股标准 / 47

## 第4章 如何避免倒在黎明前 / 50

4.1 期限错配是股票投资的致命伤 / 51

4.2 为何多数投资者都倒在抄底的路上 / 52

4.3 买入持有期间煎熬，而决定什么时候卖出更煎熬 / 55

4.4 "20—30"定律 / 56

## 第5章 让机构投资者为你抬轿 / 59

5.1 关注跟踪聪明机构投资者的调研及持仓数据 / 60

5.1.1 哪些机构投资者是市场的常胜将军 / 60

5.1.2 如何从机构投资者的调研及持仓数据寻找投资线索 / 63

5.2 从价量变化及换手率判断机构投资者是否已介入 / 64

5.2.1 跟踪机构投资者调研数据的策略 / 65

5.2.2 跟踪机构投资者持仓数据的策略 / 67

5.2.3 跟踪沪深港通北上资金数据的策略 / 68

5.3 关注上市公司筹码集中度 / 70

5.4 券商研报及媒体热度的反向指标作用 / 73

# 第6章 逆向投资者需要重点关注的财务指标 / 74

6.1 经营性现金流净额是否逆势扩张 / 75

6.2 公司净利润随周期或事件变化的弹性是否足够大 / 78

6.3 公司实际的净资产是否已被严重低估 / 80

6.4 尽量选择有息负债率低的公司 / 84

6.5 资产端容易出现瑕疵的科目 / 85

6.5.1 货币资金 / 86

6.5.2 应收账款 / 88

6.5.3 其他应收款 / 91

6.5.4 预付款项 / 92

6.5.5 存货 / 93

6.5.6 商誉 / 96

6.6 警惕"存贷双高"的企业 / 97

6.6.1 "存贷双高"的定义 / 97

6.6.2 "存贷双高"的原因 / 101

6.6.3 "存贷双高"异常的识别逻辑 / 103

6.7 看业绩不是只看净利润的表面数字 / 104

6.8 警惕净利润与经营性现金流净额长期不匹配 / 107

 6.8.1 净利润与经营性现金流净额不匹配的原因 / 107

 6.8.2 净利润与经营性现金流净额长期不匹配的典型案例 / 111

6.9 上市公司利润调节的主要手段 / 116

 6.9.1 收入确认政策及关联交易 / 118

 6.9.2 折旧及摊销 / 121

 6.9.3 研发及借款费用资本化 / 125

 6.9.4 资产减值损失 / 134

 6.9.5 公允价值变动损益 / 149

 6.9.6 投资收益 / 151

6.10 警惕上市公司对外担保风险 / 153

# 第 7 章 信息收集、调研及分析 / 157

7.1 信息的权威性放在首位 / 158

7.2 海纳百川地收集各方面信息进行验证 / 159

7.3 重要的宏观数据信息 / 161

 7.3.1 经济增长指标数据 / 162

 7.3.2 通货膨胀指标数据 / 172

 7.3.3 货币信贷指标数据 / 174

 7.3.4 政府政策数据 / 179

7.4 重要的行业数据信息 / 180

  7.4.1 行业基础信息　/ 180

  7.4.2 行业动态信息　/ 182

7.5 重要的公司数据信息　/ 183

  7.5.1 业务结构及盈利模式　/ 183

  7.5.2 财务状况　/ 184

  7.5.3 管理层情况　/ 185

  7.5.4 公司的竞争优势及发展战略　/ 185

  7.5.5 股东情况　/ 186

  7.5.6 公司股票交易信息　/ 187

7.6 有目的性地进行调研　/ 188

  7.6.1 确保实地调研的必要性　/ 188

  7.6.2 实地调研的方法　/ 189

7.7 信息分析守正出奇　/ 191

  7.7.1 抓重点，追本溯源　/ 191

  7.7.2 抓住不变的要素，以变应变，回归简易　/ 193

  7.7.3 相关性分析——探寻同时间不同事物的关联性　/ 194

  7.7.4 历史均值及波动区间分析——探寻历史的周期性　/ 195

## 第8章 系统性下跌带来的防御性行业投资机会　/ 198

8.1 如何应对系统性下跌　/ 199

8.2 懒人选择防御性行业龙头可跑赢通胀　/ 201

8.3 防御性行业龙头——贵州茅台　/ 201

8.4 杜邦分析法在防御性行业投资策略的应用　/ 208

## 第9章　行业景气下滑带来的行业反转投资机会　/ 211

### 9.1　如何把握行业的周期　/ 212

9.1.1　认识行业的周期性及周期性行业　/ 212

9.1.2　细分行业状况的迥异造就结构性行情　/ 213

### 9.2　周期性行业反转的投资要点　/ 215

### 9.3　杜邦分析法在周期性行业投资策略的应用　/ 219

## 第10章　事件性危机带来的估值修复投资机会　/ 225

### 10.1　估值修复是事件性危机的首要获利点　/ 226

10.1.1　行业事件性危机　/ 226

10.1.2　公司事件性危机　/ 228

### 10.2　事件性危机反转的投资要点　/ 231

### 10.3　杜邦分析法在事件性投资策略的应用　/ 233

## 第11章　成功的投资者都是典型的逆向投资者　/ 237

### 11.1　沃伦·巴菲特与查理·芒格　/ 238

11.1.1　人物简介　/ 238

11.1.2　投资理念　/ 239

11.1.3　投资案例——2016年投资苹果公司　/ 240

11.1.4　投资案例——2015年再次买入菲利普斯66公司　/ 242

### 11.2　塞斯·卡拉曼　/ 245

11.2.1　人物简介　/ 246

11.2.2　投资理念　/ 246

11.2.3 投资案例——2016年逆势抄底能源股 /247

11.3 卡尔·伊坎 /250

    11.3.1 人物简介 /250

    11.3.2 投资理念 /250

    11.3.3 投资案例——2015年逆势收购巴西铁矿石开采商 /251

# 第1章
# 源于生活的股市投资哲学

通过对一些成功的投资者进行研究,我发现每个成功的投资者背后都有自己的一套投资哲学。如果没有一套系统性方法论的指导,投资行为会杂乱无章,投资业绩也不可持续。成功的投资很多都源于生活,生活中的一些哲学在投资中也同样适用,可能是因为大自然中的各种"道"具有一定的相通性,正所谓"事物总在一理,散出而有万殊"。从宇宙到地球,到人,再到每个事件,都有共同的要素,都有正反两面。事物分析的方法是类同的,只是具体分析的东西不一样而已。我通过自己的投资经验并结合生活中的一些哲学总结出一套股市投资之道:相反相和,由下而上,以少胜多,先阳后阴,满溢则损。"反"和"下"在于选股,"少"在于仓位,"阳"和"溢"在于交易。

## 1.1 "反"——逆向投资获利才最丰厚

"反"字，即相反相和。生活中，你会发现相反的一对放在一起是最和谐的，如物理中的阴阳两极会互相吸引，阴阳相交则通，通则无咎。我觉得其对股票投资的启示就是"逆向投资"，关注大家不关注的，或者大幅下跌的。在实践中，逆向投资往往是获利最丰厚的，特别是对于机构投资者而言，逆向投资可以很好地规避流动性风险，在市场热度高时退出可以卖个好价钱，在市场冷淡时买入可以买个好价位。

纵观那些成功的投资者，多数都有着逆向思维，如沃伦·巴菲特（Warren E. Buffett）（后文均简称为巴菲特）、塞斯·卡拉曼（Seth Klarman）；耶鲁大学基金、奥本海默基金及高瓴资本等一些QFII，国内的淡水泉、重阳投资、高毅资产。

2015年开始我也对两融投资者参与交易的活跃度进行了统计，该数据与换手率差不多，只是它观察的是市场上两融投资者的参与交易的活跃度情况。如图1.1所示，A股两融账户活跃度见底的时间与股市见底的时间几乎是对应的；两融账户活跃的见顶时间与股市见顶的时间也几乎是一一对应的。这也再次证明市场是反人性的，在市场参与者都一致性地不愿交易或者极度悲观的时候，市场其实已经见底；反之亦然。

当然，逆向投资之所以获利丰厚，是因为其要面对巨大的挑战。首先，逆向投资者在受到市场普遍质疑的时候能坚定信心，否则可能会倒在黎明前；其次，逆向投资者低估的股票仍有可能进一步下跌，多数市场老手死在抄底的路上。正如耶鲁大学基金首席投资官大卫·斯文森（David F. Swensen）在其《机构投资的创新之路》中所说的"逆向投资者并不意味着让投资者一味地逢低买入,但越是不被看好的投资,越要对基本面进行认真分析"。

因此,逆向投资并不是盲目地逆势而动,而是要顺势而为,只不过这个"势"是市场未来的发展方向,但它并未被市场上所有的参与者发现和认可。要看清这个"势",就必须认真分析基本面,如本书随后所说的"要建立在认识周期的基础上",认识宏观周期、行业周期以及公司的生命周期,避免倒在黎明前。

图 1.1  A 股 2015 年 4 月至 2017 年 1 月两融账户活跃度

【数据来源:中国证券金融股份有限公司】

## 1.2 "下"——接地气才能长成大牛股

"下"字,即由下往上,没有底层基石做铺垫的大楼是经不起风雨的,正所谓"人离不开大地,英雄离不开人民"。它给股票投资的启示就是要从老百姓的需求出发,关注与老百姓密切相关的吃、穿、住、行、医疗行业,接地气的公司往往是可以持续发展的。真正的大牛股和高市值公司,一定是与人类最基本消费需求直接相关的。

与人类最基本消费需求直接相关,意味着它的生命周期长,即只要有人类活着,它就被需求。它不会因为一时的经济环境差而消失,也不会因为技术创新而消失。所以在这类行业和上市公司进入低谷期或者下跌时,就是比较好的投资机会,因为它们属于刚性需求,一旦市场环境恢复,它就会开始回归原来的价值。

因此，逆向投资中投资者在选股上要关注老百姓基本消费需求的方向，以巴菲特的投资为例，在 20 世纪 90 年代末开始的科技股大行情时，他一股科技股都没买，如图 1.2 所示，直到 2011 年开始买入首个科技股 IBM，然后在 2016 年开始买入苹果，在此之前巴菲特持有的行业主要是在防御性消费行业和金融服务行业。为什么巴菲特后面才开始买这些科技股？我的理解是，互联网泡沫时代，这些科技服务还并没有完全深入老百姓的生活中，只是作为一个新兴事物存在，随时都有可能倒掉或被替代，同时谁是龙头企业并不清晰，新兴行业通常有个规律就是赢家通吃，即最终龙头将占领多数的市场份额，其他的中小企业都会倒闭。而 2011 年时，互联网已经成为老百姓生活和工作的一部分，已经成为和吃饭、住房、开车一样必备的商品，同时龙头企业也已显现。其 2016 年买入苹果的时候也类似，智能手机已经成为每个人的必备，同时苹果的龙头地位也已非常明显。

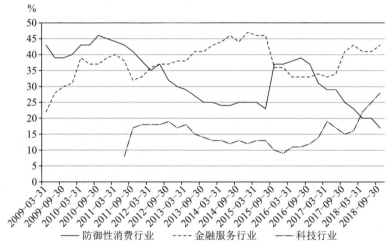

图 1.2 巴菲特 2009 年 3 月至 2018 年 9 月持仓的行业占比变化情况

【数据来源：gurufocus】

## 1.3 "少"——专注几只股票看准机会重仓

"少"字，即以少胜多，正所谓大道至简，生活中烦琐的事情非常多，很难面面俱到，但是要抓住重点，解决重要的问题。这在投资中的启示就是要专注和敢于重仓，意即少就是多。对于散户而言，这种投资方式肯定是最赚钱的。当然对于基金产品而言，由于要考虑到回撤的限制以及避免单一风险，可能会通过增加个股数量来分散风险，这种方式的另一种结果是回报可能就会相应地降低。

现代投资组合选择理论提倡投资者进行组合管理，当然在大类资产配置，我也赞成投资者应该将自己的闲置资金进行分散投资，根据自身的现金流情况，一部分投资现金类资产，如货币基金；一部分投资地产；一部分投资股票。不将所有的鸡蛋都放在一个篮子，就不会出现这个篮子一摔所有鸡蛋都碎了的情况。但是，单独投资股票，特别是对于上班族的散户投资者，我觉得不必过于分散，而是要专注于自己擅长及了解的领域，同时进行重仓投资，原因如下：

一是要认清股票的性质及投资的风险。股票投资是股权投资，它不像债权那样有一定的本金保障，它就像实业投资公司一样，公司可能会有破产的时候，因此，股价是有可能全部亏没的。有了这种认识后，再做投资股票的决定，既然决定把资金配置到股票，就应该有亏得起的准备，算账应该先算"亏"的账。

二是绝对收益才是你股票投资的最终目标。既然如第一点所说的，要冒那么大的风险去进行股票投资，最后只拿到不如货币基金的收益，则意义就不大。对于规模小的散户而言，过于分散的投资很难实现超额的绝对收益，一打开账户就跟逛超市一样看都看不过来，那样还不如买指数基金。

三是散户投资者精力是有限的，特别是上班族。把有限的精力放在重点的几只个股进行重仓投资，其实比广撒网的风险反而更小，因为你会有更多的时间去研究你重仓的个股，正所谓"集中力量办大事"。

# 1.4 "阳"——机构投资者出击现大阳就是买入时

"阳"字，即先阳后阴。在逆向投资中最大的缺陷就是过早介入，等待时间过长，也许很多人在春天来临前就把它卖了。为了规避这个风险，除了跟踪基本面情况外，同时也要结合技术面的情况。突然出现大阳线或者连续几天出现阳线，通常意味着有大资金或者机构投资者的介入，否则不可能出现放量上涨。出现这种指标时，可以开始介入关注的个股，跟随大资金或者机构投资者。

散户与机构投资者不同,由于规模相对较小,不受流动性的限制,买卖的动作不会对市场造成影响;而机构投资者,因为其资金规模相对较大,一旦大幅买入,股价就会大幅上涨,反之亦然。因此,散户应抓住机构投资者的这个弱点,抄机构的底、借机构的东风。

如图 1.3 所示,杰瑞股份从 2014 年以来连续下跌,一直弱于大盘,在 2018 年 1 月 4 日突然涨停,并且开始强于大盘指数,这就是所谓"阳"的体现,即机构投资者在买入的信号。因此对于逆向投资者而言,这就是强烈的买入交易信号,但是由于在行情前期,没有形成市场足够的关注度以及市场对上市公司能否上涨还存有疑虑,因此价格通常反反复复,在上涨过程中会出现缩量下跌,即"阴"的表现,这时投资者可以在支撑位上买入,这个支撑位为前期的密集交易区,通常是机构的底。

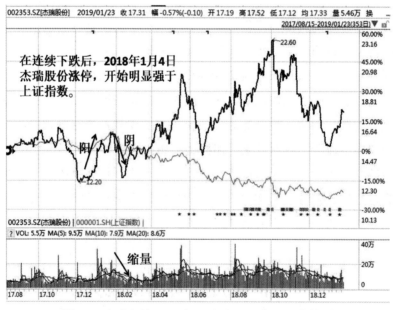

图 1.3　杰瑞股份 2017 年 8 月至 2019 年 1 月走势图
【图片来源:万得(Wind)】

## 1.5 "溢"——人多拥挤交易火热就是卖出时

"溢"字,即满溢则损。"阳"是体现在买入的交易上,而"溢"则是体现在卖出的交易上。人有悲欢离合,月有阴晴圆缺。股票肯定也是有涨必有跌,通常都是以什么样的形式开始,最终也是以什么样的形式结束。因此,不要过于迷信觉得某个上市公司非常好,永远都不会跌,再好的公司也是有周期的,即使是生命周期长的行业,在系统性风险来临时,也同样会受挫。

正如道德经第九章所述,"持而盈之,不如其已;揣而锐之,不可长保",即盈利了应该适可而止,不能贪得无厌;锋芒毕露的锐势是难以保持长久的。因此,逆向投资者在市场火热时,通常是急流勇退。

2015年,我认识的一位私募基金经理成功逃过股灾,事后我好奇地问他是通过什么数据指标提前知道的。他给出的答案非常简单,就是"市场上人多拥挤交易火热",一群不了解股票的人扎堆买股票而且能赚钱的时候,肯定是马上要大跌的时候。当然这是从现象去判断系统性的指数行情的方法,对于个股而言,用每日的换手率来判断,即当日的成交量除以总股数。当换手率高的时候说明这只股票火热。如图1.4所示,如果股票已经大幅上涨,同时又是高换手率,基本上就是见顶的标志,当然并不是说高换手率一定下跌,具体要对比历史的换手率水平,详见第4章。

图1.4 康力电梯2018年1月至2018年9月走势图
【图片来源:万得(Wind)】

# 第2章
# 逆向投资要建立在认识周期的基础上

逆向投资并不是漫无目标地跟市场反着走，它要建立在认识周期的基础上。那么什么是周期？它是指事物在运动变化过程中，某些特征多次重复出现。比如每年都有春夏秋冬，农民根据每个时点进行播种、耕耘、收割及储藏。经济、行业及公司也是有周期性波动规律的，在衰退、复苏、过热、滞胀四个阶段反复循环。在投资上就需要认识现在处于周期的哪个位置，这样才不至于出现"抄底中接刀子，上涨中踏空"的情况，它是我们判断趋势的基础。

## 2.1 投资者如何从资产价格泡沫中获取财富

著名的投资经理乔治·索罗斯（George Soros）曾说过："市场永远是错的！世界经济史是一部基于假象和谎言的连续剧。要获得财富，做法就是认清其假象，投入其中，然后在假象被公众认识之前退出游戏。"其背后的含义就是每个繁荣的经济，其实本质上都是人为制造的泡沫，要想从中获利，就必须在通货膨胀的初期进场并及早离场；在泡沫破裂时安然落地，并准备进场收拾。

如图 2.1 所示，根据霍夫斯特拉大学吉恩-保罗·罗德里格（Jean-Paul Rodrigue）教授对泡沫的解释，他认为泡沫的形成通常分为四大阶段：潜伏期、意识期、狂热期、破灭期。

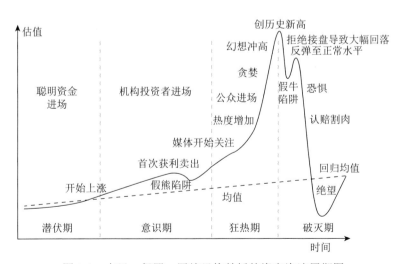

图 2.1　吉恩-保罗·罗德里格教授的资产泡沫周期图

### 2.1.1　潜伏期

在这个阶段,会有聪明资金(Smart Money)向某一类别资产投资,其方式通常是隐蔽而谨慎的。这个阶段资产价格会出现上涨,但还不会引起公众的广泛注意。

那些理解新的基本面情况的投资者会意识到某一种新兴资产的投资机会,这种资产通常有实质性的上涨预期,但是要冒一定的风险,因为这些假设都是未经证实的。这类投资者通常信息灵通,对于宏观经济环境可能引发资产价格上涨的理解也更为透彻。随着资产价格的上涨,其投资的资产类别持仓增加也会越来越多。

### 2.1.2　意识期

这一阶段中,许多投资者尤其是机构投资者,开始意识到该类资产的冲量,于是将更多资金投入,推动资产价格进一步上涨。一些投资者获利后可能会出现短期的抛售阶段,这时又到了聪明资金入场的时候了。该阶段的后期,新闻媒体开始注意到泡沫的出现,但通常以积极的方式呈现在公众面前。

### 2.1.3　狂热期

这个阶段,基本上每个人都能够意识到价格的上涨,公众纷纷开始入场。该资产价格的上涨可以说是板上钉钉的事了。然而这个阶段的价格走势无关乎逻辑,而是与心理息息相关。大量资金涌入,公众试图抓住这场狂欢的机会,但与此同时,聪明资金和机构投资者通常会慢慢将资金抽出并出售资产。这时,依然有越来越多的常规投资者在入场,导致基本面越来越模糊,表面上看,狂欢的气氛丝毫没有减弱。加上杠杆和债务等因素,价格会越飙越高。如果这个泡沫还伴随着宽松的信贷环境,那么其持续的时间还将很长。但随后的某个时间点,会有声明警告触顶信息,泡沫破裂在即。

### 2.1.4　破灭期

这是导致泡沫最终破裂的那个导火索到来的阶段。基本上所有人都在这时意识到情况已经发生变化了。当然也会有许多对市场有信心的人出来表态，称这只是暂时性回落。有些投资者就会被迷惑，但时间不会太长。许多投资者开始抛售资产，但几乎没有人接盘，每个人都预计未来该资产价格会下跌。资产价格下跌的速度远远比当时上涨的速度要快，泡沫的破裂速度当然也比其膨胀的速度要快。过度杠杆化的资产持有者就破产了，导致更多轮的资产抛售。这时甚至有可能出现长期的投资机会，在这个阶段买入，等待未来一段时间之后的回归正常。但这个时候，公众一般都会认为这已经是最糟糕的投资选择了，而聪明资金会趁此机会以低价入场。

通过上述的描述，基本可以理解泡沫形成的过程及每个阶段的特征。对于投资者而言，了解投资的资产处于泡沫的哪个阶段至关重要。此外，也可以看到泡沫并不是什么坏事，聪明资金和机构投资者正是通过价格泡沫获得了大量财富。

对于个人投资者而言，最简单的方法就是跟随聪明资金及机构投资者。在意识期进场（在一些投资者短期抛售的下降行情阶段）最为合适，风险低而回报高。除上述描述的特征外，在意识期内，由于方向并非十分确定，行情可能会反复徘徊，但是由于前期风险已大量释放，因此下行的动力已减弱，此阶段在宏观上伴随着信贷扩张外部影响，在风险释放完毕后，上升趋势越发明显，该资产价格将会迅速攀升，同时也是聪明投资者获利出逃的开始。

A股投资实践虽然比理论要复杂得多，但理论与实践整体上仍然是一致的。以2017年蓝筹行情为例，在潜伏期，A股在2015年经历了3波连续下跌，同时在第2波和第3波下跌中，国家队资金也介入进行逆势调控；如图2.2所示，2016年1月发生熔断之后，市场近乎绝望，交易量大幅萎缩，而与此同时政府施行了供给侧改革，在2016年下半年以钢铁、煤炭、水泥为代表的周期性行业的产品价格开始大幅上升，这些企业的经营状况明显改善，以上述大型相关国企为代表的上证50指数在2016年6月份已开始缓缓上涨，走势明显要好于中小创。在意识期，通过跟踪沪深港通数据，可以看到北上资金在这期间开始大幅增持上证50指数的成分股，如保险银行、消费类龙头及煤炭钢铁企业。在狂热期，媒体开始大势报道供给侧改革带来周期性行业的国有企业的业绩改善，市场也开始推崇以蓝筹股为方向的价值投资，上证50指数的一些成分股突破了2007年的高点，而与此同时，数据显示国家队资金及机构投资者在

2018年第1季度大幅减持。在破灭期，周期性行业上市公司业绩达到顶峰，供给侧改革效应开始减弱，以国有企业为代表的上证50指数的结构性行情结束，随着中小创下跌。

A股的投资者如果在2016年12月至2017年5月期间跟随聪明的机构投资者在意识期的假熊回调阶段买入上证50，同时在狂热期卖出，收益率可达40%，当然这是事后诸葛亮，况且这期间的震荡周期也达到了近6个月，怎么判断当时是意识期呢？这就需要大家结合更多的方面去验证上述的判断，如聪明机构投资者的买卖数据（北上资金在买入蓝筹股）、政府的政策导向（政府供给侧改革同时对中小板个股炒作的监管趋严）、整体市场流动性的情况（严格的监管使大市值个股的流动性好于小盘股）以及上市公司行业及公司本身的情况（蓝筹个股估值低同时业绩受益于供给侧改革）。

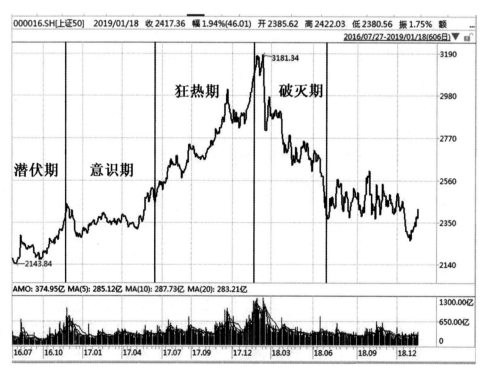

图2.2　上证50　2016年7月至2019年1月走势图
【图片来源：万得（Wind）】

## 2.2 A股的政策周期与市场周期

A股市场中，政府政策的引导对股市有一定的影响，当然政府政策的出发点是防范系统性风险，因此只有在可能触发市场的系统性风险时，才会进行干预。如表2.1所示，政策方向上通常也是逆向的，在市场行情过热时泼冷水，在市场行情过于悲观时添柴火。这也就导致政策周期是领先于市场的，当然这个市场指的是整体的市场，如大盘指数。

表2.1 政策在救市措施与警示市场措施

| 要素指标 | 政府救市措施（熊末牛初阶段） | 政府警示市场措施（牛末熊初阶段） |
| --- | --- | --- |
| 政策面 | 鼓励回购和增持，限制IPO，降低交易成本，资本制度改革，增加基建投资 | 加速IPO，增加交易成本 |
| 资金面 | 降准，降息，引入增量资金 | 升准，加息 |

邱国鹭在《投资中最简单的事》中提到"四种周期"，即政策周期、市场周期、经济周期、盈利周期。同时，根据其研究发现四种周期演变的先后次序：政策周期＞市场周期＞经济周期＞盈利周期，即政策周期领先市场周期，市场周期领先经济周期，而经济周期又领先盈利周期。也就是说，资金面和政策面是领先指标，基本面是滞后指标，公司盈利改善时股价往往已经开始上涨甚至可能到了卖出的阶段，典型的例子就是2016年至2017年钢铁、水泥、煤炭等周期性行业的供给侧改革行情，其在2018年业绩大幅改善确认时已见顶。

对股票投资者而言，最重要的是如何从上述周期判断出在什么时候买入和什么时候卖出，在市场探底过程中判断什么时候是底，在市场冲顶过程中判断顶在哪。当然这是不可能完成的任务，因为很少人能准确判断市场的底和顶，只能说最大限度地接近市场的底和顶。2003年以来A股出现过5次救市，根据历次数据的统计，如表2.2所示，发现市场底比政策底晚40天至77天，且通常市场底还要在政策底的基础上继续下跌。

表 2.2　2003 年以来历次救市形成的 A 股的政策底与市场底情况

| 政策底时间 | 市场底时间 | 滞后时间/天 | 期间政策 | 从政策底到市场底的涨跌幅/% |
|---|---|---|---|---|
| 2005-04-01 | 2005-06-06 | 65 | 降低印花税，IPO 暂停 | -12 |
| 2008-09-18 | 2008-10-28 | 40 | 降低印花税，汇金入市，国企回购，降准降息 | -14 |
| 2012-09-26 | 2012-12-04 | 69 | 放宽 QFII 持股比例，IPO 暂停，降准 | -9 |
| 2015-07-09 | 2015-08-28 | 50 | 中证金融资万亿入市，中金所限制期货恶意开空仓，降准降息 | -17 |
| 2018-10-19 | 2019-01-04 | 77 | 一行两会主管喊话化解股权质押风险，国务院常务会议帮助缓解企业融资难，降准 | -0.4 |

注释：由于市场仍未完全反弹，2018 年的市场底仍未确定，目前暂定 2019 年 1 月 4 日的 2440。

在 A 股整体市场下跌过程中，逆向投资不是一味地越跌越买，而是要结合当时政策周期。根据上述统计，在政策重磅出台的一个多月后持续买入，还是可以借着政策的东风获利的，避免在抄底过程中"接刀子"。

## 2.3　流动性周期与大类资产配置

资产价格上涨本质上是资金推动的，因此，如果企业的货币总量多了，其股票就有上涨的可能。为什么说只是"可能"？因为同时还要考虑其他类资产的情况，如类现金资产（货币基金）、房地产、债券、商品及外汇资产。从截至 2018 年上述资产的市值看，房地产的市值应该是最大的，也就意味着这几年房地产吸纳了市场上主要的货币。因此，在分析股票能不能涨时，首先要分析的是货币总量是上升还是下降，也就是说整体市场的流动性是趋好还是趋紧张；其次就是要看替代资产的投资吸引力。

如图 2.3 所示，从货币供应量的要素逐步延伸，需要考虑的要素就是外汇占款,以及外汇占款以外的基础货币,包括存款类金融机构的存款准备金率、存贷款利率。

外汇占款上升,也就是意味着整体基础货币供应量会增加;存款准备金率下调也会增加基础货币供应量;存贷款利率虽然不会影响基础货币供应量,但影响着资金的成本,存贷款利率上升对现金以外的资产都是不利的。

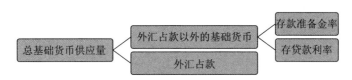

图 2.3　总基础货币供应量的影响要素

如表 2.3 所示,从大类资产配置方面延伸,主要就是对比上述资产的风险收益比,资金总是追求风险收益比低的资产。

表 2.3　资产类别及其属性

| 资产类别 | 资产属性 |
| --- | --- |
| 类现金资产（货币基金） | 经济滞涨期间配置<br>跟踪指标：余额宝 7 日年化收益率 |
| 房地产 | 中国经济的稳定器及政府逆周期调控的工具之一,流动性较差<br>跟踪指标：政府对房地产调控的政策及房贷利率 |
| 债券 | 经济衰退时配置<br>跟踪指标：中债国债利率、国债期货及通胀数据 |
| 股票 | 经济复苏阶段配置,股票的上涨要领先于房地产<br>跟踪指标：上证指数,中小板及创业板指数 |
| 商品 | 经济过热时配置；目前商品现货及期货规模较小,对资金引流的影响较小<br>跟踪指标：各类商品期货的价格指数 |
| 外汇资产 | 受外汇管制影响,不具投资便利性<br>跟踪指标：美元利率、美元指数及 QDII 海外指数基金 |

因此,对于股票资产而言,在具备以下的定性条件时,应该就是投资股票的时候。

（1）货币政策与财政政策放松,货币供应量增加,整体市场流动性逐步宽松。

（2）货币基金收益率下降；由于经济较差，房地产限购及限贷政策有松动迹象但仍未完全放松，对资金流入房地产的监管仍较严格；美元进入弱势周期，人民币进入升值窗口；宏观经济数据仍较差，货币及财政政策有放松预期，债券价格逐步冲顶，接近前期高点。

如图2.4所示，从历史数据看，历次的降准降息都会给股市和房地产市场带来上涨的行情，特别是在美元指数走弱的时候，而且上涨的幅度与降准降息的幅度成正比。货币宽松幅度越大，股市和房地产上涨的持续时间越长。同时，也可以看到房地产价格上涨持续的时间比股票和债券都要长。

此外，如表2.4所示，在流动性宽松周期开始的时候，股市上涨的时间总是领先于房地产，表现出资产轮动效应，即在房地产开始增长时，上证指数即开始走弱，也就是说房地产投资对资金引流较大，一旦房地产开始回暖，股市的资金就会开始撤退；但是受益于房地产产业链下游的板块在后续的行情中表现要好于大盘。

表2.4 货币宽松周期上证指数与大中城市住宅价格的情况

| 货币宽松周期 | 降息幅度（基点） | 降准幅度（百分点） | 上证指数情况 | 大中城市住宅价格指数 |
| --- | --- | --- | --- | --- |
| 1996-04—1999-06 | -873 | -7.0 | 1996至2000年保持上涨趋势，上涨周期达4年 | 1998年开始正式商品化，价格开始上涨 |
| 2008-10—2008-12 | -189 | -2.0 | 2008年11月至2009年7月，累积上涨8个月 | 2009年7月同比开始增长，一直到2012年4月 |
| 2011-12—2012-07 | -50 | -1.5 | 2012年12月至2013年1月，累积上涨2个月 | 2013年1月开始正增长，一直到2014年8月 |
| 2014-11—2016-03 | -150 | -3.0 | 2014年7月至2015年5月，累积上涨10个月 | 2015年5月同比增速开始回升，同时在2015年12月同比开始正增长，一直持续到2018年12月 |
| 2018-4—2019-01 | — | -3.5 | 2018年4月下跌至2018年12月，并在2019年1月开始企稳回升，持续上涨至2019年4月 | 2019年4月同比增速开始明显回升，在2019年11月同比增速达到顶点 |

注释：2018年开始的数据为预计值。

第2章 逆向投资要建立在认识周期的基础上

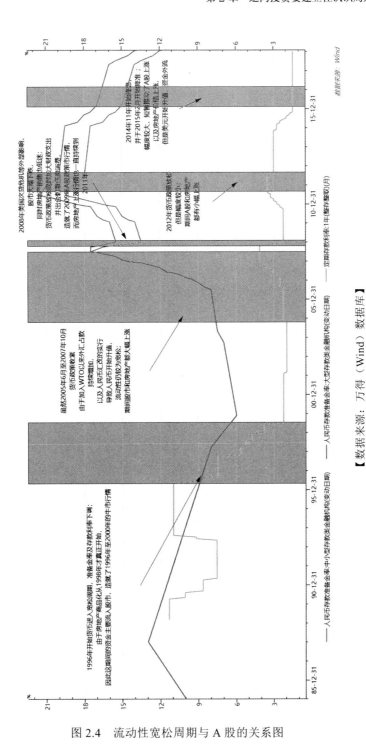

图 2.4 流动性宽松周期与 A 股的关系图

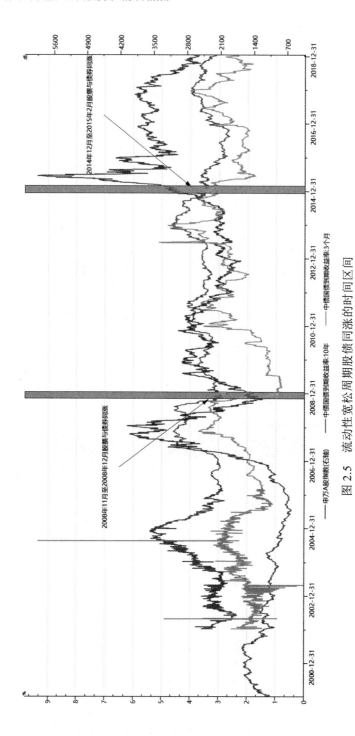

图 2.5 流动性宽松周期股期债同涨的时间区间
【数据来源：中国债券信息网，万得（Wind）】

还有，从历史数据看股票和债券基本上呈负相关的关系，即股票涨，债券收益率上升（债券价格下跌），因为在流动性宽松周期，股价和房地产价格都会相继上涨，需求和通胀的上升会推高债券收益率。不过有时也会出现股票和债券同涨的情况，就是在房地产价格还没上涨或者商品价格及通胀数据低迷的情况下，债券价格仍可能保持上涨，而出现这种情况通常是股票上涨前期的牛熊转换阶段，如图2.5所示的2008年11月至2008年12月期间和2014年12月至2015年2月期间。

截至2019年1月16日，从上述数据看，现在可能进入第5次流动性宽松的周期。2018年4月以来已经连续4次降准，且仍有继续降准的空间，同时美元现在可能进入弱势周期，人民币贬值压力较小，资金外流压力小，股票在2018年已大幅下跌，且房地产限购限贷政策仍未完全宽松，债券价格逐步冲顶，已越来越接近2016年10月的高点。会不会再次出现前几次周期的走势？我们拭目以待。

## 2.4 中国经济周期与A股的行业轮动

教科书上说，股市是经济的晴雨表，A股很多投资者对此都表示怀疑，觉得GDP每年都保持着增长，但是为何A股没有像GDP那样年年保持增长？实际上，我觉得股市的确是经济的晴雨表。只不过A股与政府政策引导及制度改革有着密不可分的联系，每一次的政策施行及制度改革都成为那个阶段的经济驱动力，同时以这一次政策和改革的主题催生出A股的一波行情，并且受益最大的行业就是当时涨幅最大的行业板块，也可以说是一个政策市。

虽然从上证指数的行情上看，有系统性行情的机会屈指可数，但是从2000年以来每年上涨板块数量的统计数据（如图2.6所示）来看，具有结构性板块行情的年份还是较多的，只有2002年、2008年、2011年及2018年没有一个行业板块上涨。通过对上涨行情（包括结构性板块行情）与当时的政策及制度改革进行对比分析，发现当年上涨的板块与当时政府政策密切相关。

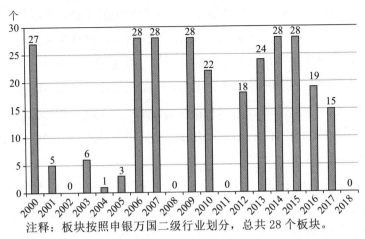

注释：板块按照申银万国二级行业划分，总共28个板块。

图2.6　A股2000年至2018年每年上涨板块数量

【数据来源：万得（Wind）数据库】

从表2.5可以看到，2001年加入WTO的预期带来了2000年多数板块上涨的行情，2000至2001年上涨板块最大的就是汽车板块，加入WTO，汽车行业受益是最大的。

2002年至2005年由于实业投资效益好，实业投资的热潮在持续分流股市的资金，股票市场较为低迷。

2005年汇率制度改革及股权分置改革，同时实业投资利润开始下降，资金转向资本投机，因此2006年至2007年上涨最大的板块为金融股，尤其是证券股。

2008年美国次贷危机影响A股也大幅下跌，资金选择了防御性的农林牧渔行业。

2009年由于在危机后进行刺激房地产及汽车消费，汽车及房地产以及其上游行业因此受益。

2010年房地产在受刺激后持续回暖，作为滞后的房地产下游产业链获得资金的持续买入。

2011年因为房地产反弹力度过大，开始对房地产进行调控，资金抱团银行业取暖。

2012年由于设立创业板的政策，券商投行业务有改善预期，因此非银金融板块涨幅最大。

2013年至2015年由于对战略新兴行业的支持，催生了互联网为龙头的创业板行情。

## 第 2 章 逆向投资要建立在认识周期的基础上

2016年至2017年，由于供给侧改革政策的实施，传统的周期行业产品价格开始上涨，催生了钢铁、煤炭、有色等行业的大行情。

2018年，"去杠杆"的政策，导致股票市场整体性大跌，尤其在民营上市公司当中出现了大股东质押股爆仓的风险。

2019年，出台支持民营企业政策同时推出科创板，股票市场见底回升，上证指数全年上涨了22.3%，其中非银金融的证券板块上涨了57%。

从过往20年的数据分析，关于A股行业板块轮动与中国经济周期的关系呈现出如下特点：

（1）2005年是资金"脱实向虚"的转折点，在市场行情好的时候，非银金融板块表现强势，尤其证券板块涨幅是最大的，出现的年份有2006年、2007年、2012年（深交所设立创业板）以及2019年。

（2）2008年金融危机以来，每次新政策调控最终受益的还是房地产行业或者说每次都是通过刺激或者放松房地产来支持整个宏观经济的发展，因此每次新政策出来之后，房地产板块都会受益。虽然只有在2009年房地产板块是涨幅最大的，但在后面几个新政策周期中，房地产板块都有较好的涨幅，而且房地产股票是最先传导的，整个传导链条：房地产股→建筑装饰股（包括基建）→银行股。

（3）银行从2008以来每次在周期末端都最抗跌，因为银行的不良率改善有滞后效应，政策效应是最晚传导到银行的。如2016年的供给侧改革，先涨的板块是钢铁、煤炭、水泥等最先受益的周期性行业，随后才是金融股。

表2.5 2000年至2019年期间政府政策及改革情况与期间A股涨幅最大的板块

| 时间区间/年 | 政策及改革 | 涨幅最大的行业 |
| --- | --- | --- |
| 2000—2001 | 2001年加入WTO，汽车工业进入繁荣发展期 | 汽车板块分别上涨103%和135% |
| 2002—2005 | 加入WTO进入实业投资热潮持续分流股市的资金 | 汽车板块上游的钢铁及采掘业 |
| 2006—2007 | 股权分置改革以及汇率制度改革；汇率改革开启后，人民币开始升值周期，实业投资利润开始下降，资金转向资本投机 | 非银金融行业 |
| 2008 | 美国次贷危机等外部环境的恶化，出口下降，企业盈利增长预期下降；同时，超级大盘股陆续上市；货币政策的持续收紧；政府开始打压股市，如调高印花税 | 农林牧渔行业板块（跌幅最小） |

续表

| 时间区间/年 | 政策及改革 | 涨幅最大的行业 |
|---|---|---|
| 2009 | 中央和地方都在大力刺激消费，加快落实职工带薪休假制度，降低个人买卖住房中间环节税，利用税收政策支持居民购买首套自住房，积极引导汽车消费 | 汽车及房地产以及其上游行业 |
| 2010 | 由于政府的刺激政策，房地产回暖，成交量上升也带动了房地产下游的产业链 | 建筑装饰行业（包括基建） |
| 2011 | 2011年刺激政策效应减弱，同时由于房价涨幅过大，开始对房地产进行调控；2011年1至7月份央行分别6次上调存款准备金率，4次上调存贷款基准利率 | 银行业（跌幅最小） |
| 2012 | 2012年4月深圳交易所设立创业板；小幅降息降准 | 非银金融行业 |
| 2013—2015 | 国企混合制改革，结构调整支持发展战略性行业，新"国九条"促进发展资本市场 | 传媒及计算机行业（新兴行业的创业板龙头） |
| 2016 | 由于2014年11月至2016年3月央行连续的降准降息，房地产行业回暖；供给侧改革开始实施 | 建筑装饰行业（包括基建） |
| 2017 | 供给侧改革实施后，周期性行业价格持续上涨；实施金融去杠杆和严监管 | 有色金属及钢铁行业 |
| 2018 | 坚持房地产调控目标不动摇，力度不放松；继续实施去杠杆政策，民营企业出现资金困境 | 银行业（跌幅最小） |
| 2019 | 上海交易所计划设立科创板；出台支持民营企业政策 | 非银金融行业 |

如图2.7所示，可以看到一个非常简单的行业轮动策略：在新政策周期初期选择非银金融及房地产板块，在新政策中期选择建筑装饰（包括基建）板块，在新政策末期选择银行板块。当然，这是建立在历史数据的研究上，具体在投资中还是需要根据当前的政策进行更深入的分析，投资者应该建立政府政策档案数据库，以便随时对未来发展方向进行更系统的分析。

图2.7 A股2008年至2018年政策周期与行业轮动情况

## 2.5 自下而上的选股也可规避系统性风险

前面更多的是以自上而下的方式选择投资方向来规避股市的系统性风险，其实自下而上的选股也可以规避股市的系统性风险，因为也有一些行业和上市公司的周期不与整个股市周期同步。那么如何从众多行业和上市公司中筛选出与整个市场不同步的上市公司？如果是采用正向的方法从行业和上市公司去直接寻找，如同大海捞针，但是如果通过反向筛选的方法，即总结熊市中那些上涨个股的特点，然后通过这些特点再去寻找可能就容易得多，当然这种方法不能百分之百准确，毕竟统计数据和年份都不够多，但还是具有一定的代表性。

通过对上述年份上涨板块为 0 的 2002 年（如图 2.8 所示），2008 年（如图 2.9 所示），2011 年（如图 2.10 所示）及 2018 年（如图 2.11 所示）涨幅 10% 及以上的个股进行统计，发现上述个股中多数在前一年中是缩量下跌的（如 2002 年、2011 年及 2018 年），即其股价在前一年已大幅下跌而成交量大幅萎缩。此外，从基本面上看，通常这些上市公司未来 1~2 年的业绩明显改善的概率非常大或者有重大的重组事件。

这种自下而上的选股，要想规避系统性的风险，重要的还是对行业情况及上市公司有细致的了解，同时在实际交易中，也不要心存侥幸，觉得可能完全不受系统性的风险的影响。因为，在整个市场都大幅下跌时，总是泥沙俱下；但是在市场逐步稳定时，其反弹的速度会好于其他个股。

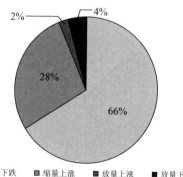

注释：2002 年上涨 10% 及以上的个股数量为 47 只，扣除上市未满 3 年的个股。

图 2.8　2002 年涨幅 10% 及以上个股 2001 年价量关系
【数据来源：万得（Wind）数据库】

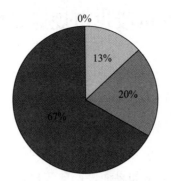

注释：2008年上涨10%及以上的个股数量为15只，扣除上市未满3年的个股。

图2.9　2008年涨幅10%及以上个股2007年价量关系

【数据来源：万得（Wind）数据库】

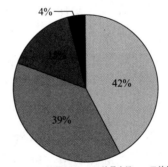

注释：2011年上涨10%及以上的个股数量为60只，扣除上市未满3年的个股。

图2.10　2011年涨幅10%及以上个股2010年价量关系

【数据来源：万得（Wind）数据库】

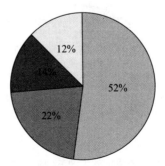

注释：2018年上涨10%及以上的个股数量为88只，扣除上市未满3年的个股。

图2.11　2018年涨幅10%及以上个股2017年价量关系

【数据来源：万得（Wind）数据库】

# 第3章
# 不是所有的行业和公司都适合逆向投资

　　逆向投资除了要建立在对周期的认识上，还要对行业及公司本身有一定的认识，并不是所有的行业和公司都适合逆向投资，例如生命周期短的科技行业，由于更新换代速度快，如果所在行业的公司在技术上没有跟上并完成转型，可能就意味着被淘汰，在这种情况下去做逆向投资就不适宜，最终可能抄的不是底，反而是个雷，竹篮打水一场空。

## 3.1 生命周期是逆向投资行业选择的关键

对于逆向投资而言，在考虑价格低的同时，还要考虑上市公司的行业及本身的特点。什么特点？就是行业的生命周期要长：如消费品（食品饮料及日化用品等）、零售、医药等。

从巴菲特的行业配置就可以看到，如图3.1所示，其更多地倾向消费端或者说是生活中的必需品，即使是金融服务和能源行业，他选择的公司也是更偏向下游，更靠近消费端。

同时，他选择的公司的特点是具有核心优势，且为行业龙头地位，如消费类的卡夫亨氏食品、可口可乐，金融服务类的富国银行、美国运通以及穆迪，科技类的IBM和苹果。

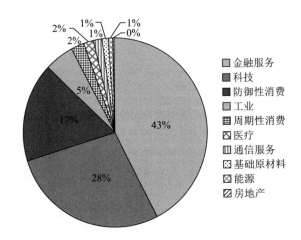

图3.1 截至2018年第3季度巴菲特持仓的行业比重
【数据来源：伯克希尔哈撒韦公司2018年第3季度持仓报告】

## 第3章 不是所有的行业和公司都适合逆向投资

为什么选择这几类行业和公司？第一，选择生命周期长的行业，它的发展是可持续性的，如食品等消费类是人的生活必需品，因此，行业不会消失，这类行业往往都是能穿越牛熊的。第二，选择龙头企业，因为只有这类公司才能在行业不景气时存活下来，而且占领更大的市场份额。

同时，通过对A股上市公司进行筛选，如图3.2所示，发现基本面一直保持稳定（2007年至2017年净资产收益率保持15%以上；且剔除预收账款及应付账款后负债率低的个股，主要是为了剔除盈利能力不稳定而且靠大量借债来实现高净资产收益率的个股）的公司同时股价也穿越牛熊（大盘指数2007年创出6124高点以来，再没有创出新高，因此，如果个股在之后的市场行情创出新高，应该说就是穿越了牛熊）的个股也多数集中在上述行业，如食品消费及医药行业。

| 证券代码 | 证券简称 | 上市日期 | 上市首日买入至创新高日卖出 | | | 上市首日买入持有至今 | | | | 所属行业 | 是否突破2007年高点 |
|---|---|---|---|---|---|---|---|---|---|---|---|
| | | | 创新高日期（前复权） | 累积涨幅 | 持有年限 | 年均复合收益率 | 2019年1月25日价格 | 累积涨幅 | 持有年限 | 年均复合收益率 | | |
| 600519.SH | 贵州茅台 | 2001/8/27 | 2018/6/12 | 163 | 17 | 36% | 679.7 | 141 | 17 | 33% | 食品消费 | 是 |
| 000651.SZ | 格力电器 | 1996/11/18 | 2018/1/26 | 487 | 21 | 34% | 39.9 | 332 | 22 | 30% | 耐用品消费 | 是 |
| 600436.SH | 片仔癀 | 2003/6/16 | 2018/5/28 | 52 | 15 | 31% | 87.97 | 35 | 16 | 26% | 医药制造 | 是 |
| 600276.SH | 恒瑞医药 | 2000/10/18 | 2018/6/7 | 96 | 18 | 30% | 58.99 | 68 | 18 | 26% | 医药制造 | 是 |
| 000538.SZ | 云南白药 | 1993/12/15 | 2018/5/28 | 239 | 24 | 25% | 78.23 | 159 | 25 | 22% | 医药制造 | 是 |
| 600271.SH | 航天信息 | 2003/7/11 | 2015/6/4 | 30 | 12 | 34% | 24.84 | 15 | 15 | 19% | 计算机应用 | 是 |
| 000423.SZ | 东阿阿胶 | 1996/7/29 | 2018/1/24 | 67 | 21 | 22% | 40.19 | 38 | 23 | 18% | 医药制造 | 是 |
| 600036.SH | 招商银行 | 2002/4/9 | 2018/1/24 | 14 | 16 | 19% | 28.52 | 12 | 17 | 16% | 金融服务 | 是 |
| 600511.SH | 国药股份 | 2002/11/27 | 2015/6/25 | 26 | 13 | 30% | 23.52 | 10 | 16 | 16% | 医药商业 | 是 |
| 000069.SZ | 华侨城A | 1997/9/10 | 2007/11/12 | 40 | 10 | 44% | 6.3 | 18 | 21 | 15% | 房地产开发 | 否 |
| 000963.SZ | 华东医药 | 2000/1/27 | 2018/5/29 | 22 | 18 | 19% | 26.79 | 11 | 19 | 14% | 医药制造 | 是 |
| 600066.SH | 宇通客车 | 1997/5/8 | 2017/11/13 | 33 | 21 | 19% | 11.87 | 15 | 22 | 14% | 汽车整车 | 是 |
| 000848.SZ | 承德露露 | 1997/11/13 | 2015/6/4 | 22 | 18 | 20% | 7.99 | 10 | 21 | 12% | 食品消费 | 是 |
| 000887.SZ | 中鼎股份 | 1998/12/3 | 2015/6/11 | 18 | 17 | 20% | 10.04 | 4 | 20 | 8% | 汽车零部件 | 是 |
| 000501.SZ | 鄂武商A | 1992/11/20 | 2015/6/3 | 11 | 23 | 12% | 10.16 | 5 | 26 | 7% | 零售 | 是 |

图3.2 A股2007年至2017年年度净资产收益率在15%及以上的上市公司

如图3.2所示，即使是最笨的方法，即买入持有至今的方式，贵州茅台、格力电器、片仔癀、恒瑞医药及云南白药的年化收益率都在20%以上，而巴菲特从1965年到2017年的52年中，年均复合收益率也才19.1%。如果在下跌时买入，涨幅疯狂时卖出，收益率会更高。

因此，投资者在做逆向投资时，应该首选食品消费及医药等生命周期长的行业，这类行业上市公司只要在市场回暖时就会进行价值回归，同时，应该选择这些行业的龙头企业。A股的此类机构投资者中最具代表性的就是奥本海默基金公司，其投资的贵州茅台及恒瑞医药是经典的 A 股逆向投资案例。

## 3.2 新兴行业应选择行业龙头避免踩雷

前面讲到逆向投资在行业选择上，应该选择生命周期长的行业，同时选择龙头企业，对于生命周期短的科技行业或者新兴行业，更是应该选择龙头企业，这样在一定程度上可以避免踩雷。因为新兴行业通常有个赢家通吃的规则，从行业竞争激烈阶段进入不景气的时候，往往市场中活下来的多数都是市场规模最大的公司或者是现金流最好的公司，同时它们在逆势中占有更多的市场份额，成为行业的绝对龙头。实际案例非常多，如腾讯、阿里巴巴以及京东。

以 2018 年的动力锂电池行业为例，自 2012 年开始，政府鼓励发展新能源汽车，同时也推进了动力锂电池的发展，许多上市公司开始大力发展动力锂电池业务，一时间开始了动力锂电池投资热，自 2017 年开始由于上游原材料大幅上涨，同时 2018 年政府补贴政策逐步退坡和退出，动力锂电池生产商成本转移能力减弱，受到整车生产商的压价压力增大，2018 年 6 月份开始部分动力锂电池企业陆续出现资金紧张、利润缩减、停产、裁员等问题，其中包括了国内行业第三的沃特玛，整个锂电池行业哀鸿遍野、一地鸡毛。这时候逆向投资者应该如何选择？虽然目前未来新能源电池的方向不确定，但从控制风险的角度来看，投资行业龙头一定是最稳妥的，同时如果行业第一与第二的差距越大，也越有利于排名第一的龙头企业。

如图 3.3 所示，从国内动力电池市场份额数据看，排名第一和第二的市场份额还是有一定差距的。因此，如图 3.4 所示，QFII 在 2018 年第 3 季度时开始增持或买入行业龙头企业宁德时代，持仓的 QFII 数量达到 7 家。从随后股价走势图也可以看出，行业龙头企业宁德时代和比亚迪要明显好于同行业的其他上市公司。

第3章　不是所有的行业和公司都适合逆向投资

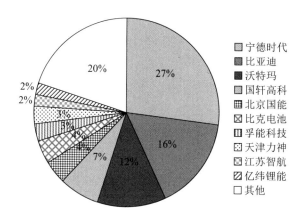

图 3.3　动力电池市场 2017 年份额情况（销量）
【数据来源：宁德时代招股说明书】

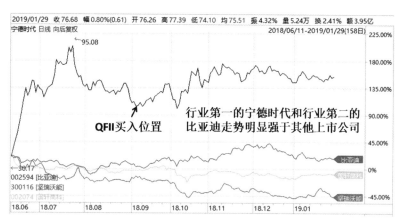

图 3.4　宁德时代与其他动力锂电池上市公司 2018 年 6 月至 2019 年 1 月股价走势图对比
【图片来源：万得（Wind）】

## 3.3　低 PE 有可能是投资陷阱

由于受巴菲特的影响，A 股市场上价值投资者逐步增多，特别是 2017 年大蓝筹的结构性行情下，市场鼓吹价值投资的非常多，但目前市场上对价值型投资的理解存在一些误区：

首先，认为价值投资就是买入烟蒂股，而不考虑上市公司本身的特点及行业情况。

什么是烟蒂股？烟蒂股就是估值低的股票，如低PE（市盈率）、PB（市净率）及PS（市销率）等。应该说，这种策略的核心思想来自统计学的均值回归，根据历史走势的低点和高点确定估值区间，在大幅低于中值或均值时买入，越低越好，因为从概率上讲，总会回归中值或均值的。

但是，那个统计数据只是反应过往历史的数据，未来分母的盈利、净资产及销售额是不确定的，如果分母逐步下滑，那么就会出现无法回归中值或均值的情况。

此外，在估值上不能只看PE，即市盈率，市场上多数散户都爱用市盈率来衡量估值水平，实际上对于周期性行业而言，低PE有可能是估值陷阱。如图3.5所示，2016年至2018年，三钢闽光股价处于低位的时候，其PE是负数或者是处于高位的；在股价处于高位的时候，如2018年1月股价见顶时，PE处于历史低位。这主要是因为公司的盈利周期是晚于股价的市场周期的，在公司盈利大幅改善时，往往是行业见顶的时候，这时由于盈利大幅增加导致PE处于低位。

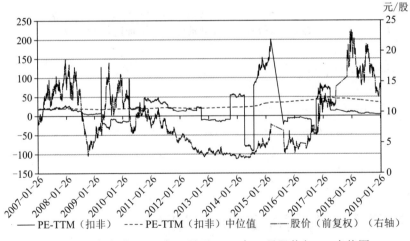

图3.5 三钢闽光2007年1月至2019年1月股价与PE走势图
【数据来源：理杏仁网站】

对于一些周期股，用PB和PS估值更有效，特别是对于重资产的行业，采用PB估值更具有参考性。如图3.6所示，2018年1月三钢闽光的PB已经远高于历史中位数，也非常接近2008年和2010年的高点，与此同时三钢闽光股价也在冲顶中。

第3章 不是所有的行业和公司都适合逆向投资

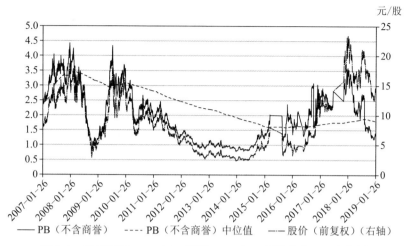

图3.6 三钢闽光2007年1月至2019年1月股价与PB走势图
【数据来源：理杏仁网站】

另外，认为价值投资就是长期持有。市场中很多投资者都认为自己是价值投资，理由就是长期持有。实际上，价值投资并不是长期持股，在阶段性的高点时，有必要减仓，特别是在A股市场，整个波动范围更大，且很容易快速达到估值中枢。既然达到估值中枢了，为何不卖出？如图3.6所示，三钢闽光的PB估值在2018年1月已经接近历史高点，因此在2018年1月份卖出是非常合适的。

## 3.4 围绕净资产收益率进行逆向投资

对于股票投资者而言，公司的价值是什么？按照实业投资的逻辑，公司是否有价值就看公司给股东的回报高低。每年的回报越高，那么，公司的价值越高。而事实上，对于交易所交易的股票也是如此，它有个专业的术语就是"净资产收益率"或者"股东权益报酬率"。

### 3.4.1 净资产收益率的定义与计算方法

净资产收益率是净利润与平均股东权益的百分比，是公司税后利润除以净资产得到的百分比率，该指标反映股东权益的收益水平。数值越高，说明投资带来的收益越高。

净资产收益率的计算方法有两种，一种是全面摊薄净资产收益率，另一种是加权平均净资产收益率。

*全面摊薄净资产收益率 = 报告期净利润 / 期末净资产*

*加权平均净资产收益率 = 报告期净利润 / 平均净资产*

一般情况下，两者数值差不多，只要公司的股权没有发生变化，如债转股和定向增发。对于散户投资者而言，选择其中一种即可。

此外，净资产收益率还有另一种运算公式：

*净资产收益率（ROE）= 市净率（PB）/ 市盈率（PE）*

净资产收益率实际上反映了公司的赚钱能力。例如 2015 年 12 月 31 日以 23 元 / 股的价格买了 100 股格力电器股票，到 2016 年 12 月 31 日格力电器实现了 30.41% 的净资产收益率（加权平均净资产收益率），名义上意味着投资的 100 股格力电器，即 2300 元，获得了 30.41% 的回报率。

当然，由于上市公司很少将当年的所有净利润进行分红，使很多投资者觉得实际上并没有获得那么多的收益。但是如果一家公司能多年维持较高的净资产收益率，即使没有将净利润全部分红，其股价最终也是要涨的。

就如前面的例子，2016 年年初投资的 2300 元，在 2016 年年底名义的价值已经变成 2999 元，只是这些利润在公司账上，没有到投资者手里而已。实际上，2016 年 12 月 30 日格力电器的收盘价是 24.62 元 / 股，一年上涨了 7%，而 2016 年期间每股分红 1.5 元，因此实际上 2016 年年底的市值已经达到 2612 元，我们以收盘价来算，一年下来实际的收益率达到 14%。

虽然一年中实际的收益率低于公司净资产收益率，但是从长期来看，如果公司能持续保持较高的净资产收益率，实际的收益率和公司的净资产收益率其实是同步的。

## 3.4.2　净资产收益率与公司价值

对于股东而言，公司的价值就是能否赚钱，他们主要考核其盈利能力的高低。净资产收益率恰恰就反映了公司的盈利能力。因此，一定程度上，净资产收益率反映了公司的价值，特别是从中长期的视野看，如果一家企业能够持续稳定拥有较高的净资产收益率，那么它的价值应该是比净资产收益率低的企业有价值。

例如图 3.7 所示的两家企业，企业 B 在 2008 年至 2018 年期间，其净资产收益率都较为稳定的维持在 20% 以上；而企业 A 的净资产收益率波动较大，但是其在 2017 年和 2018 年的净资产收益率高于企业 B。

对于企业股票的投资者而言，哪家企业更具有投资价值？事实上两家企业都是具有投资价值的，只是要考虑投资周期以及投资的时间点。

对于投资周期 5 年以上的长期投资者，很显然企业 B 更具有价值，因为其盈利能力较为稳定，且长期维持在 20% 以上。

然而对于 1～2 年期的中期投资者，在 2015 年是投资企业 A 的好时候，2015 年至 2017 年企业 A 的投资收益可能并不比企业 B 差，因为其在 2015 年至 2017 年净资产收益率的弹性比企业 B 要大得多，这期间企业 A 的上涨幅度可能会超过企业 B。

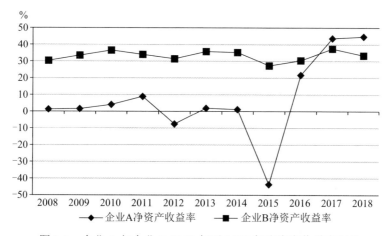

图 3.7　企业 A 与企业 B 2008 年至 2018 年净资产收益率对比

因此，如果公司能长期维持较高的净资产收益率，是具有长期的投资价值的，至少从名义上可以看到它能持续给股东赚钱，虽然利润不一定会全部进行分红。

同时，对于净资产收益率波动大的企业，如果确定其净资产收益率已经跌入低谷，同时未来两三年其净资产收益率提高的空间很大，对于逆向投资者而言，在其低谷期末端具有中期的投资价值。

## 3.4.3 净资产收益率与公司股价

对于股票的投资者而言，其投资收益来自两部分：一部分是公司的分红，还有一部分就是来自公司股价的上涨。

还是以 3.4.1 中格力电器的例子来说，2015 年 12 月 31 日以 23 元/股的价格买了 100 股格力电器股票，2016 年 12 月 30 日格力电器的收盘价为 24.62 元/股，2016 年期间还每股分红 1.5 元。

所以如图 3.8 所示，在 2016 年持有格力电器 100 股期间，其投资收益一部分来自分红，即 150 元（100×1.5）；另一部分来自股价的上涨，即 162 元［100×（24.62-23）］。因此，股票投资的总收益为 312 元，2016 年一年持股的收益率为 14%。

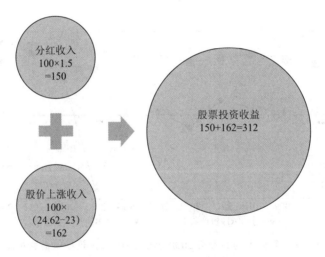

图 3.8　股票投资收益构成

可以看到，虽然 2016 年格力电器的净资产收益率达到了 30.41%，但是从 2016 年年初，持有一年格力电器的股票投资收益却只有 14%。一是由于公司要持续经营，并没有把当年所有的净利润拿出来分红；二是当年的股价并没有达到与净资产收益率相应的上涨幅度。

由此，投资者可能就会认为公司股价与净资产收益率并不是同步的，实际上从较长的周期看，公司股价与净资产收益率是成正相关的关系，且涨幅也基本与其净资产收益率一致。

如图 3.9 所示的格力电器年度股价涨跌幅与净资产收益率的对比，虽然从图上看年度股价涨跌幅高过净资产收益率的年份不多，但是考虑到每年的分红，综合看格力电器股价涨跌幅，事实上与其净资产收益率是较为吻合的。

2008 年格力电器后复权开盘价为 954 元/股，2018 年后复权最高价为 8523 元/股，10 年复合增长率为 24.5%。而 2008 年至 2018 年期间净资产收益率的平均值为 33.2%，考虑到期间的分红收入，事实上公司股票价格与公司净资产收益率的走势是较为一致的。

对于净资产收益率不稳定的公司也是如此，如图 3.10 所示，三钢闽光在 2009 年至 2011 年净资产收益率处于上升阶段，其股价也随之上涨，只是上涨在 2009 年就已超预期实现；2012 年至 2015 年是净资产收益率的下跌周期，股价也是向下探底震荡；2016 年至 2018 年净资产收益率大幅反弹，股价也是大幅上涨。

从长期来看公司股价都是围绕公司价值波动，虽然短期内不一定完全同步，但是从较长周期来看是成正相关的，而对于股票投资者而言，净资产收益率一定程度上代表了公司的价值。因此，在股票投资中应重点关注公司的净资产收益率。对于逆向投资者而言，也应围绕企业的净资产收益率的发展趋势进行投资，在其净资产收益率跌入谷底时可能是投资好时机，如 2015 年的三钢闽光。

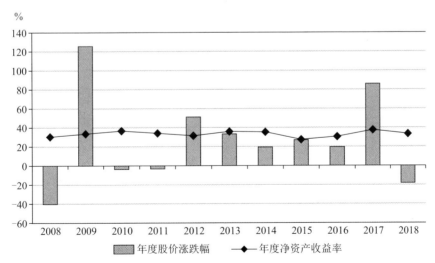

图 3.9 格力电器 2008 年至 2018 年年度股价涨跌幅与年度净资产收益率
【数据来源：格力电器公司年报】

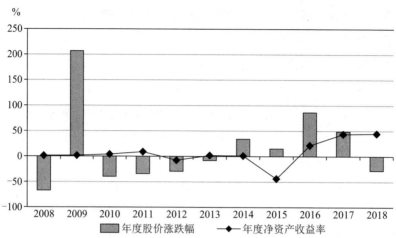

图 3.10 三钢闽光 2008 年至 2018 年年度股价涨跌幅与年度净资产收益率
【数据来源：三钢闽光公司年报】

## 3.4.4 杜邦分析法的基本思路

单单看净资产收益率是很难看出企业是如何赚钱的，通过杜邦分析法将净资产收益率分拆成三部分，从净利润率、资产周转率及权益乘数三个方面进行分析比较，可以更加清晰地看到企业净资产收益率的决定因素。

如图 3.11 所示，净资产收益率等于净利润除以净资产。

$$\frac{\text{净利润}}{\text{净资产}} = \frac{\text{净利润}}{\text{营业收入}} \times \frac{\text{营业收入}}{\text{总资产}} \times \frac{\text{总资产}}{\text{总资产} - \text{总负债}}$$

$$= \frac{\text{净利润}}{\text{营业收入}} \times \frac{\text{营业收入}}{\text{总资产}} \times \frac{1}{1 - \text{资产负债率}}$$

$$= \text{净利润率} \times \text{资产周转率} \times \text{权益乘数}$$

图 3.11 净资产收益率公式拆解图

（1）净利润率 = 净利润 / 营业收入，即反映了公司的盈利能力。如图 3.12 所示，其分为收入端和成本端。收入端主要关注营业收入的情况；成本端则更复杂些，主要关注营业成本；还有四项费用情况，即销售费用、财务费用、管理费用及研发费用；最后就是资产减值损失和信用减值损失。

上述成本端中，营业成本再进行细分，主要分为变动成本和固定成本。变动成本是指在实际生产过程开始后才需支付的费用，如购买原材料及电力消耗费用和工人工资等；固定成本是指成本总额在一定时期和一定业务量范围内，不受业务量增减变动影响而能保持不变的成本，如厂房和机器设备的折旧及生产性无形资产的摊销。

营业成本主要影响公司的毛利率，从长期看，如果公司的毛利率变化不大，则意味着公司的营业成本中固定成本的占比相对较小，也就是说其固定资产或生产性无形资产在总资产中占比较小。因此，在这种情况下，分析未来毛利率变化时，应该关注其存货中的原材料成本情况。若公司的毛利率变动较大，则意味着其固定资产或生产性无形资产占总资产的比例是较大的，因为其折旧和摊销的费用是固定支出的，当收入上升或下降时，成本并没有随之上升或下降，从而导致毛利率变动较大。

（2）资产周转率 = 营业收入 / 总资产，即反映了公司全部资产的经营质量和利用效率。周转率越大，说明总资产周转越快，反映出销售能力越强。

从分子看，主要关注营业收入；从分母的总资产看，则涉及的科目也较多。如图 3.12 所示，主要关注流动资产中的存货以及非流动资产中的固定资产、在建工程、无形资产及商誉。通常在行业或公司低迷期后期，公司会对上述资产进行大幅计提减值准备导致分母的总资产下降；而在行业开始反转时，营业收入会开始增长，从而使公司在行业反转时资产周转率加速上升。

（3）权益乘数 =1/（1- 资产负债率），也被称为财务杠杆比率。负债越高，意味着公司的财务杠杆越高，则权益乘数也越大。从负债结构上看，如图 3.12 所示，资产负债率分为有息负债和无息负债。

有息负债，即需要支付利息的负债，通常主要包括短期借款、一年内到期的非流动负债、长期借款以及应付债券；而无息负债则是上述有息负债之外的一些负债，主要是应付账款以及预收款项。

通常在行业或公司低迷期后期，公司的资产负债率会达到高点。因为其资产端会因为资产减值损失或者信用减值损失下降，负债端则会因为债务融资在此时达到高点，在行业或公司反转时债务下降，其资产负债率会下降。

综上看到，通过杜邦分析法可以从各个分项指标看清推动净资产收益率上升和下降的主要因素，可以使投资者更好地抓住其中的主要要素及不变的要素，结合行业环境及公司战略去分析公司的净资产收益率未来的发展趋势，可以给投资决策带来有效的数据支撑。

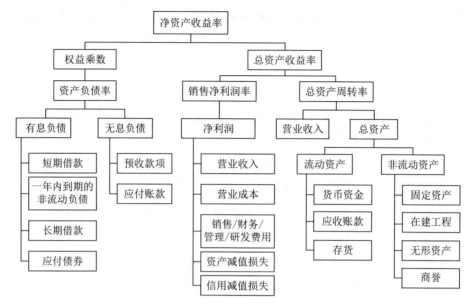

图 3.12 杜邦分析法的基本思路

## 3.4.5 高净资产收益率企业的三种模式

通过杜邦分析法可以看到导致企业净资产收益率提高或下降的主要要素，同样通过杜邦分析的三个分项指标也可以将高净资产收益率企业的赚钱模式分为三类：一是高净利润率模式，二是高资产周转率模式，三是高杠杆模式。

（1）高净利润率模式。高净利润率模式的典型行业就是高端消费品行业以及创新药行业，A股白马股中典型的代表就是高端白酒龙头企业贵州茅台以及国内创新药龙头企业恒瑞医药。

以贵州茅台为例，如图3.13所示，贵州茅台2009年至2018年平均的净资产收益率高达33.93%，A股上市公司中应该是没有能与之匹敌的。贵州茅台的毛利率在90%以上，净利润率在50%左右，可以说巨大的净利润率是贵州茅台维持较高净资产收益率的主要原因。

从运营角度看，贵州茅台之所以能有如此高的净利润率，与其具有较高的护城河是分不开的：第一，贵州茅台是公认的国酒品牌；第二，茅台镇拥有独特的地理环境，离开茅台镇赤水溪，就生产不出真茅台。

如表3.1所示，通过对贵州茅台与老白干2018年的净资产收益率进行对比，可以清晰地看到贵州茅台净资产收益率之所以高于老白干，主要是因为净利润率要远高于老白干，尽管老白干的资产周转率和资产负债率要高于贵州茅台。

根据2018年贵州茅台和老白干销售收入的百分比数据，贵州茅台净利润率远高于老白干，除了本身毛利率较高之外，贵州茅台在销售费用的支出上是远低于老白干的，这些是其产品具有高护城河的体现。

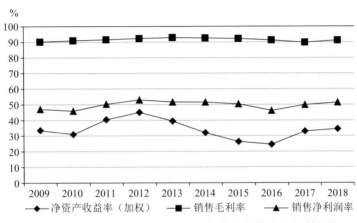

图3.13　贵州茅台2009年至2018年净资产收益率与利润率

【数据来源：贵州茅台公司年报】

表3.1　贵州茅台与老白干2018年5项对比

| 选项 | 老白干 | 贵州茅台 |
| --- | --- | --- |
| 净资产收益率（加权）/% | 14.91 | 34.46 |
| 销售净利润率/% | 9.78 | 51.37 |
| 资产负债率/% | 49.70 | 26.55 |
| 资产周转率/倍 | 0.86 | 0.52 |
| 销售毛利率/% | 61.15 | 91.14 |

与贵州茅台在品牌及资源稀缺优势相比，恒瑞医药则是因为技术的优势而有较高的净利润率。如图3.14所示，恒瑞医药的毛利率在80%以上，净利润率在20%以上。如表3.2所示，与仿制药龙头企业华海药业相比（由于华海药业2018年业绩受缬沙坦事件影响而下降，因此，选取了2017年的数据与恒瑞医药进行了对比），其高利润率的优势还是非常明显。

与贵州茅台类似，恒瑞医药的资产负债率非常低，有息负债率更是低至0。

由于其净利润率要比贵州茅台低,因此,其需要保持更高的资产周转率才能维持较高的净资产收益率。

综合来看,高净利润率模式的高净资产收益率企业,也不能忽略其资产周转的效率,毕竟类似贵州茅台这种有如此高净利润率的企业少之又少。所以营业收入要能保持稳定或增长,同时还要维持较高的净利润率,这是该模式企业维持高净资产收益率的保证。

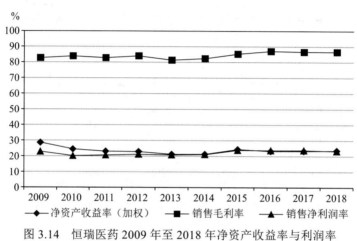

图 3.14　恒瑞医药 2009 年至 2018 年净资产收益率与利润率

【数据来源:恒瑞医药公司年报】

表 3.2　恒瑞医药与华海药业 2017 年 5 项对比

| 选项 | 华海药业 | 恒瑞医药 |
| --- | --- | --- |
| 净资产收益率(加权)/% | 13.81 | 23.28 |
| 销售净利润率 /% | 12.47 | 23.80 |
| 资产负债率 /% | 38.86 | 11.62 |
| 资产周转率 / 倍 | 0.67 | 0.85 |
| 销售毛利率 /% | 55.96 | 86.63 |

(2)高资产周转率模式。高资产周转率模式的典型行业是必需消费品行业及零售行业,A 股白马股中典型的代表就是伊利股份。

如图 3.15 所示,伊利股份 2009 年至 2018 年期间净资产收益率均值为 24.92%,销售净利润率均值为 6.31%,资产负债率均值为 55.54%,资产周转率均值为 1.78 倍。

可以看到伊利股份的净资产收益率是行业中的较高水平,从杜邦分析法看,其净利润率并不高,同时虽然伊利股份2009年至2018年的资产负债率均值为55.54%,而实际上如图3.16所示的有息负债率情况,其在这10年间有息负债率的均值为13.81%,因此可以看到其财务杠杆也并不高。

所以,其高净资产收益率更多的是依靠高资产周转,因为必需消费品行业的竞争是异常激烈的,其核心竞争力就是品牌及销售渠道的覆盖率,而伊利股份靠的就是提高品牌的影响力同时做销售渠道下沉,扩大资产周转率。

如表3.3所示,与贵州茅台相比,2018年伊利股份的销售净利润率是明显低于贵州茅台的;但是其资产周转率为1.64倍,远高于贵州茅台的0.52倍。

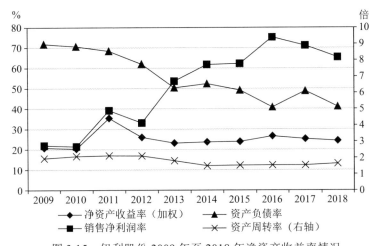

图3.15 伊利股份2009年至2018年净资产收益率情况
【数据来源:伊利股份公司年报】

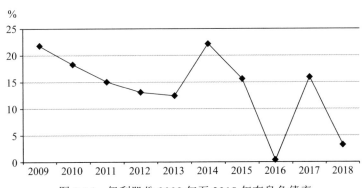

图3.16 伊利股份2009年至2018年有息负债率
【数据来源:伊利股份公司年报】

表 3.3　伊利股份与贵州茅台 2018 年 4 项对比

| 选项 | 贵州茅台 | 伊利股份 |
| --- | --- | --- |
| 净资产收益率（加权）/% | 34.46 | 24.33 |
| 销售净利润率 /% | 51.37 | 8.17 |
| 资产负债率 /% | 26.55 | 41.11 |
| 资产周转率 / 倍 | 0.52 | 1.64 |

与必需消费品的生产企业相比，零售行业的资产周转率会更高，截至 2019 年，A 股上市公司中还没有出现连续 10 年净资产收益率达到 20% 以上的零售企业上市公司，甚至在 15% 以上的也不多。

个人觉得这主要与其行业集中度较低有很大关系。如图 3.17 所示，以超市行业为例，2018 年前 10 大零售商的市场份额仅占 37%，而根据欧睿的数据，2018 年美国超市零售行业前 4 大零售商的市场份额就达到 47%。

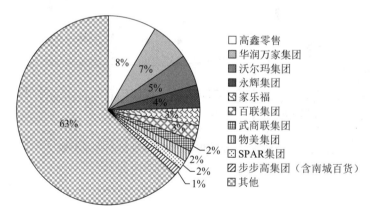

图 3.17　中国超市行业 2018 年市场份额情况
【数据来源：凯度消费者指数】

这些行业状况在净资产收益率的表现就是，净利润率和资产周转率会偏低，以 2014 年高峰时期的沃尔玛净资产收益率（2009 年至 2014 年沃尔玛净资产收益率一直维持在 20% 以上）与 2018 年的永辉超市进行对比，如表 3.4 所示，沃尔玛的净资产收益率之所以比永辉超市高，主要是因为其净利润率和资产周转率都要高于永辉超市。

表 3.4 永辉超市与沃尔玛 5 项对比

| 选项 | 沃尔玛 | 永辉超市 |
| --- | --- | --- |
| 净资产收益率（加权）/% | 20.76 | 7.89 |
| 销售净利润率 /% | 3.52 | 1.41 |
| 资产负债率 /% | 57.81 | 50.96 |
| 资产周转率 / 倍 | 2.38 | 1.95 |
| 销售毛利率 /% | 24.83 | 22.15 |

注释：永辉超市选取的是 2018 年的数据，沃尔玛选取的是 2014 年的数据。

因此，可以看到对于高资产周转率模式来说，规模化是龙头企业的趋势，一方面提高市场份额，一方面提高净利润率，从而使公司的净资产收益率得到提高。

（3）高杠杆模式。高杠杆模式的典型行业是房地产行业。虽然金融业也是典型的高杠杆模式行业，但是该行业与非金融企业有很大的不同，因为其本身就是借款投资的模式，即负债就是存款人的存款，而资产则是投资出去的存款。因此，金融业不属于高杠杆模式。

正常情况下，通过高杠杆模式提高净资产收益率是不可持续的，这里所说的高杠杆模式，是指公司利用对上下游强大的议价能力，占用上下游资金导致资产负债率处于较高水平，从而提高公司净资产收益率的模式。事实上从有息负债率看，它们的有息负债是不高的，A 股白马股中典型的代表就是万科 A 和格力电器。

如图 3.18 所示，万科 A 在 2009 年至 2018 年的 10 年间净资产收益率均值为 20%，其中销售净利润率的 10 年均值为 14.56%，资产负债率的 10 年均值为 77.91%，资产周转率的 10 年均值为 0.3 倍。

与其他的白马股相比，如贵州茅台和伊利股份，万科 A 的资产负债率要明显高于它们。且资产周转率也非常低，这与其产品的建设周期较长有很大的关系。

事实上万科 A 的有息负债并不高，如图 3.19 所示，其 2009 年至 2018 年的有息负债率基本在 10% 至 25%。与重资产高负债的行业相比，其有息负债率是较低的。

从万科 A 的负债结构上看，负债主要是占用客户的资金即合同负债（之前为预收款项，2018 年新会计准则下新增合同负债科目），如图 3.20 所示，万科 A 2018 年年末合同负债在总负债中占比达到 39%，还有占用上游供应商的资金，万科 A 2018 年年末的应付账款的占比达到 18%。而这些负债都是不用支付利息的。

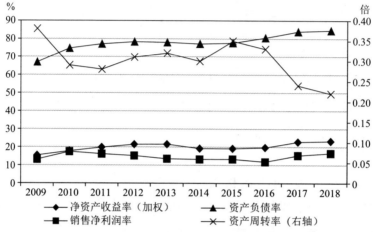

图 3.18　万科 A 2009 年至 2018 年净资产收益率情况
【数据来源：万科公司年报】

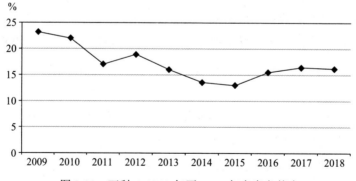

图 3.19　万科 A 2009 年至 2018 年有息负债率
【数据来源：万科公司年报】

第3章 不是所有的行业和公司都适合逆向投资

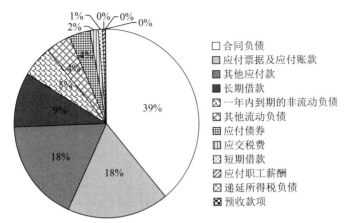

图3.20 万科A 2018年年末负债结构情况
【数据来源：万科公司2018年年报】

格力电器也是如此，如图3.21所示，格力电器在2009年至2018年期间的净资产收益率均值达到了30%以上。虽然其销售净利润率的10年间均值只有10.32%，资产周转率10年间均值只有0.91倍，但是通过高杠杆模式，资产负债率10年间均值达72.72%，从而提高了其净资产收益率。

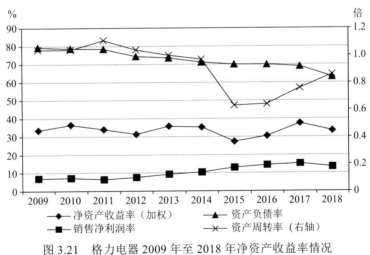

图3.21 格力电器2009年至2018年净资产收益率情况
【数据来源：格力电器公司年报】

与万科A类似的是，格力电器的高资产负债率多数是来自无息负债，如图3.22所示，其有息负债率一直在10%以下，可以说是非常低的水平。格力电器也是通过占用下游经销商的资金以及上游供应商的资金来实现高杠杆模式，但是这种杠杆是没有资金成本的，靠的是公司对上下游强大的议价能力。

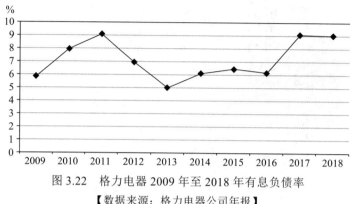

图 3.22　格力电器 2009 年至 2018 年有息负债率
【数据来源：格力电器公司年报】

如图 3.23 所示，2018 年年末格力电器的负债结构中，第一，无息负债占了主要部分，其中 40% 为其他流动负债（根据如图 3.24 所示的 2018 年年报中其他流动负债的附注，这些流动负债主要是经销商销售返利）。第二，就是应付账款，其在总负债中占了 32%，这些资金主要是欠上游供应商的资金。

通过万科 A 和格力电器的例子可以看到，通过高杠杆模式实现高净资产收益率，不应是靠提高有息负债加杠杆的模式实现的，这种模式通常是不可持续的，而是通过占用上下游资金提高无息负债加杠杆模式，这种模式需要企业具有较强的议价能力，也是公司实力的体现，是具有可持续性的。

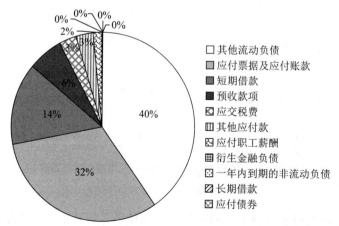

图 3.23　格力电器 2018 年年末负债结构情况
【数据来源：格力电器 2018 年年报】

| 27.其他流动负债 | | |
|---|---|---|
| 项目 | 期末余额 | 期初余额 |
| 维修费 | 1,405,491,811.34 | 1,335,278,729.97 |
| 销售返利 | 61,878,214,635.10 | 59,466,494,101.10 |
| 其他 | 77,892,318.52 | 110,447,319.75 |
| 合计 | 63,361,598,764.96 | 60,912,220,150.82 |

图 3.24　格力电器 2018 年年报其他流动负债附注

## 3.5　A 股主要逆向投资机构的选股标准

A 股中的逆向投资机构众多，如第一章所提到的一些 QFII，耶鲁大学基金、奥本海默基金及高瓴资本等，国内的私募基金如淡水泉、重阳投资、高毅资产。

QFII 作为 A 股市场上最具代表性的逆向投资者，这里主要探讨一下它们的选股标准，因为它们是市场中主要的聪明机构投资者之一（详见第 5 章）。首先从行业板块的选择上，根据川财证券 2018 年 11 月 21 日的报告，QFII 在每个阶段的行业偏好会有所不同，如图 3.25 所示，从统计数据上看，主要还是偏好机械设备（包括家电及交运设备）、金属非金属及食品饮料行业。

另外，从持仓个股的特征看，根据川财证券报告的数据显示，QFII 持仓个股都有如下明显特点：

（1）流通市值较大；
（2）杠杆率低同时净资产收益率（ROE）高（如图 3.26 及图 3.27 所示）；
（3）上市公司在行业具有领导能力。

从机构投资者角度来看，流通市值大可以规避流动性的风险，同时在公司的盈利能力及杠杆率上又进行一道风险把控，仅这两项就可以在较大的程度上规避踩雷的风险。

因此，对于散户投资者而言，这是很好的借鉴，过去 A 股市场的投资者都热衷于小市值的上市公司，因为它们利于市场炒作，但随着监管部门实行严格监管以及完善做空机制，未来 A 股市场上机构投资者的影响会越来越大，同时股票上涨会更加趋于基本面的逻辑。对于散户投资者而言，更是不能心存侥幸，否则会让投资者付出惨重的代价,如 2018 年大跌的康美药业、康得新及上海莱士。

因此,对于逆向投资者,除了考虑价格下跌的因素外,在行业选择及选股标准上,不妨也可参考一下市场上聪明的机构投资者,站在巨人的肩膀上也会让自己有更好的视野。

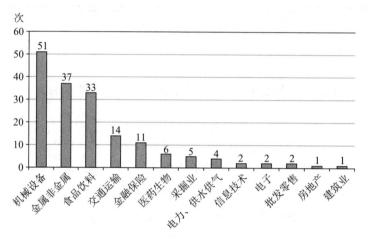

图 3.25　QFII 2004 年以来每个季度持仓市值出现次数
【数据来源:川财证券研究所】

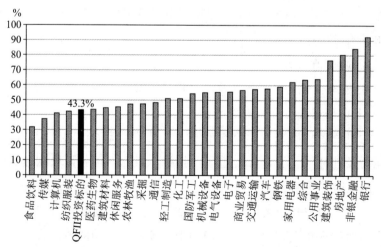

图 3.26　2018 年第 3 季度 QFII 持仓标的资产负债率低于 A 股多数板块
【数据来源:川财证券研究所】

第 3 章 不是所有的行业和公司都适合逆向投资

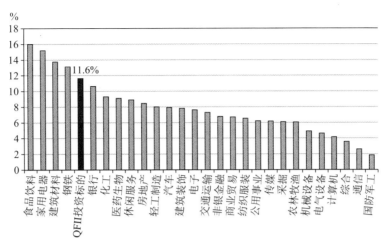

图 3.27 QFII 2018 年第 3 季度持仓标的净资产收益率高于 A 股多数板块

【数据来源：川财证券研究所】

# 第4章
# 如何避免倒在黎明前

　　对于投资而言,研究阶段才刚刚开始,从研究分析出好的个股到实现投资成果还有十万八千里,因为生活总是知易行难。多数的投资者不是没有选好个股,而是倒在了黎明前,或者中途下车只挣到一点小利,还有就是不敢重仓,觉得买少了,而这一切的根源还是自己对市场和个股看得不够清晰。逆向投资者从选好个股到实现收益更是挑战重重,因为此刻市场都在质疑你的交易,而且如果你在这个时候满仓更是有缺氧的感觉。此时对于逆向投资者而言,最重要的是避免资金期限错配,认真分析基本面,同时在交易上采取"先阳后阴"的操作以避免倒在黎明前。

## 4.1 期限错配是股票投资的致命伤

股票投资中,投资周期与资金来源的匹配性是至关重要的。《价值狙击——股市基本面实战》中提到,巴菲特的成功在于"投资理念和资金来源的匹配性",而不单纯是"投资理念"。我个人非常同意这个观点。为什么?因为价值投资很重要的一点就是追求较高的安全边际,往往就是在下跌的时候买入,而实际操作中很难踩准,因为追求太高的安全边际就会让你失去投资机会,也就是散户认为还得再跌一下就买入,但往往等不到这一跌。

因此,价值投资者往往会因为过早买入而被套,即使股神巴菲特也是如此,他在1973年买入华盛顿邮报时觉得很低了,但是没想到还持续下跌,直到1976年股价还是低于他的买入价格。如果那时候,巴菲特的资金是高利贷借来的资金或者只能短期使用的资金,那么恐怕他也熬不过去。

如《价值狙击——股市基本面实战》一书中所说的,"对于价值投资者而言,资金的期限是致命的,持续的资金来源是创造奇迹的关键"。简单来说,就是如果你用长期的资金做价值投资,你肯定会熬出头,而且进一步说,如果你后面还有闲置的资金进来,在继续下跌的时候买入,那么你可能就能成为巴菲特了。

因此,对于散户投资者而言,必须弄清资金的投资期限,根据不同的投资期限进行不同的资产配置。投资期限越长,所承担风险的能力也越强。用于投资股市的资金应当是投资周期较长的资金,而不是把一些急用的资金用于股市的博弈。

逆向投资者在买入时,应该做好最坏的打算,任何人都不能保证自己可以每次都能踩准节奏,要深刻明白"期限错配是股票投资的致命伤",市场往往比预期的更残酷,对市场应有敬畏之心。

以我在 2018 年投资圣农发展的经历为例,如图 4.1 所示,我在 2017 年 10 月以 15.5 元/股买入圣农发展,但是由于 2018 年整个股票市场疲软,圣农发展的股价并没有如预期的基本面那样走势良好,期间进行了 6 波的震荡,震荡了近一年才在 2019 年 1 月突破了 19 元/股,上涨的走势比预期的要慢。因此,投资者如果把短期的资金投入里面,恐怕就很难熬到春天。相反,在这期间如果有持续的资金来源,在低点补仓,全年下来收益会更可观。

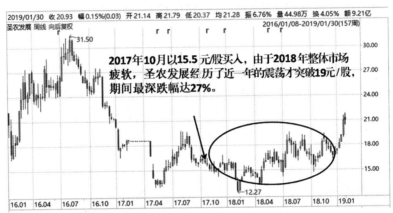

图 4.1　圣农发展 2016 年 1 月至 2019 年 1 月周 K 线走势图
【图片来源:万得(Wind)】

## 4.2　为何多数投资者都倒在抄底的路上

股票市场有句老话:"新手倒在山顶上,老手倒在抄底的路上。"新手总是抵挡不住诱惑而追高,而老手在诱惑面前略微有些理智喜欢下跌时抄底。追高的新手之所以倒在山顶,主要是因为他们正如 2.1 所述的在狂热期开始买入,且在买入时还能盈利并且幻想市场继续冲高,可最终等来的是下跌,而且在下跌反弹时本来可以安全逃离,但是还在幻想牛市还没结束,最终就越套越深,在破灭期的大跌中因为恐惧而割肉离场。抄底的老手则是在破灭期的中期(或者如表 4.1 所示的熊市中期)买入,觉得市场已见底,但是往往底下面还有坑,这就是输在价格上;或者没有熬过长期的震荡,输在时间上。

表 4.1　熊市的各个阶段及特征

| 所处阶段 | 特　　征 |
| --- | --- |
| 初期（牛市末期） | 大众心理：市场绝对乐观，投资者对后市变化完全没有戒心<br>企业面：不少企业在这时期内加速扩张，收购合并的消息频传<br>交易面：流通股换手率处于高位；成交量明显放大，股价却滞涨<br>资金面：市场上的资金成本在上升，且很难获得资金；而且货币政策已很难再宽松，增量资金有限<br>政策面：频繁提示风险，并开始推出对股市负面的政策 |
| 中期（恐慌期） | 大众心理：人气涣散，纷纷抛售股票，股价快速下跌<br>企业面：一些企业开始回购股票<br>交易面：放量下跌，价格下跌的趋势突然加速到几乎是垂直的程度<br>资金面：杠杆高的资金被清盘，增量资金观望<br>政策面：开始认为风险可控，随后开始救市举措 |
| 后期（信心崩溃期） | 大众心理：蓝筹股和优质股开始补跌，多数投资者失去信心<br>企业面：前期激进扩张的企业面临债务危机<br>交易面：流通股换手率上升，价格在区间震荡为主<br>资金面：股市的估值优势明显，增量资金开始入场<br>政策面：利好政策加码 |

但是，追高也好，抄底也罢，它们都不是造成股票投资亏损的原因，最根本原因还是自己没有看清市场和个股。因此，投资者首要的是认真分析基本面，它是把握大势的基础。关于基本面方面详见本书第2章、第3章及第6章，这里主要从资金面和技术面的角度，讲述逆向投资者如何最大化地避免倒在抄底的路上。

首先，如4.1所说的，资金的投资周期很重要，尽量使用投资周期长的资金投资股市，如果是使用杠杆，则要测算好自身的现金流情况。

其次，在交易的时机上，对于逆向投资者当然是股价越低越好，因为越低意味着安全边际更高，但是不要在断裂式下跌的时候去抄底，因为在行情见"顶"或见"底"时往往是多空力量博弈平衡的时候，如图4.2所示，此时的行情不是断裂式的，而是渐进式的均衡状态。

最后，散户投资者与机构投资者不同，他没有流动性的限制，可以随时买入而且对价格影响较小。因此，为了减少痛苦的等待时间，不妨采用1.4所述的"先阳后阴"的方法，出现强于市场的信号后在其回落时抄底。

当然，对于抄底价格位置的选择，可以是一些重要的价格的位置，如图4.3所示的主要支撑位，这个支撑位是多个价格转折点的交汇点。当然，真正的交易比理论难得多，投资者需要有足够的耐心才能等到好的价格，但是，投资者往往会因为短期上涨走势的干扰而过早买入。

图 4.2　市场 2015 年 10 月至 2016 年 1 月"底"和"顶"的均衡状态

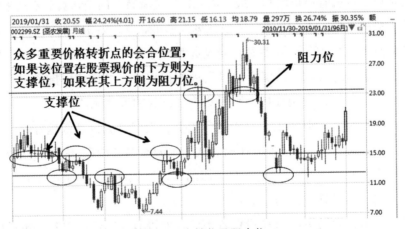

图 4.3　支撑位及阻力位

【图片来源：万得（wind）】

## 4.3 买入持有期间煎熬，而决定什么时候卖出更煎熬

真正的价值投资者或者逆向投资者的共同特质就是有耐心。因为正如 4.1 中所说的，被套往往不可避免，即使巴菲特也是如此，最重要的是认真研究，不管是基本面还是资金技术面，做好应对各种风险的准备。虽然在此阶段非常煎熬，但是多数真正的价值投资者或者逆向投资者还是比较有耐心等待这段煎熬的时间，因为他们对上市公司的价值有足够的认识，在价格被低估时，有足够的信心持有。反而，在上涨阶段，卖股票的时候更加煎熬。

如何卖个好的价格，是一个看起来容易、实践时却很困难的问题。在方法论上，如本书第 1.5 中提到的"满溢则损"，在"市场上人多拥挤交易火热"的时候，就是卖出的时候。在实际投资中，如何实现知行合一？关键就是如何判断市场已疯狂。首先，从技术面上看，我觉得需要关注的就是换手率；其次，从基本面估值的价值回归上看，估值是否已接近历史高位。

换手率，通常指一天的换手率，是指当日的成交量除以总股数。换手率高说明市场火热，换手率低则说明市场冷淡。如 1.5 中所说的，当股价处于高位同时当日的换手率也处于高位的时候，在技术面上通常是市场见顶的标志。

估值是许多价值投资者特别关注并用其来判断股票价格是否高估的一个衡量标准。市场上估值的方法非常多，而且不同的行业都有不同的估值方法。在实际投资中，具有一定参考性的估值方法，我觉得还是相对估值，即市盈率（PE）、市净率（PB）以及市销率（PS）。虽然从理论上看，绝对估值（如 DCF 估值）非常完美，但是从实践上看，国内 A 股很多上市公司的自由现金流是不持续的，此外，市场利率的选取比较困难，加上最终的市值对利率非常敏感，利率的轻微变化，就足以使最终计算出的市值产生巨大的变化。

当然，在相对估值上，如 3.3 中所说的，不是所有的行业都适用市盈率（PE），低 PE 有可能是投资陷阱。不同的行业，应该采用不同的相对估值方法做参考。市盈率（PE）对于周期性弱的行业更具有参考性，而市净率（PB）和市销率（PS）则对于强周期行业更具有参考性。

此外，最终估值只是作为买卖的参考区间，不是绝对的，它更多是从统计学的均值回归角度认为上市公司最终会出现价值回归。因此，如果只是从数据

统计角度出发，不管是周期性行业还是非周期性行业，市净率（PB）和市销率（PS）数据更具有参考性，因为它们的分母不会出现负数，整体数值的波动性较小；此外，时间长度越长会更具有一定的参考性。因此，如图4.4所示，图中的PB危险值，即指历史PB的80%分位点；机会值，即指历史PB的20%分位点。在选择卖点的时候可以根据过往估值倍数的统计数据，在估值的高分位区域卖出。

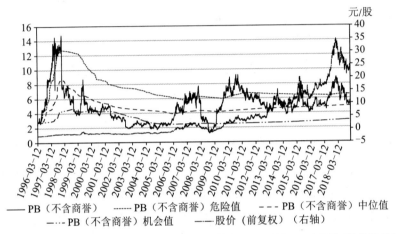

图 4.4　伊利股份1996年3月12日至2018年3月12日PB水平与股价的关系
【数据来源：理杏仁网站】

## 4.4 "20—30"定律

"20—30"定律是指一只股票在一波连续的下跌和上涨行情中，通常波动的空间在20%至30%，也就是说，如果一只个股开始下跌，在它下跌幅度达20%至30%，会开始止跌震荡；上涨也是如此，即上涨幅度达到20%至30%，通常会开始止涨并进行盘整。

需要强调的是，这个定律只是我在交易过程中的经验总结，并没有通过数据统计进行验证，因此不一定完全正确。但是，通过多次的总结和实践，的确发现多数上市公司的股票上涨和下跌幅度达到20%至30%时进行调整的概率非常大。当然，在运用该定律进行抄底或者止盈时，投资者应该结合公司的基本情况以及前面所述的一些方法进行判断。

根据"20—30"定律，投资者在抄底止盈的空间上会有一个大的方向，即可能个股跌幅达 20% 至 30% 时进行抄底，在涨幅达 20% 至 30% 时进行止盈。

在运用中还需注意的是，当个股跌幅达到 20% 至 30% 时，并不用急于在断崖式下跌的阶段买入，在其均衡状态介入也不晚。

如图 4.5 所示，杰瑞股份在顶部二次确认后开始断崖式下跌，连续 7 天下跌且跌入 20% 至 30%，虽然在第 7 天跌停后反弹了 15%，但是随后仍继续调整数天才开始反转。

因此，通常情况下，在连续急跌且跌幅达到 20% 至 30% 时，股价会有反弹，该阶段只适合做短线可以博个反弹，但是真正的反转还需要经过数天的均衡状态的调整才能发生。

在均衡状态调整中，虽然股价已处于底部区间，但是不排除继续创新低的可能，如图 4.5 所示，股价在下跌反弹后继续创新低。

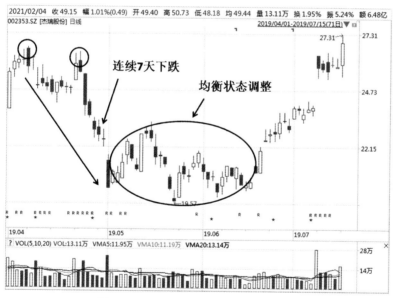

图 4.5 "20—30"定律下跌模式操作

【图片来源：万得（Wind）】

因此，投资者在抄底反转行情时，需要有足够的耐心，市场在创新低后往往是以时间换空间的方式，淘汰那些心浮气躁的散户投资者。在这些立场不坚定的投资者抛售后，市场可能会出现新的机会。

上涨阶段也是如此，如图 4.6 所示，杰瑞股份在底部反转上涨达到 29% 时，股价也进入高位均衡状态的调整。其中重要的信号就是2019年7月8日放量跳涨,当天的换手率已达到近期的高点,虽然这并不意味着不会再上涨,但是需要一定时间的调整才能继续走,因为利好信息的兑现,一些散户投资者已被吸引进来。

实际情况也是如此,股价在2019年7月8日之后,进入均衡状态调整,这个阶段应该是前期埋伏的投资者进行获利止盈的阶段,如果投资者从基本面上判断股价大趋势还会继续上行,就可以在低位介入。

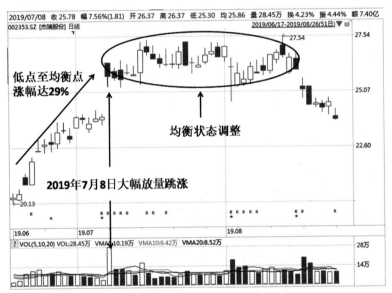

图4.6 "20—30"定律上涨模式操作

【图片来源:万得(Wind)】

由于影响股价的要素较多,在实际投资中不能仅仅停留在技术上死板的定律,而应该了解并掌握上市公司基本面的信息,在股市中能跑赢其他对手,往往来自对公司有效信息的了解程度。形成信息优势,才能带来超额收益。

# 第5章

# 让机构投资者为你抬轿

股票之所以能上涨,本质上是资金推动的,理论上A股市场中能推动个股上涨的不是机构投资者就是游资,在市场监管常规化的趋势下,游资影响力已逐步淡出视野,机构投资者在目前及未来的A股市场已逐步成为市场主力,要想获利就必须判断主力资金的方向,让机构投资者为你抬轿。

然而残酷的是,A股市场中负责抬轿子的从来都是散户,而不是机构投资者。为什么呢?因为散户一向都是追风,没有认真研究过造风的机构投资者,也没有像机构投资者一样的思维。事实上,散户在资金规模和市场关注度上比机构投资者有先天的优势,应该学会站在这些巨人的肩膀上。按照如下方法,散户还是可以借着机构投资者的东风扶摇直上。

## 5.1 关注跟踪聪明机构投资者的调研及持仓数据

对于散户投资者来说,首先要分辨出哪些机构投资者是市场的常胜将军,然后再借力这些常胜将军来寻找投资线索和买卖机会。

### 5.1.1 哪些机构投资者是市场的常胜将军

如图5.1所示,A股市场上主要的机构投资者可大体分为公募类基金、私募类基金、保险保障类基金、国家队类投资公司或基金,即监管资本、券商自营类投资公司或基金以及境外资金,如QFII和沪深港通的北上资金。

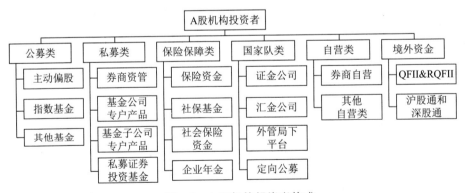

图 5.1 A股机构投资者构成

根据金融界研究院的数据统计,如图5.2所示,左边顶点圆圈处至虚竖线的位置,即2015年5月至2016年2月期间,是2015年股灾的时间区间,受到系统性下跌的影响,QFII持股的市值不可避险地随着上证指数下跌;但是,虚竖线之后至2017年5月24日,QFII持股的市值已经彻底走出下跌,其持股市值的走势已经接近 2015 年股灾时的顶点,而上证指数还在底部徘徊。

此外,金融界研究院的研究报告中还显示,2016 年 2 月 20 日至 2017 年 5 月 24 日期间,99.33% 的公募基金仍处于亏损状态,78.52% 的私募基金仍处于亏损状态,而 QFII 则大涨 49.92%。

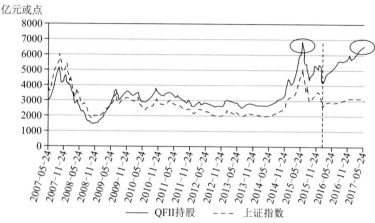

图 5.2　股灾期间 QFII 持股市值与上证指数对比
【图片来源:金融界研究院】

另外,如图 5.3 所示,根据信达证券《QFII 投资收益率测算,跟投 13 年回报 12 倍》的研究报告中,对过去 13 年外资的重仓持股和收益表现进行了统计,计算结果表明 2004 年年末至 2017 年年末 QFII 的累计净值由 1 增长至 14.11,同期 Wind 全 A 净值由 1 增长至 5.66。该研究报告还显示,同期 QFII 投资年化复合收益率为 22.11%,Wind 全 A 年化复合收益率仅为 13.98%,过去 13 年年化 QFII 超额收益为 8.14%。如果采取跟随 QFII 策略,那么到 2018 年第 1 季度末,你的年化收益率可以达到 20%。

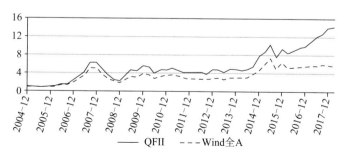

图 5.3　QFII 年度市值加权累计收益与 Wind 全 A 对比
【图片来源:信达证券】

由于无法获取社保基金及监管资本的整体数据，但是通过上市公司前10大股东持仓的变化，可以看出他们的投资风格也类似QFII，整体的收益率也要好于公募基金和一些私募基金。

因此，从上述数据可以看到，不是所有的机构投资者都是聪明的投资者，优先关注的机构投资者应为：外资（QFII及沪深港通北上资金）、社保基金及监管资本、部分私募基金。

上述的那些机构投资者，在投资风格上有两个共同特点：一是更倾向战略性投资或者说在投资期限上更长；二是追求较高的安全边际，而较高的安全边际就不得不进行逆向投资，所以他们很少像公募基金那样"追涨杀跌"。

而对于公募基金，应该把它作为反向指标看待，邱国鹭在《投资中最简单的事》中提到"每年年初和年中都会汇总所有基金公司的季报行业配置，对于大家都热捧的热门行业，我就会保持谨慎"，如果没有理解错，其所指的更多的是公募基金，因为在当时公募基金规模远高于其他机构投资者。

如图5.4所示，根据天风证券研究所在《机构投资者的2018》报告中的数据也可以看到，公募基金持股市值与上证指数基本同步，主要是因为公募基金的操作大部分是"顺势而为"，或者说是"追涨杀跌"，类似多数散户，更多是充当抬轿者的角色。

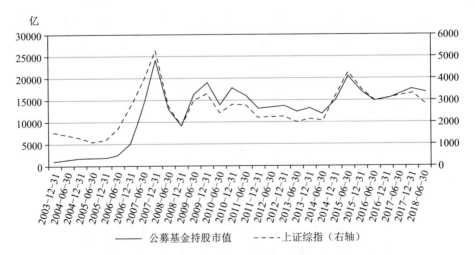

图5.4 公募基金持股市值与上证综指的对比
【图片来源：天风证券研究所】

我认为这与公募基金的投资者也有一定的关系，因为这些公募基金的投资者总是在市场好的时候开始买入这些基金，而拿到钱的基金经理由于公募基金有投资比例的限定，不得不买入股票，尽管股价已非常高；反之在市场不好的时候，公募基金的投资者开始赎回，公募基金的基金经理又不得不卖出股票，最终导致"追涨杀跌"。

## 5.1.2 如何从机构投资者的调研及持仓数据寻找投资线索

通过前面的介绍可以看到，A股机构投资者中多数外资（QFII及沪深港通北上资金）、社保基金及一些私募基金是市场中聪明的投资者。对于散户而言，在选股时应该向这些聪明的机构投资者学习并跟踪这些机构投资者，虽然他们不能百战百胜，但是截至目前的数据至少证明他们是成功的，而且不管怎样也可以给我们一些投资线索。

截至2020年5月31日，中国外汇管理局批准QFII机构为295家，总投资额度为1162.59亿美元（具体的信息可以到外汇管理局网站查询合格境外机构投资者额度审批情况表）。

我把QFII分为4大类。

投行系：如UBS AG（瑞银）、摩根士丹利、高盛、汇丰银行、摩根大通银行；

大学捐赠基金/国外养老金：大学捐赠基金如普林斯顿大学、斯坦福大学、耶鲁大学、养老金如加拿大年金计划投资委员会、瑞典第二国家养老金及国家第一养老金信托公司；

海外基金公司：如奥本海默基金、高瓴资本；

国家主权基金：如新加坡政府投资有限公司、科威特政府投资局、阿布达比投资局。

从投资风格上看，上述4类QFII的投资风格类似，但是投行系在择时的要求上相对而言会更高。对于散户来说，只要重点关注几个机构投资者即可，过多反而会分散精力。根据我过往的跟踪数据，在选股和择时上较为精准的有：高华-汇丰-GOLDMAN SACHS&CO.LLC、奥本海默基金、高瓴资本、UBS AG（瑞银）和摩根士丹利投资管理公司。当然这些机构投资者也会出错，因此投资者也要根据当时经济及行业情况进行筛选甄别。但不管怎样，机构投者在投研及信息渠道上有着散户所不具备的优势，站在巨人的肩膀上借助机构投资者的力量有时会让投资变得更容易。

对于社保基金，大家主要还是跟踪其持仓数据，因为调研数据无法获得；对于私募基金，可以选择一些近几年业绩较为稳定的机构投资者，如高毅资产、淡水泉、重阳投资及源乐晟等。

现在给大家介绍一些跟踪上述机构投资者的免费工具，以及如何通过上述数据来寻找投资线索。

第一个免费的工具就是 i 问财（www.iwencai.com），只要输入要了解的机构投资者名称进行查询即可，如查询高毅资产调研数据，输入"高毅资产调研"；查询持仓数据时，输入"高毅资产持仓"即可。

另一个就是东方财富网站特色数据中的机构投资者调研栏目（http：//data.eastmoney.com/jgdy/），输入机构投资者名称进行查询即可。

还有一个免费查询机构投资者持仓数据的是仓位在线（http：//cwzx.shdjt.com/cwcx.asp）。

通过上述工具及方法，散户可以获取这些机构投资者调研或已经买入持仓的个股，在获取这些个股数据后，结合当下的经济周期、行业周期以及公司财务情况，分析机构投资者关注或买入这些上市公司的逻辑，比自己漫无目标地选股要更有效率。其实投资者只要花精力去研究，跟随这些逆向投资的价值投资机构的策略，通常是可以获得较好收益的。

## 5.2 从价量变化及换手率判断机构投资者是否已介入

在通过分析认可上述机构投资者关注的个股后，后面需要确定的是在何时买入。对于散户而言，最好的方法就是坐机构投资者的轿子，分机构投资者的一杯羹，太早介入可能成为烈士，太迟上车又可能成为接盘侠。因此，散户要抓住机构投资者的弱点，就是船大不容易上岸且不好掉头，也就是说机构投资者资金规模大，建仓需要时间，同时没有充足的流动性无法下车，特别是对于逆向投资的价值投资机构，他们更多的是在左侧买入，同时在市场交易火热的时候下车。

首先，上市公司获得上述机构投资者调研后，并不意味着这些机构投资者就会买入这些上市公司。此外，机构投资者持仓数据也是通过上市公司在报表披露的前 10 大股东数据获取的，通常这些数据会滞后，特别是半年报和年报的数据，第 1 季报和第 3 季报的数据相对而言滞后时间会较短（上市公司的年报一般在次年 4 月底以前发布，中期报表一般 8 月底以前发布，季度报告一般在季度结束次月前，具体发布时间请到交易所网站查询定期报告披露的时间）。

那么，如何确认机构投资者是否已经买入上市公司的股票？对于调研和已经持仓的数据，有不同的处理方式，理论上看，已买入持仓的确定性肯定比刚调研的要高，毕竟已经真金白银买入。

## 5.2.1　跟踪机构投资者调研数据的策略

对于机构投资者调研的公司，我们更多的是从资金技术面去观察，通常机构投资者买入的个股在技术上都有如下特点：

（1）通常会出现 5 个点以上的大阳线或者连续几天单边上涨走势明显强于指数；

（2）在连续几天上涨后，由于价格涨幅高，后期会开始缩量回落；

（3）通常回落的价格不会低于上涨之前的低点。

比如我之前跟踪合兴包装（002228.sz），发现机构投资者高毅资产在 2017 年 9 月 29 日对合兴包装进行了调研，当时通过上述方法，我的分析如下。

首先，从基本面分析，根据当时的产业链情况，瓦楞纸箱包装行业处于行业低谷。第一，因为供给侧改革导致上游原材料瓦楞纸价格大幅上涨，由于瓦楞纸包装行业集中度低并且竞争激烈，而同时下游需求不是非常强劲且下游客户相对而言集中度较高，价格无法立即向下游传导。因此，整个行业从 2016 年开始生存状况恶化，一些小产能逐步被淘汰，有利于作为行业龙头的合兴包装提高市场份额。第二，从客户上看，合兴包装的客户更多元化，特别是京东商城及顺丰等客户仍可保持增长，因此需求相对会较为稳定。第三，其建立的包装产业供应链云平台有助于降低采购成本，同时可以整合存量产能，提高对下游的议价能力。当时唯一的缺陷是公司的经营性现金流为负数，显示公司的资金压力也较大。

其次，从技术面分析，从年 K 线上看，2017 年全年下跌了 17.55%，但是成交量从 2016 年的 361 亿元大幅萎缩至 83 亿元，换手率大幅下降，说明市场上的卖压正逐步下降，已非常接近底部。

根据上述逻辑我将合兴包装列入股票池继续跟踪该上市公司，一直到 2018 年 2 月 8 日，公司突然涨停，而当天上证指数却大幅下跌了 1.43%，且后续走势仍强于大盘指数，特别是 2018 年 6 月 4 日之后的走势非常强势且放量上涨，这就是机构投资者开始建仓的信号。因此，散户投资这时需要的是耐心等待其回调，如图 5.5 所示的区域就是散户可以建仓的区间。

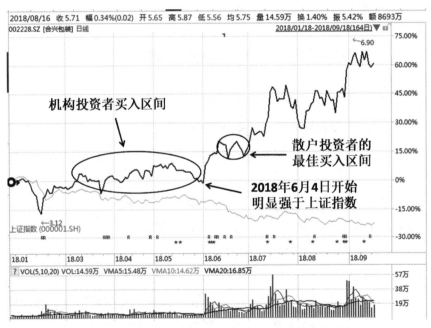

图 5.5　合兴包装 2018 年 1 月至 9 月价格走势图
【图片来源：万得（Wind）】

从随后公司披露的信息可以看到，的确是高毅资产及社保基金在买入，而且买入的周期一直持续到 2018 年 6 月 30 日，之所以没有出现在 2018 年第 1 季报中的前 10 大股东，是因为其在第 1 季报时买入量还不大。从这方面也可以看到机构投资者的建仓是需要一定时间的，这样才能摊低成本，而这也给了散户上车的机会。

## 5.2.2 跟踪机构投资者持仓数据的策略

对于机构投资者已持仓的公司（机构投资者已进入上市公司前10大股东），散户投资则重在测算其建仓的成本，虽然无法准确计算，但可以根据进入前10大股东的时点进行大概测算，然后对比当下的价格，如果测算出机构投资者仍然被套则可优先关注。如果机构投资者的价格低于当下的市场价格，则要从机构投资者的投资风格、持有规模以及个股的情况去深入分析是否关注。这里需要注意的是，报表披露的前10大股东情况是滞后的信息，比如第1季报和第3季报披露时间通常是滞后了1个月；而中报和年报的披露时间则分别是滞后了2个月和4个月。

对于这种策略，从时效性的方面考虑，适宜在第1季报和第3季报披露时采用。此外，有时公司由于进行回购或者重组并购导致前10大股东变更，上市公司是需要实时披露的，在这种情况下时效性会更强，因此，散户投资者经常更新这些机构投资者的数据是可以捕获到一些投资机会的。

这里给大家的是重阳投资2018年大举买入国投电力（600886）的案例。在4月30日结束后，A股的上市公司都完成第1季报的披露，通过上述筛选方法，我发现了国投电力的前10大股东中，崇尚中长线投资的重阳投资、社保基金及长江电力都对其进行了增持，其中重阳投资增持幅度最大，因此，我将国投电力列入了股票池进行跟踪。

在2018年5月17日，国投电力发布重阳投资持股达到了5%（如图5.6所示区域）的公告，通过测算，保守估计其最低成本为7元/股，同时这个价格在技术上也是重要支撑位（详见4.2，为何多数投资者都倒在抄底的路上），因此低于这个价格，散户就可以大胆地买入。

事实证明也是对的，截至2018年12月31日，国投电力全年上涨了9.67%，如果是以低于7元/股的价格买入，收益率是可以达到14%，而同期的上证指数下跌了25%。这里再次强调的是，散户应该抓住机构投资者的弱点，那就是流动性，对于机构投资者而言，一旦买入上市公司的股票，特别是进入上市公司的前10大股东，没有一定的上涨幅度（通常至少20%），是很难安全撤出的。同时如果上市公司筹码集中度很高时，机构投资者控盘能力比较强，一般都会强于大盘。

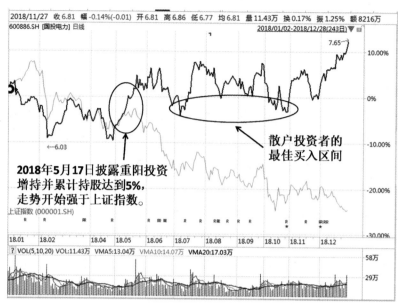

图 5.6　国投电力 2018 年日 K 线图

【图片来源：万得（Wind）】

## 5.2.3　跟踪沪深港通北上资金数据的策略

在股票跟踪上除了上述方法外，也可以关注沪深港通北上资金持仓的每日变化来进行参考建仓。这个大家也可以通过东方财富的沪深港通持股栏目（http：//data.eastmoney.com/hsgtcg/）在"个股查询"中输入上市公司代码获取北上资金持有仓位的变化；另一种方法就是通过港交所的官方网站（http：//www2.hkexnews.hk/Shareholding-Disclosures/Stock-Connect-Shareholding?sc_lang=zh-HK）的数据进行查询。需要注意的是，在使用北上资金的数据时，需要关注机构投资者连续几周或者几个月的买入趋势且买入的量较大，几天的买入在有效性上较弱，特别是在 2018 年以来由于股指期货的逐步松绑，该策略在短期的有效性并不强。

例如 2017 年的方正证券，从 2017 年 3 月 17 日披露以来，沪港通北上资金连续买入方正证券一个多月，持仓占流通股的比例从 10% 上升至 2017 年 5 月 8 日的 12.79%，这种规模是非常大的，证明机构投资者买它不只是做短线交易而已。

当时我的分析如下：从基本面上看，证券行业的业绩仍处于下行周期，但是由于供给侧改革,以国企为主力的周期性行业在 2016 年第 4 季度开始改善,代表国企的蓝筹股在 2017 年劳动节后持续了两个多月的行情,在业绩预期上间接地对证券行业形成一定的支撑。从技术面上看,也非常符合前面 5.2.1 所说的 3 点。从资金面上看,如图 5.7 所示,又有北上资金持续大幅地买入。如图 5.8 所示,通过其买入时点可以看出买入的高点是 8.7 元/股,低点为 8 元/股,散户只要耐心等待在其 8 元的低位买入就有获利的机会,后面的行情也证明是对的。

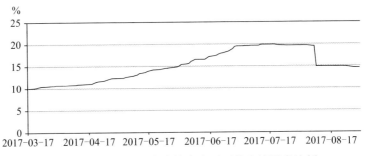

图 5.7　沪港通北上资金持有方正证券占流通盘比例

【数据来源:深圳交易所】

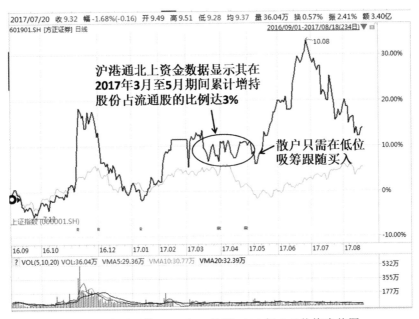

图 5.8　方正证券 2016 年 9 月至 2017 年 8 月价格走势图

【图片来源:万得(Wind)】

## 5.3 关注上市公司筹码集中度

什么是筹码集中度？它通常是指平均持股人数，集中度越高说明平均持股人数越少，反之越多。集中度越高也说明主力机构投资者资金的控盘能力越高，而控盘能力高的个股通常都会强于大盘，上涨的机会更大，因此，该指标在择时交易方面非常重要。

如何获得上市公司筹码集中度的数据？第一种方法就是获取上市公司股东户数，股东户数减少说明筹码集中度在上升。这个数据可以通过一些行情软件直接获得，以合兴包装为例，如图5.9所示，点击行情软件同花顺F10中"股东研究"栏目便可以看到近期合兴包装的股东人数变化，我们可以看到合兴包装从2018年第1季度到第2季度筹码集中度一直在上升。由于这个数据通常是根据上市公司披露的公告获取的，因此有一定的滞后，要获得实时的数据，投资者可以在上市公司投资者互动平台（如图5.10所示，点击"我要提问"）咨询上市公司获取该数据，但是上市公司不一定会及时回复。

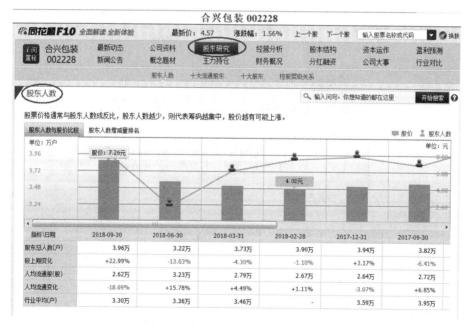

图5.9 同花顺F10行情软件中合兴包装股东人数变化

第 5 章　让机构投资者为你抬轿

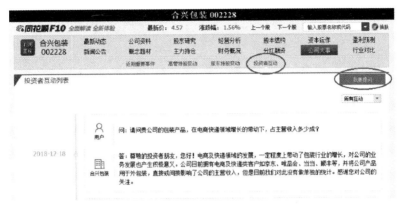

图 5.10　同花顺 F10 行情软件中合兴包装投资者互动提问平台

第二种方法就是从资金技术面上去判断，通常上市公司股票如果大幅下跌，而其成交量却大幅下降，则说明其主力机构投资者资金没有出逃，出逃的多为散户，筹码已集中在主力机构投资者手上。整个下跌周期越长，下跌幅度越大，而成交量下降幅度越大，该指标越有效。如 5.2 中三个案例就是有上述特征（如图 5.11 至图 5.13 所示）：前一年价格大幅下跌，但是成交量或者换手率明显下降，显示主力机构投资者的筹码集中度已非常高，第二年的走势明显强于大盘。

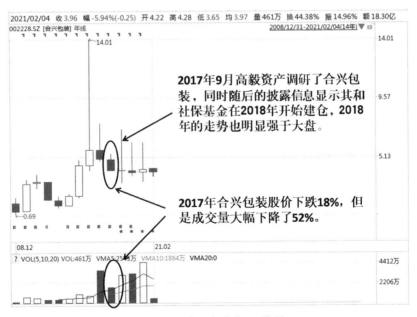

图 5.11　合兴包装年 K 线图
【图片来源：万得（Wind）】

71

图 5.12　国投电力年 K 线图
【图片来源：万得（Wind）】

但是需要注意的是，并不是所有筹码集中度高的个股，随后都能上涨，还需要结合当时的经济环境及行业情况，如图 5.13 所示的方正证券，在 2017 年下跌时，成交量或换手率已大幅萎缩，但是由于 2018 年整体行情非常弱，证券仍处于行业下行周期，因此在 2018 年仍继续下跌。这种情况，投资者应耐心等待行业的拐点同时继续跟踪沪深港通北上资金的走势发现，在 2019 年 1 月 3 日涨停前，北上资金连续几天增持了方正证券。

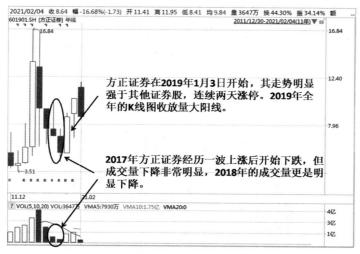

图 5.13　方正证券年 K 线图
【图片来源：万得（Wind）】

## 5.4 券商研报及媒体热度的反向指标作用

投资圈中，常流传一个信条就是"人多的地方别去"。其实这并不难理解，一直都容易获利的事情，大家都蜂拥而上，那肯定是薄利了。股票投资也是如此，大家都能看到的机会往往都是陷阱，因为世上没有"久利之事"。

因此，当多个券商一直在推介某个上市公司，媒体也一直在报道该行业如何好，且这些信息已经渗透到身边的普通群众时，如果是在上涨行情，这往往是机构投资者在卖出的时候；如果还未上涨，机构投资者或者其他主力资金一定也不会在这个时点抬升股价，更多的是横盘震荡，通过时间换空间。这也就是说当市场形成共识时，其往往就是反向指标，也就是说大家都一致看好的时候，往往是冲顶的时候；大家都一致性悲观的时候，往往是见底的时候。

例如我在2018年重点关注的养殖行业，白羽鸡行业由于2017年的禽流感，鸡肉价格大幅下跌。2018年由于引种一直维持低位且强制换羽的影响减弱，加上没有发生大规模的禽流感，导致2018年全年的鸡肉价格一直维持较高位置，与2017年相比至少有20%以上的涨幅，创2011年以来的新高。这期间多数养殖行业的券商也一直在坚定地看好禽链周期反转，同时相关媒体也在报道养鸡是多么好，但全年看来，白羽鸡行业上市公司股价并没有表现出与其基本面相符的涨幅；而与之相反的养猪行业，2018年猪肉价格与2017年相比下降12%，券商多数的报告中提到"受非洲猪瘟影响，猪周期可能提前到来"，媒体对该行业的报道多数也是较为悲观，但就在这种不确定性的氛围下，养猪行业上市公司股价在2018年10月份开始上涨。

当然我并不认为券商的报告都不值得一读，而散户需要注意的是，当该行业的券商研究员都很确定地看好且股票价格已经上涨的情况下，投资者应该给自己提个醒，对其进行更深入的研究再做买卖决定。因为行情从来都是在怀疑中上涨、确定中下跌或震荡，机构投资者只会给聪明的投资者抬轿子，而不会是每个投资者的抬轿者。

# 第6章
# 逆向投资者需要重点关注的财务指标

上市公司的财务报表是我们了解上市公司最基础的信息来源,虽然财务数据具有一定的滞后性,但是通过历史财务情况的研究,可以让投资者对上市公司的基本面有个大致的了解。对于逆向投资者而言,阅读财务报表的首要目标就是避免踩雷,其次就是将利润最大化。因此,在这里不对具体的财务指标进行解读,更多的是向投资者解读如何以上述两个目标为导向来读懂上市公司的财务情况。

## 6.1 经营性现金流净额是否逆势扩张

一家公司破产多数是因为现金流断裂，因此，对于处于困境中的公司来说，现金流净额正是保证其持续经营的前提，当然现金流净额最好是经营性现金流净额，因为其他两类的现金流，融资性现金流和投资性现金流，都是外生性的，难以持久地支持其经营。这就好比现实中的我们，工作的现金来源相对来说是最稳定的；靠借钱或者投资，就具有一定的不确定性，特别是处于困境的时候。

因此，对于逆向投资者而言，要避免踩雷，首要关注的指标是公司在行业不景气或公司陷入困境时，其经营性现金流净额能否持续保持为正数，同时公司的有息负债率保持低位。有了这两个前提，公司在困境中活下来的概率就会较大。同时，如果上市公司的经营性现金流规模在逆境中能逆势扩张，说明上市公司的市场份额在逆势扩张，这为未来业绩提升增加了弹性。也就是说，一旦行业环境转好，其业绩可以大幅提升，股价当然也会相应有较大的上涨。

这样的投资案例非常多，以从传统实体零售行业中突围的永辉超市为例，首先从行业数据看，如图6.1所示，从2012年开始由于同质化竞争、网络零售的消费分流（如图6.2所示）、消费需求深刻变化等不利形势，传统实体零售行业开始走入转型阵痛期。而通过观察永辉超市的财务数据可以看到，永辉超市正是通过这个行业阵痛期进行了弯道超车，其以生鲜为突破口进行规模逆势扩张的策略非常奏效，同时在2016年下半年扩张到一定规模后，开始通过控制成本提高利润率来提升业绩。

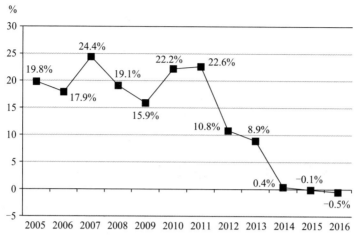

图 6.1 2005 年至 2016 年百家重点大型零售企业零售增速
【数据来源：中华全国商业信息中心】

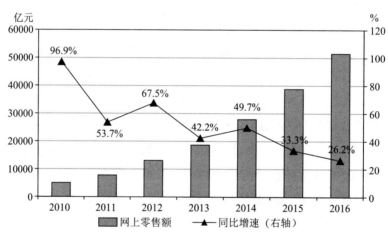

图 6.2 2010 年至 2016 年网络零售交易额增长情况
【数据来源：中华全国商业信息中心】

如图 6.3 所示，永辉超市在 2012 年至 2015 年行业调整期间，经营性现金流净额不仅为正而且规模较 2011 年还大幅扩大，此外，如图 6.4 所示，其在 2012 年至 2015 年期间销售商品、提供劳务收到的现金规模也一直保持增长，而对比其他竞争者的财务数据发现并没有类似的扩张，这说明永辉超市在逆势扩张门店。

最后，如图 6.5 所示，可以看到其有息负债率在 2012 年至 2015 年期间并不高，到 2015 年甚至没有外部借债，因此说明其扩张并不是通过借债等外部融资进行的，而是通过可持续的经营性现金进行的，整个逆势扩张非常健康。

# 第6章 逆向投资者需要重点关注的财务指标

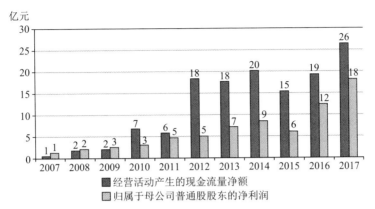

图 6.3　永辉超市 2007 年至 2017 年经营性现金流净额及净利润情况
【数据来源：永辉超市公司年报】

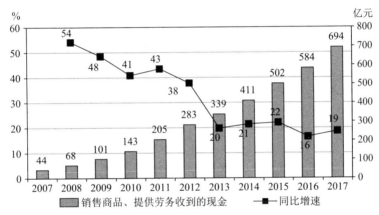

图 6.4　永辉超市 2007 年至 2017 年销售商品、提供劳务收到的现金规模变化
【数据来源：永辉超市公司年报】

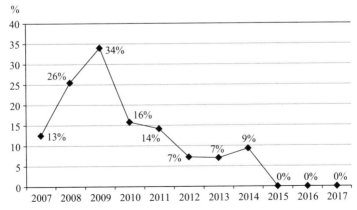

图 6.5　永辉超市 2007 年至 2017 年有息负债率情况
【数据来源：永辉超市公司年报】

同时，可以看到永辉超市的业绩在 2016 年开始兑现，实现大幅增长，同时如图 6.6 所示，2016 年下半年开始永辉超市的股价大幅上涨，明显强于大盘。

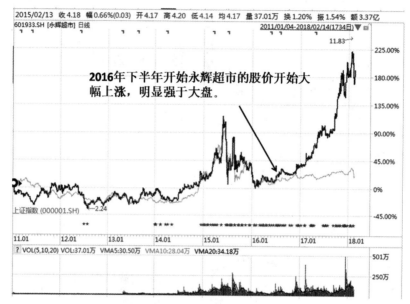

图 6.6 永辉超市 2011 年 1 月至 2018 年 2 月股价走势图
【图片来源：万得（Wind）】

## 6.2 公司净利润随周期或事件变化的弹性是否足够大

公司的业绩弹性对股价反弹力度影响非常大，因此，公司净利润随周期或事件变化的弹性是否足够大，即在行业恢复景气时或利空事件影响消退后，公司的净利润是否比之前有较大幅度的提升，这是逆向投资者需要考虑的问题，也直接影响其最终的投资收益。

通常来说，在上述情况下出现净利润大幅提高往往来自两方面：一方面是公司产能的扩张或者说公司市场份额的提高；另一方面就是产品价格上涨或者是规模化后控制成本带来的净利润率的提升。

因此，投资者在逆向投资时，应关注上市公司利率表中的净利润及净利润率的历史变化情况，观察其是否能回到行业景气时的高点，且由于市场份额的提升甚至有可能超出历史高点，高峰与低谷的差值大就能在后期吸引投资者的关注度，推动股价的大幅上涨。

同样以永辉超市为例，在行业整合期进行逆势扩张，如图6.7所示，门店增长率在2016年及2017年连续高长，远高于行业水平。

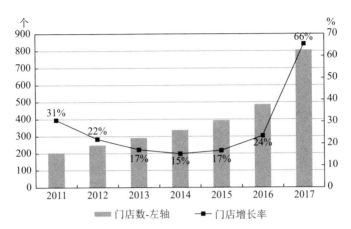

图6.7 永辉超市2011年至2017年门店数量及门店增长率
【数据来源：中国连锁经营协会】

与此同时，如图6.8所示，永辉超市的营业收入规模也随着门店扩张持续增长，其已满足上述的第一条件；因此，关注的第二个条件就是公司的净利润率能否提高，这样公司的净利润就会大幅增长。

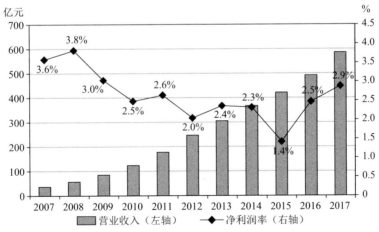

图6.8 永辉超市2007年至2017年应收收入及净利润率
【数据来源：永辉超市公司年报】

同样，如图 6.8 所示，永辉超市 2007 年至 2015 年的净利率均值为 2.6%，在 2016 年，公司净利润率从 2015 年的 1.4% 提升至均值水平是非常有可能的。因此，只要公司的净利润率提升至均值水平，即使不考虑扩张要素，2016 年净利润的增速也至少有 85%。

实际情况也是如此，永辉超市从 2016 年下半年开始通过增加自营品牌商品销售、降低生鲜产品损耗、将部分红标店改造成利润率更高的绿标店等措施来提高净利润率。最终通过 2016 年及 2017 年的数据也可以看到，公司的净利润率的确逐步回到了均值水平。

相应地，公司的净利润增速也是大幅提高，2016 年及 2017 年分别同比增长 103% 和 39%。而如图 6.6 所示，永辉超市股价也在 2017 年大幅上涨，股价从 2017 年年初最低点的 4.59 元 / 股涨至 2018 年 1 月最高点的 12.17 元 / 股，累积涨幅达 165%。

## 6.3 公司实际的净资产是否已被严重低估

投资股市，从本质上看就是投资上市公司的净资产。在逆向投资中，尤其对于重资产行业和公司而言，要着重关注公司的净资产（净资产 = 总资产 − 总负债）情况。在实业投资中，你一定会看看公司总资产扣除债务后还剩多少净资产，而且要验证这些净资产是否够"硬"，即资产质量如何？是否存在水分？资产是否保值或者未来是否有升值空间？

投资上市公司也是如此，投资者应该验证其实际的净资产是否已经被严重低估。这句话有两个重点：一是"实际的"净资产，二是是否被严重低估。

对于第一点，就是对上市公司的各个资产进行核查，看其是否含有"水分"或者会受限制。因为有些行业的有些资产比较难看得清是否存在水分，如科技类企业的商誉及无形资产以及银行业的不良贷款，同时有些资产因为质押已经受限制，如一些已经作为保证金的货币资金以及已经质押的固定资产，这些都需要投资者更深入地研究调查才能发现。

对于第二点，就是看目前公司的市值是否已经严重低于公司的实际净资产。市净率（PB），即公司的总市值与公司净资产的比值，就是衡量指标。当然前提是要保证其净资产是"脱水"的实际净资产。

对于重资产的行业，尤其是资源类企业，从净资产的角度去看其是否值得投资会更容易些。对于这类企业需要关注的财务科目主要就是应收账款、固定资产、无形资产或油气资产科目。同时，通过其披露的商品实际资源储量及商品当前和未来预期价格来判断其净资产是否被严重低估。

此外，在计算企业资产时，要特别注意容易出问题的科目，如应收账款、其他应收账款及库存等。主要是看这些项目的交易是否有关联交易，通常公司出现现金流紧张问题，应收账款的资产多数是坏账，因此在计算净资产时尽量忽略不计。库存对于农业股来说，是特别要注意的，因为通常容易造假。另外，在计算上市公司净资产时，要注意核查公司受限制的资产。

以 2019 年我在中天能源的投资失误为例，2018 年由于金融去杠杆导致上市公司中天能源现金流紧张，进而引发股价大幅下跌。该公司是典型的资源型重资产公司，因此，从净资产角度去分析其是否具有投资价值非常合适。

从资产的角度上看，中天能源有两项资产非常具有吸引力。一是在建的两个 150 万吨 LNG 接收站资产，虽然只占有一半的股份，但是由于其盈利性较强且具有稀缺性，即使是 50% 的利用率，也可以带来 7.5 亿元的毛利；此外，加拿大油气资产也有 3 亿元左右的净利润。因此，只要中天能源能正常经营，业绩反转的弹性非常大（公司 2018 年业绩预告的净利润仅 3000 万元左右）。

从资产清算角度看，2018 年年末，中天能源的流动资产 35.9 亿元（其中主要的流动资产为现金 10.8 亿元，应收账款 6.2 亿元，预付款项 8.7 亿元，其他应收款 10.2 亿元），非流动资产中占比大的是油气资产（82 亿元）和在建工程（LNG 接收站，7 亿元）。

根据 oilprice 的统计数据，2015 年以来加拿大西部原油价格均值为 35 美元/桶，即使扣除流动资产，根据其矿井的原油储量估算，中天能源的净资产也可达到 125 亿元。

因此，当公司股价跌至 3.11 元/股，即公司总市值在 43 亿元时，市净率（PB）降至 0.86，该公司的净资产已被严重低估。此时，也是逆向投资者最好的投资机会，虽然公司还未发公告表明其已引入战略投资者进行纾困，但从公司的净资产角度，再加上油气资产的景气周期上看，其是具有投资价值的。

2019 年 3 月，中天能源发公告称具有国资企业参股的国厚天源对公司进行纾困，同时在2018年年报和2019年第1季报中，可以看到产业资本，即石化龙头企业恒力集团，在2018年第4季度开始买入中天能源的股票，也进一步验证其是具有投资价值的。

以上是我从净资产的角度分析逆向投资中天能源的逻辑。但是忽略其资产的实际价值及流动性，后面经过深入研究，观察其2018年年报的财务报表附注后发现，其实中天能源在这几个资产科目中是存在较大风险的。

首先，中天能源的应收账款和预付款项存在重大减值的风险。如图6.9所示，在2018年年报的审计报告中，审计机构都对应收账款和预付款项形成了保留意见。

> **二、形成保留意见的基础**
>
> **（一）涉及应收账款及其他应收账款事项**
>
> 如财务报表附注五、（三）.2及五、（五）.2所述，公司对于单项金额重大的应收款项单独计提了资产减值准备，公司没有提供其计提比例的具体依据，亦没有提供剩余应收款项可回收性评估充分的证据。
>
> 在审计过程中，我们无法就上述应收款项坏账准备的计提获取充分、适当的审计证据，通过实施函证、访谈以及资料查验等程序未能获取满意的审计证据，也无法对上述应收款项的可回收性实施替代审计程序。因此，我们无法确定是否有必要对相关应收账款和其他应收账款余额及坏账准备项目作出调整。
>
> **（二）预付款项**
>
> 如财务报表附注五、（四）.2注释所述，Canadian Advantage Petroleum Corporation、湖北九头风天然气有限公司已向公司承诺于2019年度完成对公司采购原油以及天然气商品的交付。
>
> 在审计过程中，我们无法就上述承诺在2019年度全面履行获得充分、适当的审计证据，通过实施函证、访谈以及资料查验等程序未能获取满意的审计证据。因此，我们无法确定是否有必要对相关预付款项余额及减值准备作出相应调整。

图6.9　中天能源2018年审计报告摘要

其次，中天能源的货币资金由于被用作保证金，多数是无法取现的。如图6.10所示的2018年中天能源年报中关于货币资金的附注，可以看到截至2018年年末，其货币资金总额为11亿元，但是受限制的资金达到了近10亿元。多数都是用作保证金，在贷款没有还之前，这些资金是动不了的。

## 1、货币资金

√适用 □不适用

单位：元 币种：人民币

| 项目 | 期末余额 | 期初余额 |
|---|---|---|
| 库存现金 | 899,727.79 | 770,099.99 |
| 银行存款 | 121,960,063.72 | 793,934,661.24 |
| 其他货币资金 | 954,811,605.69 | 1,398,929,649.78 |
| 合计 | 1,077,671,397.20 | 2,193,634,411.01 |
| 其中：存放在境外的款项总额 | 363,146,252.12 | 242,985,092.16 |

其中因抵押、质押或冻结等对使用有限制，以及放在境外且资金汇回受到限制的货币资金明细如下：

| 项目 | 期末余额 | 年初余额 |
|---|---|---|
| 银行承兑汇票保证金 | 17,900,000.00 | 10,000,000.00 |
| 质押保证金 | 895,289,975.13 | 999,939,280.00 |
| 信用证保证金 | 25,000,000.00 | 388,990,369.78 |
| 冻结款项 | 665,289.63 | |
| 对外期货保证金 | 16,621,630.56 | |
| 合计 | 955,476,895.32 | 1,398,929,649.78 |

注：银行承兑汇票保证金、信用证保证金、质押保证金、对外期货保证金被冻结金额348,879,795.29元。

图6.10 中天能源2018年年末货币资金情况

最后，最值钱的油气资产也已经被抵押借款了，如图6.11所示，截至2018年年末，公司的资产中有82亿元是受限制的资产，其中油气资产占了大部分。

## 69、所有权或使用权受到限制的资产

√适用 □不适用

单位：元 币种：人民币

| 项目 | 期末账面价值 | 受限原因 |
|---|---|---|
| 货币资金 | 955,476,895.32 | 保证金、司法冻结 |
| 应收票据 | | |
| 存货 | | |
| 固定资产 | 83,324,657.03 | 抵押借款 |
| 无形资产 | 100,112,544.10 | 抵押借款 |
| 油气资产 | 7,030,250,154.94 | 抵押借款 |
| 合计 | 8,169,164,251.39 | |

其他说明：
无

图6.11 中天能源2018年年报中对受限制资产的披露信息

因此，这时候去计算公司有多少净资产已经没有意义，因为这些资产是没有流动性的，现金流已经断裂的中天能源如果没有获得资金，其资产可能就会被贷款方收回，而中天能源也会面临破产的风险。虽然贷款方主要是银行，从处理不良贷款的角度看，即使银行不会让其倒闭，加上其资产具有一定的投资价值，最终会找到接盘侠，但是整个投资周期被拉长了，对于投资者来说也是非常痛苦的。

总之，在计算净资产时，关键还要看清其资产的实际价值以及流动性，即是否已经被质押或抵押。在计算好上述资产后，再看其净资产是否被严重低估。

## 6.4 尽量选择有息负债率低的公司

正如前面所说的，公司破产要么是应收账款收不回来而同时又要向上游供应商预付货款，导致经营性现金流出现困难；要么就是公司负债过高，经营性现金流的金额始终没法覆盖融资性现金的支出，导致债务违约；要么是两者一起发生。

因此，在逆向投资时，除了考虑经营性现金流的情况，更应该考虑公司的负债情况，尽量选择有息负债率低的公司，可以更大程度地避免踩雷。

什么是有息负债率？在公司财务中，从付息与否的角度出发，负债分为有息债务以及无息债务。有息债务，指短期借款、一年内到期的长期负债、长期借款、应付债券及长期应付款等；无息债务，指应付账款和预收账款。而有息负债率即为有息负债与总负债的比值。具体的公式如下：

无息流动负债 = 应付票据和应付账款 + 预收款项 + 合同负债 + 应付职工薪酬 + 应交税费 + 其他应付款 + 其他流动负债

无息非流动负债 = 非流动负债合计 - 长期借款 - 应付债券

有息负债 = 总负债 - 无息流动负债 - 无息非流动负债

其实，选择有息负债率低的个股除了避免踩雷，也可能会遇到天上掉馅饼的机会。因为A股市场具有一定的特殊性，上市公司，特别是国有上市公司，退市通常是比较难的。截至2018年年末，A股上市公司退市的数量仍屈指可数，但是随着制度的改善及金融行业供给侧改革的推进，后面退市的数量会逐步增加。但是不管怎样，这种特殊性也给一些专注于重组的逆向投资者提供了更多的机会。

根据 Wind 数据，截至 2019 年 3 月，自 2009 年以来 A 股市场进行借壳上市或资产置换重组的上市公司一共 155 家，根据理杏仁网站的数据，扣除两家证券公司，这 153 家上市公司在重组前的有息负债率的分布情况如图 6.12 所示，有息负债率低于 5% 的占比最大。

因此，对于专注重组的逆向投资者而言，在筛选个股时，更应该关注有息负债率低的上市公司。如果一家公司经营性现金流状况良好同时有息负债率低，唯一的缺陷可能是没有成长性，因此股价才会一直低迷。但是由于其整体上比较"干净"，被借壳或资产置换重组的概率也较大。

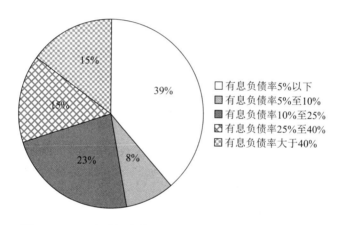

图 6.12　153 家重组上市公司重组前的有息负债率分布情况
【数据来源：万得 (Wind) 数据库】

## 6.5　资产端容易出现瑕疵的科目

投资股票本质上来说就是投资上市公司的净资产，如果资产端存在重大的水分，整个净资产就会大幅缩水。因此，投资者要认真核查其资产项目，特别是那些容易作弊的科目，如流动资产中的应收账款、预付账款、其他应收和存货以及固定资产中的商誉。

## 6.5.1 货币资金

货币资金是指在企业生产经营过程中处于货币形态的那部分资金,按其形态和用途不同可分为库存现金、银行存款和其他货币资金,通常其分项科目的数据可以在图6.13所示的财务报表附注中查询到。货币资金是企业流动性最强、随时可以用于支付、任何人都会马上接受而且不打任何折扣的资产。

```
七、合并财务报表项目注释
1、货币资金
  ☑适用  □不适用
                                          单位:元  币种:人民币
```

| 项目 | 期末余额 | 期初余额 |
| --- | --- | --- |
| 库存现金 | 4,770,576.69 | 2,244,527.57 |
| 银行存款 | 1,755,681,041.84 | 4,100,347,110.38 |
| 其他货币资金 | 78,749,571.79 | 104,532,749.28 |
| 合计 | 1,839,201,190.32 | 4,207,124,387.23 |
| 其中:存放在境外的款项总额 | 5,974,584.78 | 20,698,925.45 |

其他说明

截至2018年12月31日,货币资金所有权受到限制的情况见"本附注七、70所有权或使用权受到限制的资产"。

图6.13 康美药业2018年资产负债表中货币资金构成

货币资金中的库存现金是指用于保证公司日常零星支出而留存的现金,通常金额不会太大。

银行存款是指企业存入银行或其他金融机构的货币资金,其用途包括日常经营、投资以及偿还债务等。通常以活期存款、定期存款、协定存款等形式存放于银行。

其他货币资金是指企业货币资金中除库存现金和银行存款以外的货币资金。它包括外埠存款、银行汇票保证金、银行本票存款、在途货币资金、信用证保证金存款、信用卡存款和司法冻结资金等。

其他货币现金项目是货币资金中需要特别关注的项目,因为其虽然是现金,但是通常都是一些受限制的资金。典型的例子如图6.14所示的中天能源2018年资产负债表中的货币资金构成。2018年年初,中天能源的货币资金中其他货币资金就已经非常不正常,多数的货币资金都是其他货币资金,即银行承兑汇票保证金、质押保证金以及信用证保证金。因此,虽然表面上看中天能源 2018 年年初货币资金科目上有 21.9 亿元，实际可使用的资金仅有 7.9 亿元，在 2018 年金融去杠杆的大环境下，中天能源在当年出现货币资金短缺导致公司经营出现问题。

### 七、合并财务报表项目注释
**1、货币资金**
√适用 □不适用

单位：元 币种：人民币

| 项目 | 期末余额 | 期初余额 |
| --- | --- | --- |
| 库存现金 | 899,727.79 | 770,099.99 |
| 银行存款 | 121,960,063.72 | 793,934,661.24 |
| 其他货币资金 | 954,811,605.69 | 1,398,929,649.78 |
| 合计 | 1,077,671,397.20 | 2,193,634,411.01 |
| 其中：存放在境外的款项总额 | 363,146,252.12 | 242,985,092.16 |

其中因抵押、质押或冻结等对使用有限制，以及放在境外且资金汇回受到限制的货币资金明细如下：

| 项目 | 期末余额 | 年初余额 |
| --- | --- | --- |
| 银行承兑汇票保证金 | 17,900,000.00 | 10,000,000.00 |
| 质押保证金 | 895,289,975.13 | 999,939,280.00 |
| 信用证保证金 | 25,000,000.00 | 388,990,369.78 |
| 冻结款项 | 665,289.63 | |
| 对外期货保证金 | 16,621,630.56 | |
| 合计 | 955,476,895.32 | 1,398,929,649.78 |

注：银行承兑汇票保证金、信用证保证金、质押保证金、对外期货保证金被冻结金额 348,879,795.29 元。

图 6.14 中天能源 2018 年资产负债表中货币资金的构成

因此，在投资中，如果看到公司的货币资金科目中其他货币资金占比巨大时，应对其保持警惕并采取更深入地研究和调查。

严格意义上讲，货币资金是不易造假的财务科目，但是 2018 年的康得新（122 亿元银行存款"消失"）和康美药业事件（会计差错导致核销 300 亿元货币资金），给投资者带来了警示，即应时刻提升自身的风险甄别能力。

投资者可能会非常疑惑，如上述康得新和康美药业事件中，连负责审计的会计师事务所都没有发现，我们如何甄别这些风险。其实可以通过他们这些典型案例的财务情况来倒推，就是通过对这些上市公司的资产负债表进行对比，可以看到它们都有一个共同的特点就是"存贷双高"，即资产负债表中的货币资金和有息负债都处于高位。

因此，投资中应警惕"存贷双高"的上市公司，具体详见本书后面章节的内容。

## 6.5.2 应收账款

应收账款是指企业因销售商品、提供劳务等经营活动，应向购货单位或接受劳务单位收取的款项，主要包括企业销售商品或提供劳务等应向有关债务人收取的价款及代购货单位垫付的包装费、运杂费等。通俗点说，就是公司经营活动中客户欠公司的账款。

应收账款多意味着公司的议价能力弱，因为如果公司议价能力强，通常是直接现金交易或者是以预收的形式交易。另外，应收账款增多也会降低公司经营性现金流净额。因此，应收账款增多对公司而言，通常不是好事。如果投资的上市公司应收账款较多且连续几年增长，应该对其提高警惕。

由于是非现金交易，应收账款也是容易进行舞弊或者容易存在重大瑕疵的科目。较为常见的行为就是被用于虚增收入以及控股股东转移资产。

首先，以应收账款的形式虚增收入，即通过控制第三方与公司签订合同购买公司产品或服务，但是没有付现金，而是以赊账形式交易，在公司的资产负债表上以应收账款的形式存在。通过该手段，公司的收入增加了，当期利润表上的利润增加了，只不过公司的经营性现金流是没法增加的，所以就出现了净利润与经营性现金流净额不匹配的现象。

当然这种方式是不可持续的，最终这些应收账款会以应收账款减值准备的形式进行扣除，导致后期的净利润大减。

当然，如果是恶劣点的上市公司，会出现控股股东以应收账款的形式转移资产，手法与上述相类似，最终都是出售货款或服务的公司背黑锅，导致其货款无法追回而造成损失。

因此在了解应收账款时，应该认真阅读年报及半年报中关于应收账款的说明。首先应该看审计机构是否有关于应收账款的描述，其次也应该去关注财务报表附注中关于应收账款的详细披露信息。

以康得新为例，2018年年报中负责审计的会计师事务所给康得新出具了"无法表示意见",其中在报告的第 5 点中提到了应收账款,如图 6.15 所示提到"公司管理层未能提供对单项金额重大并单独计提的坏账准备所依据的资料,亦未能提供上述剩余应收账款可回收性评估的充分证据",也就是说这些应收账款是说不清楚的,可能存在前面所说的利用应收账款来虚增收入和净利润。

> **5、应收账款的可回收性及坏账准备计提的准确性**
>
> 如财务报表附注六、3 所述,截至 2018 年 12 月 31 日,康得新公司应收账款账面余额人民币 6,093,542,800.07 元,相应计提坏账准备人民币 1,228,183,245.06 元,其中公司对预计无法偿还的除关联方以外的部分单项金额重大的应收账款进行单项计提 813,635,617.82 元;在确定应收账款预计可收回金额时需要评估相关客户的信用情况,包括了解客户资信以及实际还款情况等因素,需要运用重大会计估计和判断;<u>公司管理层未能提供对单项金额重大并单独计提的坏账准备所依据的资料,亦未能提供上述剩余应收款项可回收性评估的充分证据</u>。我们在审计中实施了包括函证、访谈、复核等审计程序,但未能获取充分、适当的审计证据,我们也无法实施进一步的审计程序或者替代审计程序。因此,我们无法确定是否有必要对应收账款、坏账准备及财务报表其他项目做出调整。

图 6.15 康得新 2018 年年报中的审计报告内容节选

当然,康得新在 2018 年年报发布之前就已经在当年下半年爆雷下跌。但是从 2017 年年报中的审计机构出具的审计报告中,其实也可以发现一些端倪。

在阅读审计报告时,除了看审计报告的审计意见,特别要关注审计报告中如图 6.16 所示的"关键审计事项"。

> **三、关键审计事项**
>
> 关键审计事项是我们根据职业判断,认为对本期财务报表审计最为重要的事项。这些事项的应对以对财务报表整体进行审计并形成审计意见为背景,我们不对这些事项单独发表意见。我们确定下列事项是需要在审计报告中沟通的关键审计事项。

图 6.16 康得新 2017 年年报中的审计报告内容节选

2018 年 1 月 1 日起,新审计报告准则全面实施。根据准则的要求,除"无法表示意见"的审计报告外,上市公司财务报表的审计报告将增加"关键审计事项"部分。

通常来说,关键审计事项,是指会计师根据职业判断认为对财务报表审计最为重要的事项,也可以说是可能存在异常或需要特别关注的事项。

如图 6.17 所示,在康得新 2017 年年报的审计报告中,将其应收账款的可回收性和坏账准备计提列为关键审计事项。

> （二）应收账款的可回收性及坏账准备计提的充分性
> 1、事项描述
> 相关信息披露详见财务报告五27(2)和附注七4；截至2017年12月31日，康得新公司应收账款账面余额人民币4,704,672,318.02元，相应计提坏账准备人民币295,923,544.25元，<u>对财务报表影响重大，由于在确定应收账款预计可收回金额时需要评估相关客户的信用情况，包括了解客户资信以及实际还款情况等因素，需要运用重大会计估计和判断</u>，为此我们将应收账款的可回收性及坏账准备计提的充分性识别为关键审计事项。
> 2、审计应对
> （1）了解和评价管理层与应收款项账龄分析以及确定应收账款坏账准备相关计提政策的关键内部控制设计和运行的有效性；
> （2）检查应收账款坏账准备计提程序，评价计提坏账准备所依据的资料、假设及方法；复核应收账款坏账准备是否按经董事会批准的既定方法和比例提取，其计算和会计处理是否正确；
> （3）对单项金额重大的应收账款单独进行减值测试并评估其可收回性；
> （4）对于单独计提坏账准备的应收账款，获取管理层对预计未来可收回金额做出估计的依据，包括客户信用记录及期后实际还款情况，并复核其合理性。

图6.17 康得新2017年年报中审计报告中关键审计事项内容

注：财务小知识

财务报表的审计意见类型分为5种，分别是：

（1）标准的无保留意见。说明审计师认为被审计者编制的财务报表已按照适用的会计准则的规定编制，并在所有重大方面公允反映了被审计者的财务状况、经营成果和现金流量。

（2）带强调事项段的无保留意见。说明审计师认为被审计者编制的财务报表符合相关会计准则的要求，并在所有重大方面公允反映了被审计者的财务状况、经营成果和现金流量，但是存在需要说明的事项，如对持续经营能力产生重大疑虑及重大不确定事项等。

（3）保留意见。说明审计师认为财务报表整体是公允的，但是存在影响重大的错报。

（4）否定意见。说明审计师认为财务报表整体是不公允的或没有按照适用的会计准则的规定编制。

（5）无法表示意见。说明审计师的审计范围受到了限制，且其可能产生的影响是重大而广泛的，审计师不能获取充分的审计证据。

根据审计意见的类型，财务问题最严重的为"否定意见"和"无法表示意见"。按问题严重程度从重到轻依次排序为"保留意见"，"带强调事项段的无保留意见"及"标准的无保留意见"。

## 6.5.3 其他应收款

应收账款主要是与主业经营相关的账款,其他应收款也是资产负债表中的资产方,但是它主要是与主业不相关的项目,就像垃圾桶,除应收票据、应收账款和预付账款以外的其他各种应收及暂付款项都可以往里面装。

2018年之前,其他应收款是不包括应收利息和应收股利的,由于2018年财政部新的规定,从2018年1月1日开始,"应收利息"及"应收股利"项目归并至"其他应收款"项目。

常见的其他应收款包括各种赔款、罚款、存出保证金、应收出租包装物的租金、预付给企业内部员工的备用金、应向职工个人收取的各种垫付款项等。但是在实际投资中,要具体了解该项目的情况,还是要认真阅读年报的财务报表附注对该科目的描述。

由于其他应收款主要是与主业不相关的款项,因此如果该科目资金巨大甚至大过应收账款的金额,说明里面是有问题的,可能存在控股股东通过关联子公司借款转移公司的资产或占用公司的资金。

因此,在投资中,如果遇到该科目金额巨大且在公司资产中占比较大时,应特别警惕,需要投资者对财务报表附注进行更深入地了解。

2018年爆雷的康美药业在其他应收款上主要就是来自向关联公司提供资金(如图6.18所示),其可回收的不确定性是审计机构列为保留意见的原因之一。如图6.19和图6.20所示,康美药业2018年底其他应收款的资金合计达92亿元,占流动资产总额和总资产的比例分别高达17%和12%。

> **2、关联方资金往来**
>
> 康美药业2018年12月31日其他应收款余额中包括公司自查的向关联方提供资金余额887,904.76万元,坏账准备为0.00元。我们虽然实施了分析、检查、函证等审计程序,仍未能获取充分、适当的审计证据,导致我们无法确定康美药业在财务报表中对关联方提供资金发生额及余额的准确性,以及对关联方资金往来的可回收性作出合理估计。

图6.18 康美药业2018年审计报告内容节选

### 6、其他应收款

**总表情况**

**(1). 分类列示**

√适用 □不适用

单位：元 币种：人民币

| 项目 | 期末余额 | 期初余额 |
|---|---|---|
| 应收利息 | | |
| 应收股利 | | |
| 其他应收款 | 9,228,373,561.04 | 5,894,143,999.84 |
| 合计 | 9,228,373,561.04 | 5,894,143,999.84 |

图 6.19 康美药业 2018 年其他应收款主要构成

**(7). 按款项性质分类情况**

√适用 □不适用

单位：元 币种：人民币

| 款项性质 | 期末账面余额 | 期初账面余额 |
|---|---|---|
| 应收第三方款项 | 402,606,427.14 | 206,999,087.73 |
| 应收合营公司款项 | 2,000,000.00 | |
| 应收其他关联公司款项 | 8,879,055,494.94 | 5,713,820,971.90 |
| 合计 | 9,283,661,922.08 | 5,920,820,059.63 |

图 6.20 康美药业 2018 年报财务报表附注中对其他应收款的披露信息

## 6.5.4 预付款项

预付款项科目是指预付给供货单位的购货款或预付给施工单位的工程款和材料款，通常是用商品、劳务或完工工程来清偿的。预付款项包括预付货款和预付工程款等。通俗点说，就是你购买供应商的产品时，要进行预付，这部分款项就叫预付款项。

根据《企业会计制度》规定："企业的预付账款，如有确凿证据表明其不符合预付账款性质，或者因供货单位破产、撤销等原因已无望再收到所购货物的，应当将原计入预付账款的金额转入其他应收款，并按规定计提坏账准备。"

预付款项和应收账款类似，从议价能力上看，预付款项越多，意味着公司的议价能力弱。因此，预付款项金额越大，说明公司在整个产业链或者行业中处于较弱的地位，投资者在投资前需要提高警惕。

此外，预付款项可能会被控股股东用来占用上市公司资金及转移上市公司资产。造假的手法与应收账款相类似，即与控制的第三方签订合同，公司进行预付，最终公司对预付款项进行减值造成亏损。

## 第 6 章 逆向投资者需要重点关注的财务指标

因此，在投资中如果该科目金额巨大且出现无法收回时，投资者应提高警惕并对其深入研究再决定是否投资。

如图 6.21 所示，投资者可以从年报财务报表附注关于该项目的披露中看到其披露的主要预付对象，深入研究的主要目的是调查预付对象是否与上市公司控股股东存在关联关系，以此来规避利用预付款项进行造假的风险。

因此，首先要看其近三年主要预付对象的变化情况，是否存在重大的变更以及公司是不是新注册的公司等；其次，就是看前三个预付对象的控股股东或者管理层与上市公司股东或管理层是否存在一定的关联关系。

(2). 按预付对象归集的期末余额前五名的预付款情况
√适用 □不适用

| 预付对象 | 期末余额 | 占预付款期末余额合计数的比例 |
| --- | --- | --- |
| Canadian Advantage Petroleum Corporation | 333,722,835.72 | 38.53 |
| 湖北九头风天然气有限公司 | 266,175,305.68 | 30.73 |
| 山东金石沥青股份有限公司 | 73,385,448.29 | 8.47 |
| 山东恒源石油化工股份有限公司 | 69,755,940.84 | 8.05 |
| 嘉兴盛天股权投资合伙企业(有限合伙) | 36,490,000.00 | 4.21 |
| 合计 | 779,529,530.53 | 89.99 |

其他说明：
√适用 □不适用
注：2018 年 10 月，Canadian Advantage Petroleum Corporation 对公司承诺将积极组织货源，履行原采购合同，如因客观原因导致无法执行相关合同，其将在 2019 年 12 月 31 日前返还公司已预付的全部货款。
2019 年 1 月，湖北九头风天然气有限公司对公司承诺于 2019 年度完成对公司 2.66 亿 LNG 的供货。

图 6.21 中天能源 2018 年年报附注中对预付对象披露信息

## 6.5.5 存货

根据官方的定义，存货是指企业在日常活动中持有以备出售的产成品或商品、处在生产过程中的在产品、在生产过程或提供劳务过程中耗用的材料或物料等，包括各类材料、在产品、半成品、产成品或库存商品以及包装物、低值易耗品、委托加工物资等。

对于投资者来说，存货的风险主要来自存货跌价以及虚增存货。因此，如果存货在公司的资产中占比较大时，投资者首先要弄清公司的存货是什么，是否便于核查计算；这些存货价值未来是什么样的发展趋势，是否存在跌价的风险。

存货不便于核查计算常常就会导致公司存在财务造假的可能，典型的行业就是农林牧渔行业。在 A 股中出现典型的例子，如蓝田股份、万福生科以及獐子岛。

之所以在农林牧渔行业会较频繁出现虚增存货→虚增收入→虚增利润的财务造假模式，是农林牧渔行业的独特性造成的。首先就是农林牧渔行业的存货验证往往存在困难；其次就是该行业供应商及客户较为分散，如个体户和个人，销售商品和采购时通常是现金交易甚至都不开具发票，因此，核查起来也较为困难。

以獐子岛为例，公司的存货主要为虾夷扇贝、海参、鲍鱼等海产品。贝苗投放到海里面，投放的金额可以确定，但是投放之后能存活多少不确定。而且由于养殖面积大，很难进行全面的盘点存货。最多只能如图 6.22 所示，用抽样盘查的方式进行盘点。但是抽样盘查是由上市公司单方面提供的，上市公司如果要造假还是很容易的。而审计机构也很难去验证盘点，因为不可能对所有养殖海域进行逐一盘点。

---

公司的消耗性生物资产考虑到其生物特殊性，盘点方法一般采用抽盘的方式，具体方法如下：
1）消耗性生物资产－浮筏养殖产品
公司的浮筏养殖产品包括浮筏鲍鱼、虾夷一龄贝、牡蛎等。浮筏养殖产品对每个吊笼按标准投苗，根据季节进行分苗。日常根据产品长势情况，对产品进行规格分选。年末盘点时，抽取一定数量的养殖笼吊进行清点，确定每吊养殖数量、重量、规格，然后再根据同类产品的总挂养的笼吊数，测算出该品种的在养存量。
2）消耗性生物资产－底播养殖产品
海域划分：内区（潜水员采捕区域），为养殖虾夷扇贝、海参、鲍鱼等多品种的养殖区域；外区（拖网采捕区），为以虾夷扇贝为主的养殖区域。当年新增的底播虾夷扇贝、海参等，由于其底播时间为临近年末的 11—12 月份，利用投苗记录作为盘点数量，不再进行实物盘点。
内区盘点方法：确定每个点抽点面积，到达指定区域，潜水员将该点位的盘点产品全部采捕上来，进行数量、重量、规格测量清点，并据此测算各调查海域的存量。
外区盘点方法：主要为底播虾夷扇贝，主要采用科研船上的水下摄像系统进行视频观测，观测宽度 0.5－0.6m，观测距离 100－400m，每个抽样点的观测面积 50－240m²，根据视频观测和计量数量，统计出该区域内的虾夷扇贝数量；各年份扇贝使用底栖贝类采集器随机取样，将抽样点内的产品采捕上来，进行虾夷扇贝个体重量的测量、称重。根据采捕上来的虾夷扇贝个体平均重量，以及水下摄像系统观测的计数，计算出抽点样区域的存量，再据此测算各底播海域同类虾夷扇贝存量。

图 6.22　獐子岛 2017 年年报中对存货盘点解释

此外，农林牧渔行业的供应商和客户较为分散，如图 6.23 及图 6.24 所示，獐子岛的前五名客户销售金额占比仅为 23.7%，其中只有前两名客户超亿元，其他的金额都较小；供应商的采购金额也是如此，前五名供应商采购金额占比仅为 12.6%。

## 第6章 逆向投资者需要重点关注的财务指标

| 公司主要销售客户情况 | |
|---|---|
| 前五名客户合计销售金额（元） | 663,131,143.18 |
| 前五名客户合计销售金额占年度销售总额比例 | 23.70% |
| 前五名客户销售额中关联方销售额占年度销售总额比例 | 0.00% |

公司前五大客户资料

| 序号 | 客户名称 | 销售额（元） | 占年度销售总额比例 |
|---|---|---|---|
| 1 | 第一名 | 411,343,359.35 | 14.70% |
| 2 | 第二名 | 103,341,487.75 | 3.69% |
| 3 | 第三名 | 53,698,674.66 | 1.92% |
| 4 | 第四名 | 48,989,214.54 | 1.75% |
| 5 | 第五名 | 45,758,406.88 | 1.64% |
| 合计 | -- | 663,131,143.18 | 23.70% |

主要客户其他情况说明
□ 适用 √ 不适用

图 6.23　獐子岛 2018 年前五名客户销售金额占比

| 公司主要供应商情况 | |
|---|---|
| 前五名供应商合计采购金额（元） | 247,907,445.56 |
| 前五名供应商合计采购金额占年度采购总额比例 | 12.60% |
| 前五名供应商采购额中关联方采购额占年度采购总额比例 | 0.00% |

公司前五名供应商资料

| 序号 | 供应商名称 | 采购额（元） | 占年度采购总额比例 |
|---|---|---|---|
| 1 | 第一名 | 72,927,706.69 | 3.71% |
| 2 | 第二名 | 55,366,774.37 | 2.81% |
| 3 | 第三名 | 54,203,500.57 | 2.76% |
| 4 | 第四名 | 36,059,753.83 | 1.83% |
| 5 | 第五名 | 29,349,710.10 | 1.49% |
| 合计 | -- | 247,907,445.56 | 12.60% |

主要供应商其他情况说明
□ 适用 √ 不适用

图 6.24　獐子岛 2018 年前五名供应商采购金额占比

因此，一方面难以对存货审计盘点，导致存货价值和存货成本还是只能由上市公司说了算；另一方面客户和供应商分散，核查也会有困难。有了上述两个大漏洞，就给农林牧渔行业上市公司"虚增存货→虚增收入→虚增利润"的财务造假带来了可乘之机。

如图 6.25 所示，公司在资产负债表中的资产端虚增存货，同时在利润表中虚构合同增加收入，从而虚增利润。

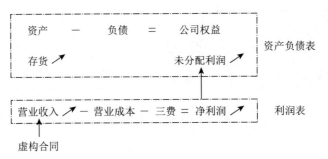

图 6.25 "虚增存货→虚增收入→虚增利润"财务造假流程图

## 6.5.6 商誉

商誉是资产负债表中属于非流动资产的科目,很多人容易把它和无形资产进行混淆,认为它是无形资产。商誉和无形资产都属于资产类科目,表面上很相似,但有着本质的区别:无形资产不具有实物形态,具有可辨认性,属于非货币性资产;商誉的存在无法与企业自身分离,不具有可辨认性。

通常而言,它是在企业并购时产生的,即企业收购另一家企业时,收购成本高于其净资产公允价值的差额被确认为商誉。例如,一家上市公司 A 以 10 亿元收购了另一家公司 B 100%的股权,这家公司 B 的净资产公允价值为 7 亿元,收购完成后,收购成本 10 亿元与 7 亿元的差额,即 3 亿元,就被计入公司 A 的商誉科目。

对于投资者来说,商誉资产的风险来自商誉的减值,而且商誉减值一旦发生后续不得转回。商誉减值的主要原因在于被收购方无法实现业绩承诺,商誉占总资产比重越大,上市公司计提商誉减值对业绩造成的冲击就越大。

2018 年是 A 股商誉爆雷较为突出的年份,特别是中小板和创业板的个股。根据国泰君安研究所的数据,截至 2019 年 2 月 10 日,共有 164 家公司披露的业绩预告中存在由商誉减值而导致的净利润预减的情况,其中创业板、中小板分别有 89、75 家。因此,投资者在投资前需要关注上市公司的商誉资产在总资产中的占比,占比过大时需要进一步研究其收购资产的质量以及收购价格是否合理,避免在商誉大幅减值前踩雷。

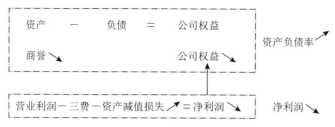

图 6.26　商誉减值后对资产负债表及利润表的影响

如图 6.26 所示，商誉减值计提后，特别是商誉资产占总资产比例大且计提金额较大的，一定程度上会提高公司资产负债率。此外，由于商誉资产减值导致资产减值损失增加，利润表的净利润会大幅下降。资产负债率的提高及净利润的大幅下降，最终会导致债权人要求还款的压力增加，从而使得融资难度增加，又会影响未来筹资性现金流量流入。特别是在困境反转期间，没有资金进行逆势扩张，公司未来的盈利预期就非常有限。

此外，筹资性现金流入受到影响后，公司正常的经营性现金流量流出也会受到一定影响，同样会影响企业未来盈利预期。

## 6.6　警惕"存贷双高"的企业

2018 年以来，A 股上市公司中许多因为货币资金造假导致上市公司爆雷的案例应接不暇，让许多投资者防不胜防。这些案例包括康得新、康美药业以及辅仁药业等，这些上市公司在爆雷前都被认为是"白马股"。

这些上市公司在没有爆雷之前，连负责审计的会计师事务所都没有发现，我们又如何甄别这些风险？其实我们可以通过这些典型案例的财务情况来倒推，就是通过对这些上市公司的资产负债表进行对比，可以看到它们都有一个共同的特点就是"存贷双高"，即资产负债表中的货币资金和有息负债都处于高位。

### 6.6.1　"存贷双高"的定义

正常来说，如果公司账上有大量的现金，是不会去大量借款的，而且如果借款成本要高于现金收益率时，"存贷双高"是难以理解的事情。货币资金是比较难造假的科目，但是 2018 年 A 股市场中爆出来不少货币资金造假的上市公司，如康美药业和康得新，还是让投资者长了不少见识。

顾名思义，"存贷双高"通常就是说上市公司的货币资金较高，而同时公司的有息负债也很高，即手上现金很多而同时又向外大量借债的情况。

在"存"和"贷"的定义上，有广义和狭义的概念之分。

"存"的广义概念包括，货币资金、应收票据（银行汇票）、其他流动资产（理财产品）等。狭义上讲，或者没有特别说明的情况下，通常就是指资产负债表中的"货币资金"科目。

"贷"的广义概念包括，短期借款、应付票据、一年内到期的非流动负债以及应付短期债券、长期借款、应付债券等。狭义上讲，通常是指资产负债表中"短期借款""长期借款"和"应付债券"三个报表项目之和，也可以把这类负债统称为有息负债，即有资金成本的负债总和。

以康美药业为例，从康美药业爆出问题的前一年年报数据中可以看到，其2017 年年末的货币资金为 132.81 亿元，其有息负债总和为 221.77 亿元，如图 6.27 所示，其有息负债的金额包括流动负债的短期借款 113.70 亿元和一年内到期的非流动负债 25.00 亿元以及非流动负债中的应付债券 83.07 亿元。

| | | | |
|---|---|---|---|
| 非流动负债 | 长期借款： | 0 | 0.00% |
| | 应付债券： | 83.07亿 | 75.66% |
| | 长期应付款： | 18.00亿 | 16.39% |
| | 其他非流动负债： | 0 | 0.00% |
| | 长期递延收益： | 8.73亿 | 7.95% |
| | 累计： | 109.79亿 | |
| 流动负债 | 短期借款： | 113.70亿 | 44.40% |
| | 应付票据及应付账款： | 21.04亿 | 8.21% |
| | 预收账款： | 17.28亿 | 6.75% |
| | 应交税费： | 6.92亿 | 2.70% |
| | 其他应付款： | 21.06亿 | 8.23% |
| | 一年内到期的非流动负债： | 25.00亿 | 9.76% |
| | 短期应付债券： | 0 | 0.00% |
| | 其他流动负债： | 50.00亿 | 19.53% |
| | 累计： | 255.00亿 | |

图 6.27　康美药业 2017 年年末负债结构情况

【图片来源：理杏仁网站】

从上面的数据可以看到，康美药业 2017 年出现明显的"存贷双高"的特征。如表 6.1 所示，康美药业 2017 年年末货币资金和有息负债占总资产的比例分别达到了 50% 和 32%，而 A 股上市公司 2018 年货币资金和有息负债占总资产的比例均值分别为 17% 和 15%。

当然"存贷双高"并不意味着公司一定有问题，但要对其提高警惕，实际投资中要结合当时的经济环境、公司经营情况及大股东的情况，找出其出现上述问题的原因。

表 6.1　康美药业及康得新货币资金及有息负债情况

| 公司名称 | 货币资金占总资产比例 /% | 有息负债占总资产比例 /% | 货币资金与有息负债比值 /% | 货币资金收益率 /% | 大股东质押比例 /% | 报表时间 |
| --- | --- | --- | --- | --- | --- | --- |
| 康美药业 | 50 | 32 | 154 | 0.05 | 88 | 2017-12-31 |
| 康得新 | 45 | 31 | 142 | 1.44 | 99 | 2018-12-31 |

事件背景 1：

康美药业会计差错导致 300 亿元货币资金核销

康美药业成立于 1997 年，主营化学药和中药饮片，是国内最大的中药饮片生产企业。2018 年 5 月，其市值触及最高点 1283.36 亿元，2006 年至 2016 年的 10 年间归属母公司股东的净利润复合增速达到 42%，可以说是当之无愧的 A 股医药类白马股。

但 2018 年 10 月，有媒体发文质疑康美药业货币现金高、存贷比例双高以及大股东股票质押等问题。随后，康美药业股价出现连续下跌——股价从 10 月 9 日的 21.88 元 / 股，到 12 月 28 日最低跌到了 9.06 元 / 股，短期内股价与市值大幅缩水，出现了白马股中的黑天鹅事件，对于热衷于白马股投资的散户投资者来说，简直是噩梦。

2018 年 12 月 28 日，因涉嫌信息披露，根据《中华人民共和国证券法》的有关规定，中国证监会决定对康美药业立案调查。

2019 年 4 月 29 日，康美药业披露了 2018 年年度报告，同时发布公告更正其 2017 年年报中出现的会计差错。公告表示，公司从 2018 年 12 月 28 日被证监会立案调查后，对此进行了自查，在 2018 年之前，营业收入、营业成本、费用及款项收付方面存在账实不符的情况。

康美药业 2019 年 4 月 30 日公布的《根据前期会计差错更正的公告》中提

到，对于 2017 年的年报，"财务错误"主要有以下几点：

（1）由于公司采购付款、工程款支付以及确认业务款项时的会计处理存在错误，造成应收账款少计 6.41 亿元，存货少计 195.46 亿元，在建工程少计 6.32 亿元；由于核算账户资金时存在错误，造成货币资金多计 299.44 亿元。

（2）公司在确认营业收入和营业成本时存在错误以及在核算销售费用和财务费用存在错误。

（3）由于公司采购付款、工程款支付以及确认业务款项时的会计处理存在错误，造成公司合并现金流量表一些项目出现差错。

事件背景 2：

康得新"122 亿元银行存款消失"

康得新成立于 2001 年，主要从事预涂膜及覆膜设备的开发、生产及销售，是国内光学膜龙头企业。2017 年 11 月其市值最高时达到 845.8 亿元，2007 年至 2017 年的 11 年间归属母公司股东的净利润复合增速达到 65%，也是被公认的科技白马股。

2017 年开始，陆续有媒体质疑康得新账上的货币资金存在造假，公司手上有大量现金却依然向外大举借债，财务费用也随之剧增；2017 年 8 月 25 日，康得新收到交易所下发的《关于对 2017 年半年报的问询函》，针对存贷双高合理性、是否存在关联方占用上市公司资金的情形、毛利率合理性、费用合理性、应收账款周转天数持续增加、大额对外投资等事项对其进行了问询。2018 年 5 月 10 日，交易所又对康得新 2017 年年报下发问询函。

在交易所的第二次问询后，康得新的股价开始大幅下跌，从 2018 年 5 月 11 日的 20.91 元／股开盘价下跌至 2018 年 12 月 28 日的 7.64 元／股，公司市值大幅腰斩。这次事件中，共有 31 家基金中招，如兴全基金这样的机构投资者也没能幸免。

2019 年 5 月 7 日，康得新回复深交所的关注函显示，北京银行西单支行回复会计师事务所称，康得新及下属公司账户余额为 0，该账户在北京银行有联动账户业务，银行归集金额为 122.1 亿元，也就是说控股股东对上述账户可以实现上拨下划功能，可能存在被控股股东侵占上市公司资金的情况。

## 6.6.2 "存贷双高"的原因

前面说了，"存贷双高"并一定是公司存在问题，但是通常可以看到上市公司的经营效率不高且公司的资金比较紧张，形成"存贷双高"的主要原因为：

（1）子公司众多。上市公司的子公司众多，有的子公司运营较好，积累了大量的现金，有的子公司经营困难或者处于初创期需要大量的资金投入，因此产生了大量的负债。最终合并报表时，出现了"存贷双高"的现象。

典型的例子就是大北农。如图 6.28 所示，2019 年 5 月深圳证券交易所就对大北农"存贷双高"的现象进行了问询，主要从公司的资金需求、负债成本、货币资金收益率等方面了解大北农"存贷双高"的合理性。

> 北京大北农科技集团股份有限公司（以下简称"公司""上市公司"或"大北农"）董事会于 2019 年 5 月 22 日收到深圳证券交易所中小板公司管理部下发的《关于对北京大北农科技集团股份有限公司 2018 年年报的问询函》（中小板年报问询函〔2019〕第 204 号）（以下简称"《问询函》"）。公司就《问询函》中所涉及事项逐一自查、核实，对《问询函》中有关问题向深圳交易所进行回复，现将回复内容披露如下：
>
> 事项 1  报告期末，你公司货币资金余额 22.75 亿元（含受限资金 1.04 亿元），占你公司资产总额 12.57%；主要有息负债余额 34.36 亿元（包括长短期借款、一年内到期的非流动负债、应付债券）。报告期内，公司利息支出 2.48 亿元，占净利润 51.02%。
>
> 事项 1-1 请结合你公司资金需求、负债成本、货币资金收益、银行授信等情况，说明你公司在货币资金余额较高的情况下维持大规模有息负债并承担高额财务费用的原因及合理性。

图 6.28  深圳证券交易所对大北农 2018 年年报问询函摘要

如图 6.29 所示，大北农于 2019 年 5 月 28 日对深圳证券交易所进行了回复，其回复函中提到，之所以在出现货币资金金额较高的情况下，维持大规模有息负债的主要原因是：子公司众多，各个子公司的资金余额合计数较大；同时由于融资政策偏紧，而公司战略重心转移至生猪养殖领域，需要为新项目投资准备资金，导致负债较高。

> **【企业回复】**
>
> **一、公司在货币资金余额较高的情况下维持大规模有息负债并承担高额财务费用的原因**
>
> 公司 2018 年 12 月 31 日货币资金余额 22.75 亿元 (含受限资金 1.04 亿元),公司在货币资金余额较高的情况下维持大规模有息负债并承担高额财务费用的主要原因如下:
>
> 首先,根据经营特点,公司业务布局较广泛,分布在全国各省,截至 2018 年末,<u>公司共有 228 家子公司</u>,每家子公司均须根据各自的业务规模留存必要的营运资金,以保障其正常经营发展。虽然单个子公司留存的货币资金量不大,但<u>由于子公司数量较多,各子公司的资金余额合计数则较大</u>。
>
> 其次,在融资政策偏紧,民营企业融资难的背景下,民营企业发行债券和银行贷款难度增大,公司当前主要以流动资金贷款为主,银行授信审批环节多、周期长,银行融资资金到账较慢,考虑到公司已融资金的到期偿还计划情况,公司需多储备资金应对到期偿债资金需求和临时的紧急资金需求。
>
> 再次,公司正把战略重心向生猪养殖聚焦,由于公司属于民营企业,筹集新项目建设资金需要提前计划准备,以应对国家宏观调控或融资环境变化造成无法及时完成外部股权或债权融资,从而影响公司项目建设。资金充足有利于公司在投资和项目上把握机遇。

图 6.29　大北农对深圳证券交易所关于"存贷双高"问题的回复

（2）大额的受限制资金。受限资金一般包括,用于向银行申请银行承兑汇票、保函、信用证等保证金存款,在其他货币资金科目中列示;定期存款,或者专款专用的资金也属于受限资金,在银行存款科目中列示。企业一般会在报表附注中披露所有权和使用权受限制的资产。

由于公司有大量的受限制资金,导致资金无法使用,因此需要大量借债维持经营,于是出现"存贷双高"。

以中天能源为例,如图 6.14 所示,在中天能源 2018 年年初的货币资金中,多数的货币资金都是其他货币资金,即银行承兑汇票保证金、质押保证金以及信用证保证金。因此,虽然表面上看中天能源 2018 年年初货币资金科目上有 21.9 亿元,但实际可使用的资金仅有 7.9 亿元,受限制的资金占货币资金总额的 64%。

由于公司的有限制资产占比大,可用的现金少,再加上公司投资的 LNG 接收站项目及加拿大油气资产的收购,使得公司资金需求大,因此公司的负债也相应增大,导致出现"存贷双高"。

这些企业在宏观货币政策及信贷政策宽松时,资金压力并不明显,但是货币政策和信贷政策一旦收紧,由于资金紧张便会出现爆雷,2018 年爆雷的上市公司无不都是如此。

当然除了上述原因外,还有一些不法或不当行为会造成"存贷双高",如虚增货币资金及利用资产负债表调节货币资金等。但不管怎样,本质上还是公司的负债高,上述的不法或不当行为只是为了掩盖公司资金压力紧张的事实。因此,在投资中,对"存贷双高"的企业应该倍加谨慎。

## 6.6.3 "存贷双高"异常的识别逻辑

如何识别"存贷双高"异常?其实可以通过交易所的问询函看出端倪。从交易所对康美药业、康得新及大北农的问询函中可以看到,交易所问询上述公司时,始终带着以下疑问:公司货币资金充足却大量新增借款并承担高额利息费用,是否存在控股股东、实际控制人及其关联方非经营性占用或变相占用公司资金的情形。

因此,其问询的逻辑如下:

首先,从货币资金和有息负债双高的数据方面,对其提出质疑。

其次,对巨额货币资金和微薄的利息收入这种情况,结合货币资金收益率及融资成本合理性,提出质疑。

再次,核查公司货币资金存放地点、存放类型,是否存在与控股股东或其他关联方联合或共管账户,以及是否存在货币资金被其他方实际使用的情形。

最后,交易所要求公司说明货币资金相关内控措施的执行情况,并结合控股股东及其关联方财务状况、股票质押情况及对外投资资金需求等事项,核查公司是否存在控股股东、实际控制人及其关联方非经营性占用或变相占用公司资金的情形,并且请有着监督作用的保荐机构和会计师事务所一起核查回复。

因此,在识别"存贷双高"异常上,除了观察其货币资金和有息负债在总资产占比中是否与同行业上市公司偏离较大;投资者也可以观察其货币资金收益率、融资成本、控股股东股票质押情况。

如表6.1所示,康美药业和康得新的货币资金和有息负债占总资产的比例都较大,且货币资金与有息负债的比值都超过了100%,而与此同时,报表期间的货币资金收益率(该收益率是通过该期间的利息收入除以货币资金的金额获得的)都低于当时一年定期存款的基准利率1.5%,同时也远低于贷款的利率成本;最后,就是大股东股权的质押率非常高。

## 6.7 看业绩不是只看净利润的表面数字

多数散户投资者,特别是初入股市的散户投资者,在看上市公司业绩时往往只看上市公司的净利润增长情况;其实净利润只是反映业绩的一个很小的方面,更重要的是要看清其净利润变动的原因。此外,在投资中看业绩时,要结合其现金流情况、资产负债情况、大股东持仓情况以及公司战略规划及执行情况,来系统性地找出其中的亮点及风险点。

以我 2018 年投资杰瑞股份为例,2018 年 4 月 3 日晚上杰瑞股份披露了 2017 年年报。如图 6.30 所示,杰瑞股份 2017 年归属上市公司股东的净利润同比下降了 44%,仅有 6779 万元的净利润。如果单看净利润,杰瑞股份的业绩是不达预期的。

**六、主要会计数据和财务指标**

公司是否需追溯调整或重述以前年度会计数据
□ 是 √ 否

| | 2017 年 | 2016 年 | 本年比上年增减 | 2015 年 |
|---|---|---|---|---|
| 营业收入(元) | 3,187,076,543.28 | 2,833,829,956.95 | 12.47% | 2,826,572,017.20 |
| 归属于上市公司股东的净利润(元) | 67,789,630.68 | 120,674,141.52 | -43.82% | 144,774,755.42 |
| 归属于上市公司股东的扣除非经常性损益的净利润(元) | 8,849,599.24 | 77,886,223.01 | -88.64% | 115,672,777.50 |
| 经营活动产生的现金流量净额(元) | 443,968,213.41 | 346,405,206.15 | 28.16% | 68,967,597.63 |
| 基本每股收益(元/股) | 0.07 | 0.13 | -46.15% | 0.15 |
| 稀释每股收益(元/股) | 0.07 | 0.13 | -46.15% | 0.15 |
| 加权平均净资产收益率 | 0.86% | 1.54% | -0.68% | 1.85% |
| | 2017 年末 | 2016 年末 | 本年末比上年末增减 | 2015 年末 |
| 总资产(元) | 10,377,700,062.71 | 10,058,697,177.39 | 3.17% | 10,392,856,346.64 |
| 归属于上市公司股东的净资产 | 7,952,683,812.58 | 7,854,924,309.44 | 1.24% | 7,792,966,939.20 |

图 6.30 杰瑞股份 2017 年年报摘要

但是如果结合现金流情况、资产负债情况、大股东持仓情况以及公司经营数据情况来看,杰瑞股份 2017 年的经营业绩还是有不少亮点,我对其未来的预期是偏乐观的。

首先,财务数据方面除了看净利润,还应结合经营性现金流及资产负债情况,更重要的是找出上述数据变动的原因。

杰瑞股份 2017 年净利润大幅下降主要是 2016 年油价低迷时，订单利润率低，以及 2017 年加大了资产减值损失造成的，如图 6.31 所示，杰瑞股份 2017 年资产减值损失比上一年多了 3467 万元。

从经营现金流看，如图 6.30 所示，2017 年经营性现金流净额同比增长 28%，且如图 6.32 所示，公司的有息负债率也处于较低水平，发生黑天鹅的概率较小，且公司已经跨过 2015 年至 2016 年低油价的困难期。

**45、资产减值损失**

| 项目 | 2017 年度 | 2016 年度 |
| --- | --- | --- |
| 一、坏账损失 | 94,520,598.87 | 78,367,987.23 |
| 二、存货跌价损失 | 2,935,755.23 | 17,812,565.85 |
| 三、可供出售金融资产减值损失 | 59,880,093.52 | |
| 四、持有至到期投资减值损失 | -6,207.12 | 19,608,807.11 |
| 五、长期股权投资减值损失 | 2,278,783.16 | 9,149,429.74 |
| 六、投资性房地产减值损失 | | |
| 七、固定资产减值损失 | | |
| 八、工程物资减值损失 | | |
| 九、在建工程减值损失 | | |
| 十、生产性生物资产减值损失 | | |
| 十一、油气资产减值损失 | | |
| 十二、无形资产减值损失 | | |
| 十三、商誉减值损失 | | |
| 十四、其他 | | |
| 合计 | 159,609,023.66 | 124,938,789.93 |

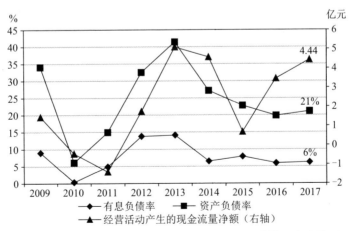

图 6.31　杰瑞股份 2017 年年报关于资产减值损失的披露情况

图 6.32　杰瑞股份 2009 年至 2017 年负债及经营性现金流情况

【数据来源：杰瑞股份公司年报】

其次，从 2017 年年报中前 10 大股东的持仓情况看，作为聪明的长期投资者，社保基金仍未大幅减持，说明其整个投资逻辑仍未改变。

最后，也是最重要的是与公司运营及未来预期相关的内容。投资者可以通过财务报告中的公司业务概要和经营情况讨论与分析板块来获取上述信息。

虽然2017年年报中杰瑞股份的净利润较差，但是通过阅读年报中关于公司运营的信息，可以看到，其实杰瑞股份的经营情况是在改善的，首先是整个行业情况，如图6.33所示，"行业内公司经过三年的努力蜕变，已经逐步适应了低油价的状态，盈利情况有所改善"。其次，最重要的是如图6.34所示，2017年杰瑞股份新签订单同比大幅增长59%。

对于油服工程和油服设备行业的杰瑞股份而言，重要的跟踪指标就是在报告期签订的订单情况，如果订单增速较大，意味着后期业绩确定也较强，而且由于订单签订到交货需要时间，业绩实现通常会滞后订单6个月左右。订单大幅增长也就意味着未来半年的业绩是有保障的。

> 烟台杰瑞石油服务集团股份有限公司2017年年度报告全文
>
> 2017年美元指数全年处在下跌通道中，国际原油期货价格突破低位平台，反弹至50~60美元/桶，目前在60美元/桶以上平台震荡。油价的良好修复预期叠加了油价储量补充周期，全球各大区油田服务市场在报告期逐次反弹。据国际专业咨询机构 Spears & Associates（2017年10月）统计，2017年全球油田市场规模结束了连续两年的大幅萎缩，较2016年总体增长5%。全球油服市场总体上比起2016年的一片萧条，改善了许多，但仍处于历史低位。行业内公司经过三年的努力蜕变，已经逐步适应了低油价的状态，盈利情况有所改善。目前来看，影响油田服务的油气公司的投资周期和油价周期均处于中前期。<u>油价能否继续反弹是影响油田服务市场景气的最重要因素。</u>

图6.33 杰瑞股份2017年年报关于行业情况的披露

> 2017年，公司强化变革的成果开始落地，公司的矩阵管理架构在逐步完善，产品线的战略框架也更加清晰，国际营销能力获得长足发展，公司通过重塑产业布局，强化精细化管理，深耕国内市场，精攻海外市场，取得年度营业收入与新增订单双增长。2017年实现营业总收入318,707.65万元，较上年同期增长12.47%；<u>新获取订单42.33万元，较上年同期增长59.14%。</u>但2017年公司的净利润创了上市以来的最差记录，主要是由于报告期内美元贬值形成的巨额汇兑损失、PDVSA项目尾单的脉冲因素等影响造成。

图6.34 杰瑞股份2017年年报关于公司运营情况的披露

从年报披露后的市场表现上看，如图6.35所示，杰瑞股份的股票在2018年4月4日开盘是高开的，也验证了虽然公司净利润增速差，但是市场对杰瑞股份整体的判断还是乐观的。虽然2018年4月4日股价高开低走，但是第二天上涨接近5%。

因此，如果业绩报告只是仅仅看净利润的话，你可能就会误判。

图 6.35 杰瑞股份 2018 年 2 月至 4 月股价线图
【图片来源：万得（Wind）】

## 6.8 警惕净利润与经营性现金流净额长期不匹配

前面说过，公司出现问题时通常是现金流出了问题，特别是经营性现金流。经营性现金流稳健的公司出现黑天鹅的概率通常较低。因此，在股票投资中，应该关注上市公司的净利润是否与经营性现金流净额匹配，应警惕那些净利润长期与经营性现金流净额不匹配的上市公司。

### 6.8.1 净利润与经营性现金流净额不匹配的原因

从本质上看，净利润与经营性现金流不匹配主要是因为会计核算的方法不同，利润表是按照权责发生制而现金流量表是按照收付实现制。现金流反映的是收付实现制下真实的资金流入流出，净利润反映的是权责发生制下的会计账务。经营性现金流也可以通过调节净利润的方式获得。

例如 A 公司卖了一套 20 万元人民币的设备给 B，同时将设备发给了 B，而

B 只支付了 10 万元人民币。在这种情况下，A 虽然确认了 20 万元人民币的收入，但是现金流只计入 10 万元。因此，这就造成了净利润与经营性现金流不一致。

从图 6.36 的间接法现金流量表可以更清楚地看到净利润与经营性现金流产生不一致的主要科目，该表通常可以在财务报表附注中的现金流量表补充资料中找到。

如图 6.36 所示，导致净利润与经营性现金流不一致的科目较多，但整体上看影响的主要科目是存货的变动、经营性应收项目（主要为应收账款）的变动、经营性应付项目（主要为应付账款）的变动、折旧（特别是重资产的制造业和生产性行业）、资产减值准备及投资损益。

**54、现金流量表补充资料**
（1）现金流量表补充资料

| 补充资料 | 本期金额 | 上期金额 |
| --- | --- | --- |
| 1. 将净利润调节为经营活动现金流量： | | |
| 净利润 | 75,723,123.97 | 119,897,381.94 |
| 加：资产减值准备 | 159,609,023.66 | 124,938,789.93 |
| 固定资产折旧、油气资产折耗、生产性生物资产折旧 | 271,175,248.67 | 237,609,727.91 |
| 无形资产摊销 | 9,108,718.15 | 17,550,782.64 |
| 长期待摊费用摊销 | 56,000.00 | 132,000.00 |
| 处置固定资产、无形资产和其他长期资产的损失（收益以"－"号填列） | 35,388.47 | -481,327.70 |
| 固定资产报废损失（收益以"－"号填列） | 209.40 | |
| 公允价值变动损失（收益以"－"号填列） | 2,719,993.11 | 2,676,055.88 |
| 财务费用（收益以"－"号填列） | 60,006,845.50 | -4,781,200.25 |
| 投资损失（收益以"－"号填列） | -74,295,725.51 | -59,025,875.02 |
| 递延所得税资产减少（增加以"－"号填列） | -30,888,910.37 | -16,159,864.95 |
| 递延所得税负债增加（减少以"－"号填列） | 3,629,306.71 | 842,453.08 |
| <u>存货的减少</u>（增加以"－"号填列） | 108,234,699.34 | 306,493,084.90 |
| <u>经营性应收项目的减少</u>（增加以"－"号填列） | -382,477,860.59 | 31,254,916.05 |
| <u>经营性应付项目的增加</u>（减少以"－"号填列） | 256,724,805.73 | -430,608,164.61 |
| 其他 | -15,392,652.83 | 16,066,446.35 |
| 经营活动产生的现金流量净额 | 443,968,213.41 | 346,405,206.15 |

图 6.36　间接法现金流量表

通常我们所说的净利润与经营性现金流不匹配主要是说上市公司净利润很大或者大幅增长，而经营性现金流较低或者增幅较低甚至下降。根据过往的经验，净利润与经营性现金流不匹配多数来自存货的大幅增加、应收账款的增加和应付账款的减少。

出现这种情况，通常是公司对上游供应商议价能力较弱，需要现金购买原材料；同时对下游客户的议价能力也不强，客户通常是以赊购或分期付款的形式购买上市公司的产品。如图 6.37 所示，公司的销售收入没有变成现金，而是以应收账款和原材料存货形式存在。

上述情况，一定程度上也反映了公司在行业的地位或是行业在产业链中的地位不强。投资此类公司时，关键要更深入了解公司所处行业的特点，如公司的商业模式及公司所处行业周期的位置。

例如，如图6.38所示，油气开采勘探设备及工程服务的提供商杰瑞股份，在2018年时，净利润开始大幅反转，而与此同时经营性现金流出现了下降的情况。这其实与杰瑞股份的商业模式和行业特点有很大的关系，并不意味着就存在着问题。

如图6.39所示，杰瑞股份的运营是以订单驱动的轻资产商业模式，即公司获得订单后，才会开始采购原材料，生产制造完成后进行交付获得全额合同款，所以经营性现金流是滞后的。

如果没有订单，销售收入便沉淀为现金，如图6.38所示，2017年油价低迷时，杰瑞股份经营性现金流反而比净利润更好，但是在2018年及2019年原油年度均价处于较高位置时，杰瑞股份的经营性现金流净额却比净利润要差好多。如果订单很满，其销售收入就要不断地转化为原材料存货，如图6.40所示，根据2018年上半年报财务报表附注中存货数据可以看出，截至2018年6月30日，杰瑞股份的存货主要为原材料和在产品，原材料和在产品存货较去年同期分别增加了26%和37%，而库存商品却同比下降了7%。

此外，从行业产业链看，杰瑞股份所处行业的确是处于不利的位置，上游底盘和发动机等核心部件供应商议价能力较强，下游油企由于处于寡头垄断竞争格局，议价能力也很强。

因此，杰瑞股份就会出现如图6.37所述的情况，净利润与经营性现金流净额不匹配，在订单充足时，上游还没有完全恢复，回款速度仍较慢；而下游需求已经回暖，销售收入更多地转为应收账款和原材料存货。

在投资时更多的是观察跟踪杰瑞股份订单的持续性，如果预计公司处于行业周期反转的初期，订单仍会增加同时公司股价还处于较低阶段，是可以考虑投资的。

因此，净利润与经营性现金流的不匹配并不能说明公司就有问题，更多的是要了解背后的逻辑，是不是其商业模式和行业地位造成的。

当然，如果公司的净利润与经营性现金流净额长期不匹配，在投资前则需要警惕和深入调查研究。

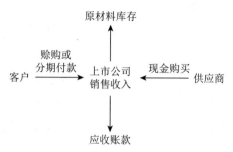

图 6.37　销售收入转为存货和应收账款导致净利润与现金流不匹配

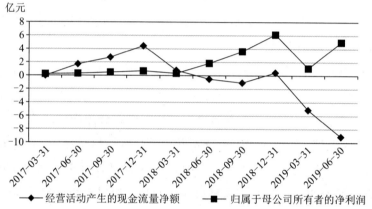

图 6.38　杰瑞股份 2017 年 3 月至 2019 年 6 月净利润与经营性现金流的背离
【数据来源：杰瑞股份公司年报】

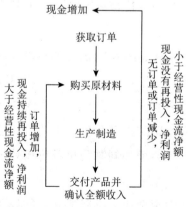

图 6.39　杰瑞股份的商业模式

## 第6章 逆向投资者需要重点关注的财务指标

烟台杰瑞石油服务集团股份有限公司 2018 年半年度报告全文

8、存货

（1）存货分类

| 项目 | 2018 年 6 月 30 日 | | | 2017 年 12 月 31 日 | | |
|---|---|---|---|---|---|---|
| | 账面余额 | 跌价准备 | 账面价值 | 账面余额 | 跌价准备 | 账面价值 |
| 原材料 | 721,974,609.19 | 24,818,143.83 | 697,156,465.36 | 573,243,089.22 | 25,663,786.09 | 547,579,303.13 |
| 材料采购 | 57,703,048.74 | | 57,703,048.74 | 22,013,688.54 | | 22,013,688.54 |
| 在产品 | 561,057,489.38 | 8,907,306.75 | 552,150,182.63 | 408,396,353.91 | 8,907,306.75 | 399,489,047.16 |
| 库存商品 | 500,117,526.09 | 22,530,790.23 | 477,586,735.86 | 535,474,560.68 | 22,530,790.23 | 512,943,770.45 |
| 周转材料 | 10,534,022.03 | | 10,534,022.03 | 11,670,273.42 | | 11,670,273.42 |
| 发出商品 | 23,780,405.40 | 2,954,160.14 | 20,826,245.26 | 45,608,955.13 | 2,954,160.14 | 42,654,794.99 |
| 委托加工物资 | 265,452.34 | | 265,452.34 | 208,689.25 | | 208,689.25 |
| 自制半成品 | 35,130,612.30 | | 35,130,612.30 | 35,894,498.95 | | 35,894,498.95 |
| 合计 | 1,910,563,165.47 | 59,210,400.95 | 1,851,352,764.52 | 1,632,510,109.10 | 60,056,043.21 | 1,572,454,065.89 |

图 6.40　2018 年上半年杰瑞股份存货情况

## 6.8.2　净利润与经营性现金流净额长期不匹配的典型案例

在弄清楚净利润与经营性现金流不匹配的原因后，投资者应该明白在投资中应警惕净利润与经营性现金流净额长期不匹配的情形。

前面说过，这里所说的净利润与经营性现金流净额不匹配是指上市公司净利润很大或者大幅增长，而经营性现金流净额较低或者增幅较低甚至下降。因为公司的商业模式以及行业的特点，公司的净利润与经营性现金流净额出现间断性的不匹配是较常见的，但是如果公司的经营性现金流长期低于净利润或者低于净利润的增长，投资者则需要对其警惕。

以 2018 年以来相继因财务缺陷或业绩差爆雷大跌的康得新、康美药业和东阿阿胶为例，如图 6.41、图 6.42 及图 6.43 所示，从近 10 年的净利润及经营性现金流净额的绝对值上看，上述 3 家上市公司的经营性现金流净额在多数时间里都是低于净利润的，其中最明显的是康美药业。

如 6.8.1 所述，净利润与经营性现金流净额的不匹配主要来自应收账款和存货这两个科目，如果净利润与经营性现金流净额长期不匹配，则说明其财务可能存在缺陷或者商业模式可能存在问题。

如图 6.41 所示，康得新从 2012 年开始，净利润与经营性现金流净额开始出现不匹配，而如图 6.44 所示，同期康得新的应收账款和存货开始上升，尤其是应收账款在 2014 年大幅增加；2017 年经营性现金流净额改善，也是因为应收账款在 2017 年下降导致的。

之前说过，由于是非现金交易，应收账款是容易进行舞弊或者说容易存在重大瑕疵的科目，较为常见的行为就是被用于虚增收入以及控股股东转移资产。

康得新的案例也再次给投资者发出了警告信号：应收账款连续几年大幅增长，虽然营业收入和净利润连续增长，但是与经营性现金流净额明显不匹配，是典型的利用应收账款虚增收入的表现。因此，投资者遇到此类情况时，在投资前应三思。

除了应收账款的大幅增长会影响净利润与经营性现金流净额的长期不匹配，还有就是存货。典型的例子就是康美药业和东阿阿胶，如图 6.45 和图 6.46 所示。虽然两者都是存货增加导致净利润与经营性现金流净额的长期不匹配，但是两者又有所不同，康美药业的存货主要为库存商品，而东阿阿胶的存货主要为原材料。也就说，前者可能更多是财务上的瑕疵，而后者的问题更多是出在商业模式上。

如图 6.47 所示，康美药业的存货主要是库存商品和消耗性生物资产，其中消耗性生物资产主要是种植的人参和林下参。从康美药业 2012 年至 2018 年的存货明细可以看到，其库存商品年年大幅增加，同期营业收入一直保持双位数增长，但是商品存货越卖越多实在不符合常规。

而东阿阿胶不同，如图 6.48 所示，东阿阿胶的存货主要为原材料，特别从 2015 年开始，由于驴皮资源缺乏，公司采取阿胶提价反供驴皮的策略，在市场上大肆购买驴皮原材料，因此从 2015 年开始原材料存货开始大幅增长。相比康美药业库存商品的大幅增长，东阿阿胶的原材料存货上升更符合常理。

东阿阿胶之所以在 2018 年表现较差，主要是因为 2018 年驴皮的降价以及阿胶块销售的疲软。

从上述案例可以看到，净利润与经营性现金流净额的不匹配，本质上体现出来的还是公司或公司在当时对行业上游或下游议价能力较差。

公司销售的收入没有沉淀成现金，而是以应收账款的形式存在，说明其对下游客户的议价能力较差，而不是像贵州茅台那样要求经销商提货前先支付预付款；销售的收入以存货形式存在，如存货主要为原材料，说明其对上游供应商的议价能力也不强,无法先拿货后付款。

如果长期出现净利润与经营性现金流净额的不匹配,则更是说明上市公司的这个生意可能不是一个好生意,即可能意味着其在行业或产业链中一直是处于弱势地位。

因此,投资者在看到此类情况时,还是需要了解公司出现该现象的逻辑是什么,是否符合常理。

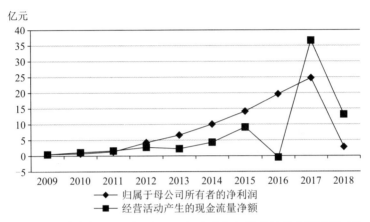

图 6.41 康得新 2009 年至 2018 年净利润与经营性现金流净额对比
【数据来源:康得新公司年报】

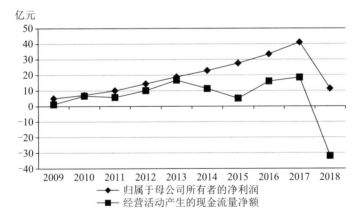

图 6.42 康美药业 2009 年至 2018 年净利润与经营性现金流净额对比
【数据来源:康美药业公司年报】

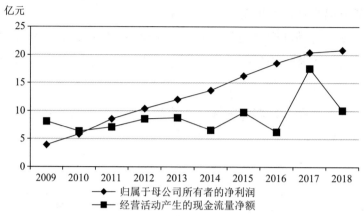

图 6.43　东阿阿胶 2009 年至 2018 年净利润与经营性现金流净额对比
【数据来源：东阿阿胶公司年报】

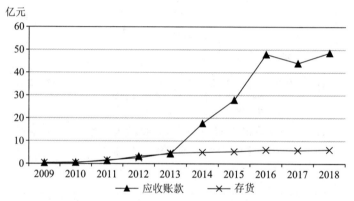

图 6.44　康得新 2009 年至 2018 年年末应收账款及存货情况
【数据来源：康得新公司年报】

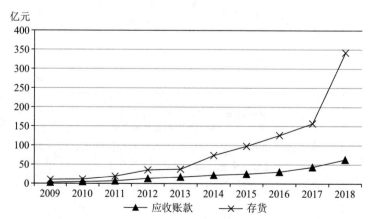

图 6.45　康美药业 2009 年至 2018 年年末应收账款及存货情况
【数据来源：康美药业公司年报】

# 第6章 逆向投资者需要重点关注的财务指标

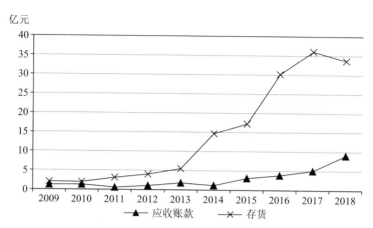

图 6.46 东阿阿胶近 2009 年至 2018 年年末应收账款及存货情况
【数据来源：东阿阿胶公司年报】

| 单位/亿元 | 2012 | 2013 | 2014 | 2015 | 2016 | 2017 | 2018 |
|---|---|---|---|---|---|---|---|
| **2012年至2018年康美药业存货明细情况** | | | | | | | |
| 原材料 | 1.98 | 2.01 | 2.43 | 2.89 | 3.95 | 4.49 | 2.53 |
| 在产品 | 0.09 | 0.80 | 1.77 | 1.53 | 1.63 | 3.21 | 1.26 |
| **库存商品** | 19.47 | 22.80 | 31.28 | 35.15 | 47.76 | 74.96 | 266.46 |
| 自制半成品 | 0.01 | 0.02 | 0.06 | 0.03 | 0.03 | 0.01 | 0.01 |
| 周转材料 | 0.13 | 0.21 | 0.35 | 0.51 | 0.45 | 0.40 | 0.26 |
| **消耗性生物资产** | 0.77 | 2.37 | 10.46 | 21.82 | 31.93 | 32.54 | 37.94 |
| 开发成本 | 9.86 | 7.76 | 25.75 | 32.28 | 18.98 | 15.10 | 11.87 |
| 开发产品 | 3.33 | 1.84 | 1.42 | 3.49 | 21.06 | 25.78 | 22.32 |
| 委托加工物资 | 0.00 | 0.15 | 0.26 | 0.40 | 0.61 | 0.82 | 0.00 |
| 合计 | 35.64 | 37.94 | 73.79 | 98.10 | 126.40 | 157.31 | 342.66 |

图 6.47 康美药业 2012 年至 2018 年存货明细情况
【数据来源：康美药业年报】

| 单位/亿元 | 2012 | 2013 | 2014 | 2015 | 2016 | 2017 | 2018 |
|---|---|---|---|---|---|---|---|
| **2012年至2018年东阿阿胶存货明细情况** | | | | | | | |
| **原材料** | 1.33 | 1.06 | 0.97 | 4.42 | 16.89 | 19.54 | 18.22 |
| **在产品** | 0.99 | 0.65 | 2.73 | 1.94 | 3.11 | 8.22 | 8.18 |
| **库存商品** | 1.48 | 3.75 | 10.46 | 10.56 | 9.62 | 6.85 | 6.65 |
| 周转材料 | 0.00 | 0.00 | 0.00 | 0.00 | 0.00 | 0.00 | 0.00 |
| 在途物资 | 0.02 | 0.02 | 0.00 | 0.01 | 0.00 | 0.00 | 0.00 |
| 包装物 | 0.13 | 0.04 | 0.12 | 0.14 | 0.17 | 0.25 | 0.26 |
| 委托加工物资 | 0.00 | 0.03 | 0.04 | 0.05 | 0.01 | 0.00 | 0.00 |
| 发出商品 | 0.07 | 0.00 | 0.25 | 0.06 | 0.04 | 0.53 | 0.02 |
| 消耗性生物资产 | 0.00 | 0.01 | 0.11 | 0.08 | 0.30 | 0.69 | 0.36 |
| 合计 | 4.03 | 5.55 | 14.68 | 17.26 | 30.14 | 36.07 | 33.69 |

图 6.48 东阿阿胶 2012 年至 2018 年存货明细情况
【数据来源：东阿阿胶年报】

# 6.9 上市公司利润调节的主要手段

某个时间点的净利润虽然不是当时公司业绩的全部体现,但是由于市场的参与者对上市公司净利润的反应非常敏感,因此,股价对净利润数据披露后的反应通常也非常大。正因为如此,上市公司通常都有调节利润的动力。

利润调节不一定只是调高净利润,也存在一些调低净利润的时候,这需要投资者结合上市公司的各种情况,去分析公司管理层以及控股股东的动机。

当然,需要指出的是调节利润并非作假,很多利润调节都是按照会计准则来实行的,但是上市公司可以根据自身生产经营特点,确定固定资产折旧、无形资产摊销、研发费用资本化条件以及收入确认政策。这些科目在会计处理时存在主观判断,只要涉及主观判断的地方,难免就会存在"调节的空间"。

例如应收账款减值损失、存货减值损失以及商誉的减值,这些都是管理层根据对未来预期的判断,给予相应的计提准备,存在高估和低估的情况在所难免,不能因此就认为是造假。

对于中小散户投资者来说,重要的不是去打假,因为中小散户的力量太小了,无法撼动大象;重要的是通过了解这些常见的利润调节手段来发现上市公司的风险,并远离这些风险;同时了解上市公司管理层及控股股东的动机,从中实现自有资金的投资收益。

利润调节有哪些手段?最简单且直接的办法就是看利润表的公式。利润调节的手段就是在所涉及科目(这些科目存在主观判断的会计处理)做简单的加减法。如在需要调增净利润时,就调增收入项,调减成本费用项。

如表6.2所示,净利润=营业收入-营业成本-营业税金及附加-销售费用-管理费用-研发费用-财务费用-资产减值损失-信用减值损失+公允价值变动损益+投资收益+营业外收入-营业外支出-所得税费用。

表 6.2 通过利润表公式识别利润调节的痕迹

| 利润表公式 | 可能会被上市公司用于利润调节的主要要素 |
| --- | --- |
| 营业收入 | 收入的会计政策;关联交易 |
| -营业成本 | 固定资产折旧;在建工程转固定资产 |
| -营业税金及附加 | — |
| -销售费用 | — |

续表

| | |
|---|---|
| －管理费用 | — |
| －研发费用 | 研发费用资本化 |
| －财务费用 | 借款费用资本化 |
| －资产减值损失 | 存货、固定资产、无形资产、长期股权投资以及商誉等计提坏账准备 |
| －信用减值损失 | 应收账款计提坏账准备 |
| ＋公允价值变动损益 | 以公允价值计量且其变动计入当期损益的金融资产变动 |
| ＋投资收益 | 资产处置收益及长期股权资产处置收益 |
| ＋营业外收入 | — |
| －营业外支出 | — |
| －所得税费用 | — |
| ＝净利润 | — |

除此之外，还可以通过经营性活动现金净流量表间接法的运算来识别上市公司利润调节的痕迹。

经营性活动现金净流量 = 净利润 + 折旧与摊销 + 财务费用 + 出售长期资产的损失 - 出售长期资产的收益 - 应收账款的增加 - 存货的增加 + 应付账款的增加 + 预收账款的增加。

通过移项整理可以得到：

净利润 = 经营性活动现金净流量 - 折旧与摊销 - 财务费用 - 出售长期资产的损失 + 出售长期资产的收益 + 应收账款的增加 + 存货的增加 - 应付账款的增加 - 预收账款的增加。

表6.3 通过经营性活动现金净流量表识别利润调节的痕迹

| 现金流量表调整后净利润运算公式 | 可能会被上市公司用于利润调节的主要要素 |
|---|---|
| 经营性活动现金净流量 | |
| －折旧与摊销 | 变更固定资产折旧会计估计和延迟待摊费用的摊销 |
| －财务费用 | 借款资本化 |
| －出售长期资产的损失 | 增加投资收益 |
| ＋出售长期资产的收益 | |
| ＋应收账款的增加 | 与下游客户关联交易影响营业收入以及应收账款计提准备 |
| ＋存货的增加 | 存货会计估计的变更 |
| －应付账款的增加 | 与上游供应商关联交易方式 |
| －预收账款的增加 | 与下游客户关联交易的方式 |
| ＝净利润 | — |

从表6.2和表6.3可以看到，不管是通过利润表公式还是通过经营性活动

现金净流量表来识别上市公司利润调节的痕迹，整体上公司可能利用的利润调节主要要素可以分为以下几个大类：

（1）影响营业收入的收入确认政策以及上市公司的关联交易；

（2）影响营业成本的固定资产折旧会计政策变更，在建工程转固定资产以及无形资产的摊销；

（3）研发费用及财务费用的费用资本化；

（4）资产减值损失；

（5）信用减值损失；

（6）公允价值变动损益；

（7）投资收益。

从上面的要素可以看到，主要是源自公司的会计政策和会计估计，如收入确认政策、固定资产折旧的确认、研发费用和财务费用资本化条件等。

因此，投资者要特别关注上市公司的会计政策和会计估计的变更。

## 6.9.1 收入确认政策及关联交易

在利润率稳定的前提下，营业收入的增加及减少直接在总量上影响着公司的净利润。因此，公司可以通过调节收入来调节公司的净利润。

（1）公司收入的确认政策是较常见的影响要素。收入确认是指收入入账的时间点以及确认多少比例的收入。虽然企业会计准则对收入确认的原则有明确的规定，但是公司董事会在收入确定上仍然有操作空间，特别是对于捆绑销售商品和服务的企业或者涉及大型项目的企业（例如电信通讯、软件、工程、建造和房地产行业）。

因为这些行业的企业在收入确认时，通常要根据合同完工的进度进行确认，且有些行业具有一定的特殊性，收入确认就存在主观判断的空间。这样会造成把合同期间的收入提前或延后。

对于该要素，投资者需要注意的是对报告期经营业绩有重大影响的重大合同收入确认时点的变更，此外由于收入确认变更需要董事会会议审议通过才能实行，因此投资者要关注上市公司披露的关于会计政策变更的董事会决议信息。

例如 2019 年科创板中第一个注册被否的恒安嘉新（北京）科技股份公司（简称"恒安嘉新"），就因为变更收入确认时点调节利润的问题被发审会问询。

恒安嘉新于 2018 年 12 月 28 日、12 月 29 日签订，并于当年签署验收报告的 4 个重大合同（合计金额 1.6 亿元，占 2018 年营业收入的 30%），2018 年底均未回款且未开具发票，公司将上述 4 个合同收入确认在 2018 年。

2019 年，恒安嘉新以谨慎性为由，经董事会及股东大会审议通过，将上述 4 个合同收入确认时点进行调整，相应调减 2018 年主营收入 1.4 亿元，调减净利润 0.8 亿元，扣非后归属母公司股东净利润由调整前的 0.8 亿元变为调整后的 0.09 亿元，调减金额占扣非前归属母公司股东净利润的 89.63%。

由上述案例可以看到，收入确认政策的变更对公司利润进行调节并不难。投资者要特别注意对报告期营业收入有重大影响的重大合同收入确认时点的变更。

（2）关联交易也比较容易被公司用来调节营业收入或营业成本，从而实现调节利润的手段。

关联交易是指企业关联方之间的交易，是公司运作中经常出现的而又易于发生不公平结果的交易。关于关联方的定义，在《企业会计准则第 36 号——关联方披露》（财会〔2006〕3 号）中规定："一方控制、共同控制另一方或对另一方施加重大影响，以及两方或两方以上同受一方控制、共同控制或重大影响的，构成关联方。"《上市公司信息披露管理办法》规定："上市公司董事、监事、高级管理人员、持股 5% 以上的股东及其一致行动人、实际控制人应当及时向上市公司董事会报送上市公司关联人员名单及关联关系的说明。"

其实就是交易的双方都能够被控制。因此，既然能够控制，公司就能通过关联交易来调节营业收入或营业成本，甚至进行财务造假。比如一家饲料厂，这个厂的股东同时又控制着一家上游的大豆玉米加工厂以及下游的一家养殖场，那么他就可以很容易地通过关联交易来调节饲料厂的营业收入，因为交易价格的公允性是难以判断的。

当然，在实际投资中，关联交易的隐蔽性是非常强的，因为控制方可以通过找与其不相关的第三方代持其股份，实现关联交易的非关联化。就如前面案例中的饲料厂，他可以找一个忠诚度高的第三方来代持大豆玉米加工厂及养殖场的股份，这样投资者很难发现其中的关联交易。

那么投资者如何识别利用关联交易来调节利润的痕迹？首先，就是观察关联交易在营业收入或营业成本中的占比，占比过大时则需要警惕；其次就是观察应收账款、存货、预收账款及应付账款的变化，因为通常情况下，通过关联交易的方式调节利润会体现在这些科目上。

以2018年3月爆雷的乐视网为例，其虽然是2018年3月16日爆雷开始连续跌停，但是由于其是在2017年4月17日停牌，也就是说投资者在此日期之前发现异常并逃离才能避免踩雷。

如表6.4所示，乐视网从爆雷之前的2015年开始，关联交易开始大幅上升，其中营业收入中的关联交易占比达到13%，而2016年更是达到58%；营业成本中关联交易占比则分别达到24%和41%。

表6.4 乐视网2014年至2016年关联交易情况

| 年份 | 2014 | 2015 | 2016 |
| --- | --- | --- | --- |
| 营业收入/亿元 | 68.19 | 130.17 | 219.51 |
| 关联交易（销售收入）/亿元 | 0.59 | 16.38 | 128.23 |
| 占比/% | 1 | 13 | 58 |
| 营业成本/亿元 | 58.28 | 111.12 | 182.29 |
| 关联交易（采购）/亿元 | 0.87 | 27.10 | 74.80 |
| 占比/% | 2 | 24 | 41 |

如图6.49所示，从财务数据上看，由于关联交易大幅增加，2014年至2016年乐视网的营业收入和净利润也大幅增加，而净利润增速在2015年见顶；此外也可以看到，乐视网的应收账款和应付账款大幅增加，可见其关联交易多数是非现金交易，而是以对上下游赊销的方式交易。

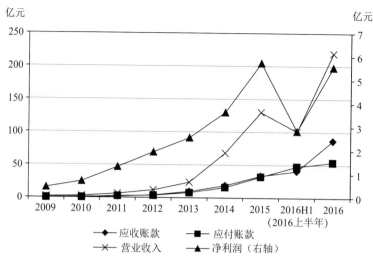

图 6.49 乐视网 2009 年至 2016 年应收账款、应付账款、营业收入及净利润情况
【数据来源：乐视网公司年报】

虽然，乐视网在年报中表示，乐视网的关联交易是由乐视集团的全生态战略造成的，是生态协调发展的必然趋势。但是这种靠关联交易提升营收和净利润的方式不可持续，即使是为了公司战略安排，在这种战略中没有雄厚的资金支持也难以为继，乐视网最终的结局也证明了这一点。

## 6.9.2 折旧及摊销

折旧及摊销处于利润表的成本端，上市公司通过折旧及摊销科目来调节净利润的主要手段包括：变更固定资产折旧的会计估计政策、调节在建工程转固定资产的时点以及无形资产摊销的会计估计政策等。

（1）变更固定资产折旧的会计估计政策。固定资产折旧是针对固定资产而言的，即看得见、摸得着的资产，如房屋、建筑物、机器、机械、运输工具以及其他与生产经营活动有关的设备、器具、工具等。

固定资产是企业花钱买来的，因此是公司支出的成本，但是这种支出金额通常比较大，而且受益期较长，如果将此支出一次性计入某月，会导致当月明显亏损，而实际上当月从该固定资产得到的受益不会那么多，而其他受益的月份又没有体现应有的支出。

因此，将固定资产入账后，根据使用年限进行折旧，在受益期内平均其支出。

如果固定资产折旧增多，公司利润表中的营业成本就会增加，净利润就会减少。

通常固定资产折旧的方法有直线折旧法（或称年限平均法）和加速折旧法。加速折旧法主要适用于技术更新快的行业，如TMT行业。具体的运算公式，这里就不一一讲解，投资者可以查询相关教材或者在线的财经百科知识网站。

不管是采用哪种折旧方法，它们都有共同的变量，即预计折旧年限和残值率。

通常情况下，折旧金额与预计折旧年限和残值率都是成反比的，即折旧年限和残值率越高，年度折旧金额越低，净利润则越高。

对于固定资产占比较大的重资产行业，折旧会计估计政策的变更通常对其净利润的影响会比较大，如水泥和钢铁行业。

如表6.5所示，钢铁行业及水泥行业公司，由于固定资产占比较大，对固定资产折旧的轻微调整就可以轻易地影响未来几年的净利润。如河钢股份2014年调整固定资产折旧会计估计政策后，2015年的净利润便可增加15亿元。

也可以看到这些行业通过调整折旧年限"修饰"利润的企业并不少见。因此，在投资中，投资者应特别关注这些行业的固定资产折旧会计估计变更的信息，认识其调整背后的战略意图。

表6.5　重资产行业固定资产折旧会计估计变更对净利润的影响

| 公司名称 | 会计估计变更事项 | 变更日期 | 对当期净利润的影响/亿元 | 上一年净利润/亿元 |
| --- | --- | --- | --- | --- |
| 河钢股份 | 延长固定资产折旧年限 | 2014-01-01 | +15.00 | 1.16 |
| 鞍钢股份 | 延长固定资产折旧年限 | 2011-10-01 | +3.88 | 20.39 |
| 三钢闽光 | 延长固定资产折旧年限 | 2016-01-01 | +1.46 | -9.29 |
| 南钢股份 | 延长固定资产折旧年限 | 2013-04-01 | +0.60 | -5.70 |
| 八一钢铁 | 延长固定资产折旧年限并提高残值率 | 2015-04-01 | +1.99 | -20.35 |
| 柳钢股份 | 延长固定资产折旧年限 | 2012-01-01 | +4.20 | 3.62 |
| 马钢股份 | 延长固定资产折旧年限 | 2016-04-01 | +0.80 | -48.04 |
| 韶钢松山 | 延长固定资产折旧年限 | 2015-07-01 | +0.96 | -13.88 |
| 亚泰集团 | 延长固定资产折旧年限 | 2017-04-01 | +0.27 | 1.08 |
| 冀东水泥 | 延长固定资产折旧年限 | 2016-01-01 | +2.02 | 20.17 |

（2）调节在建工程转固定资产的时点。在固定资产折旧科目中，除了上述方法可以调节净利润，还有就是通过延迟在建工程转固定资产，其对净利润

的影响主要来自两方面：

一是延迟在建工程转固定资产后，折旧也会相应延迟，成本端下降自然会提高净利润。

另一方面就是延迟转固定资产后，在建工程的借款资本化会提高净利润。因为在项目投产后，其尚未归还的贷款所发生的利息等费用，要记入生产经营活动的财务费用中，延迟在建工程转固定资产后，原来要计入利润表的财务费用没有计入，便提高了净利润。

因此，在投资中，遇到在建工程占比大的上市公司，要注意其在建工程转固定资产后，利润大幅下降的风险。

如图6.50所示，上市公司利源精制是一家生产销售铝合金精密加工件、铝型材深加工部件的企业，属于典型的制造业行业。2016年年末其在建工程占总资产比例高达52%，在2017年开始将在建工程转固定资产后，净利润开始下降，特别是2018年下降幅度巨大。而利源精制股价在2017年下半年后也是跌跌不休并成为ST股票。

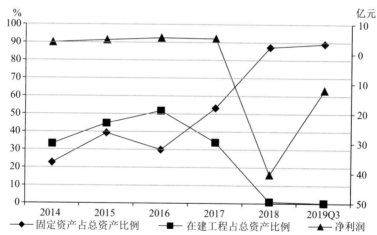

图6.50　利源精制2014年至2019年第3季度固定资产及在建工程占比与净利润情况
【数据来源：利源精制公司年报】

（3）变更无形资产摊销的会计估计政策。无形资产摊销，与固定资产折旧相类似，只不过后者是针对固定资产而言，而前者针对的是无形资产。无形资产是指企业拥有或者控制的没有实物形态的可辨认非货币性资产。通常包括专利权、非专利技术、商标权、著作权、特许权、土地使用权以及矿产资源的采矿权等。

无形资产摊销的方法与固定资产折旧也相类似，通常分为直线法、产量法和加速摊销法。无形资产摊销的影响要素与固定资产折旧类似，主要是摊销年限和残值率。通常情况下，无形资产的残值最终为零，但是在以下两种情况下有残值：

一是有第三方承诺在无形资产使用寿命结束时愿以一定的价格购买该资产；

二是存在活跃的市场，通过市场可以得到无形资产使用寿命结束时的残值信息，并且从目前情况看，在无形资产使用寿命结束时，该市场还可能存在的情况下，可预计无形资产的残值。

多数情况下，更多的是通过调整摊销年限或者选择不同的摊销方法来影响公司的净利润。上述的调整都涉及会计估计的调整，每次调整都需要上市公司披露，因此，投资者要关注公司的会计估计变更的信息。

和固定资产折旧一样，无形资产摊销的会计估计变更并不一定是坏消息，重要的是了解其背后的动机，是不是为了更真实地反映公司的财务质量，还是只是调节利润？因为固定资产折旧和无形资产摊销的调整并不只是影响当期的净利润情况，同时也会影响未来几年的净利润情况。

此外，最重要的还是要看其无形资产与总资产及净利润的比例，无形资产在上述两项的比例很小的话，即使调整摊销的会计估计政策，投资者也无须担心。

根据2018年年报的数据，无形资产占总资产比例超过20%的上市公司一共91家，如图6.51所示，其中环保工程及服务（包括水务）、采矿业、高速公路及基建占比最大，分别达到22%，18%和14%。

环保工程及服务（包括水务）和高速公路及基建的无形资产主要为特许经营权，而采矿业主要为采矿权。投资者在投资这些行业时，需要特别关注无形资产会计估计变更的信息。

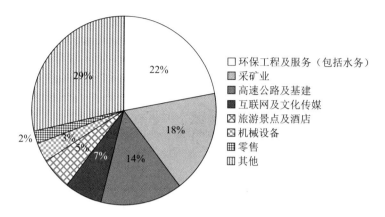

图 6.51　2018 年无形资产占比超过 20% 的上市公司行业分布
【数据来源：万得（Wind）数据库】

## 6.9.3　研发及借款费用资本化

一般情况下，公司支出的效益仅与本会计年度相关的，应当作为收益性支出，计入费用账户，作为当期损益列入利润表；而支出的效益与几个会计年度相关，应作为资本性支出，计入资产账户，作为资产列入资产负债表。

因此，费用的资本化，就是指将原本应计入费用的支出，转成收益性资产。前者是在利润表一次性计入费用，而后者将支出作为资产分几个年度进行折旧或摊销，其造成的结果肯定会让当期的净利润增加，如果这部分费用对净利润影响较大，也会成为一些公司进行利润调节的手段。

（1）看研发费用资本化。顾名思义，研发费用资本化，就是将研发支出确认为资产，一般为开发支出或无形资产，在资本化后，原本列在利润表的研发费用转为资产负债表的无形资产，并以摊销的方式计为成本。

企业会计准则对研发费用资本化的条件有相应的规定，但是研发和开发的阶段不好判断，相关条件也需要企业高管进行主观判断。所以，资本化比例的会计调整空间，一直是巨大的，这通常是企业调节利润的好工具。

当然，也不是所有行业的企业都适合使用该工具，因为研发费用占比小的行业和公司，即使将其资本化，对净利润的影响也是非常小的。主要还是集中在研发费用占比较大的行业，如软件行业、半导体、设备制造以及生物医药领域。

通过对 2018 年研发费用占营业收入 20% 以上的 A 股上市公司进行整理，

如图 6.52 所示，发现 37% 为计算机应用及设备行业，主要为软件行业；而后依次为电子及半导体、机械及设备制造、生物医药及器械、互联网传媒、通信设备、专用设备、军工、汽车零部件以及其他。

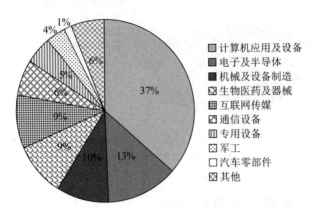

图 6.52　2018 年研发费用占营收 20% 以上的公司行业分布
【数据来源：万得（Wind）数据库】

对于上述企业，投资者如何跟踪并发现其研发费用的异常举动来规避潜在的投资风险呢？

① 了解如何从财务报表中找出研发投入相关的信息。

2018 年 6 月 15 日，财政部下发了《关于修订印发 2018 年度一般企业财务报表格式的通知》（财会〔2018〕15 号）。所以，2018 年开始新的会计准则要求在利润表中新增研发费用科目，过去研发费用一直放在利润表的管理费用科目中，无法获得具体的研发费用信息。

因此，在新的会计制度出台后，如图 6.53 所示，投资者可以在年报的经营情况讨论与分析章节主营业务分析中找到当期的研发费用情况。

| 3、费用 | | | | 单位：元 |
|---|---|---|---|---|
| | 2018 年 | 2017 年 | 同比增减 | 重大变动说明 |
| 销售费用 | 131,558,133.01 | 146,123,416.75 | -9.97% | |
| 管理费用 | 478,157,042.00 | 440,751,131.82 | 8.49% | |
| 财务费用 | -30,548,999.89 | -58,836,896.72 | 48.08% | 主要原因是本期利息支出增加所致； |
| 研发费用 | 1,276,435,895.41 | 873,497,606.59 | 46.13% | 主要原因是本期加大高精度地图和自动驾驶投入力度所致。 |

图 6.53　四维图新 2018 年年报中对当期研发费用的披露位置

②研发投入的信息，也是在年报的经营情况讨论与分析章节。如图6.54所示，其披露了报告期研发投入资本化的具体金额、具体项目的名称及实施进度。

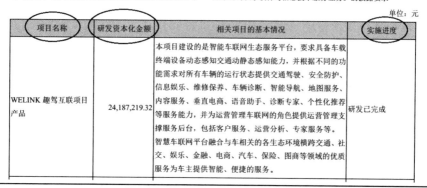

图6.54　四维图新2018年年报中对研发投入资本化情况明细的披露

③从资产负债表及财务报表附注中获取开发支出的信息和数据。开发支出是什么概念？开发支出即指已经资本化但是未确认为无形资产的研发支出，如图6.55所示，开发支出属于资产负债表的非流动资产，一般位于无形资产下方。

对于企业自行进行的研究开发项目，企业会计准则要求区分研究阶段与开发阶段两部分分别核算。

以 2018 年研发费用占应收比例达 60% 的上市公司四维图新为例，如图 6.56 所示的内部研究开发支出会计政策，将研究阶段的支出，在发生时计入当期损益，即计入利润表的研发费用；已资本化的开发阶段的支出在资产负债表上列为开发支出，在开发支出满足条件后，便可确认为无形资产。

所以，可以看到财务报表附注中开发支出的本期增加金额，通常也是本期研发支出资本化的金额。如图 6.57 所示，开发支出的 2018 年本期增加金额合计为 0.75 亿元，与图 6.54 所披露的 2018 年研发投入资本化金额是一致的；而且从单个项目看也是如此，6.57 所示的"WELINK 趣驾互联项目产品"的金额与 6.54 所示的金额是一致的。因此，如果在年报的经营情况讨论与分析章节主营业务分析中找不到当期研发支出资本化金额数据，可以在财务报表附注中的开发支出披露信息中获得。

另外，投资者需要注意的是研发投入和研发支出有所不同，研发投入包括研发投入的仪器设备费和购入的部分技术，因此，对于要添置研发仪器设备和购入与研发有关的技术研发和项目研发的投入必然大于研发支出。

基于前面所述的信息，可以得到如图 6.58 所示的研发支出在财务报表的演化路径。因此，我们可以从利润表中获得研发费用数据，同时从资产负债表中获得开发支出的数据，以及从财务报表附注中获得各期开发支出增加额，即各期研发投入资本化金额的数据。

| 北京四维图新科技股份有限公司 2018 年年度报告全文 | | |
|---|---:|---:|
| 持有至到期投资 | 0.00 | 0.00 |
| 长期应收款 | 0.00 | 0.00 |
| 长期股权投资 | 1,298,278,056.79 | 82,766,100.44 |
| 投资性房地产 | 0.00 | 0.00 |
| 固定资产 | 654,356,353.55 | 647,443,991.80 |
| 在建工程 | 0.00 | 0.00 |
| 生产性生物资产 | 0.00 | 0.00 |
| 油气资产 | 0.00 | 0.00 |
| 无形资产 | 1,074,905,506.96 | 597,060,326.99 |
| 开发支出 | 33,821,738.51 | 307,251,268.16 |

图 6.55　四维图新 2018 年资产负债表中开发支出的数据

# 第 6 章 逆向投资者需要重点关注的财务指标

**（2）内部研究开发支出会计政策**

研究开发支出根据其性质以及研发活动最终形成无形资产是否具有较大不确定性，分为研究阶段支出和开发阶段支出。研究阶段的支出，于发生时计入当期损益；开发阶段的支出，同时满足下列条件的，确认为无形资产：

1) 完成该无形资产以使其能够使用或出售在技术上具有可行性；
2) 具有完成该无形资产并使用或出售的意图；
3) 运用该无形资产生产的产品存在市场或无形资产自身存在市场；
4) 有足够的技术、财务资源和其他资源支持，以完成该无形资产的开发，并有能力使用或出售该无形资产；
5) 归属于该无形资产开发阶段的支出能够可靠地计量。

不满足上述条件的开发阶段的支出，于发生时计入当期损益。前期已计入损益的开发支出不在以后期间确认为资产。已资本化的开发阶段的支出在资产负债表上列示为开发支出，自该项目达到预定可使用状态之日起开始摊销。

图 6.56　四维图新 2018 年研究开发支出会计政策

## 21、开发支出

单位：元

| 项目 | 期初余额 | 本期增加金额 | | 本期减少金额 | | | 期末余额 |
|---|---|---|---|---|---|---|---|
| | | 内部开发支出 | 其他 | 确认为无形资产 | 转入当期损益 | 合并范围减少 | |
| 高精度智能驾驶电子地图开发项目 | 105,717,594.43 | 16,134,154.66 | 0.00 | 121,851,749.09 | 0.00 | 0.00 | 0.00 |
| 数据库 | 69,117,711.33 | 0.00 | 0.00 | 0.00 | 69,117,711.33 | 0.00 | 0.00 |
| 可追溯商用车高效物流服务平台 | 0.00 | 18,768,504.66 | 0.00 | 0.00 | 0.00 | 0.00 | 18,768,504.66 |
| 公共物流云位置综合服务平台 | 17,184,666.28 | 0.00 | 0.00 | 0.00 | 17,184,666.28 | 0.00 | 0.00 |
| 交通信息处理与发布子系统 | 22,384,245.40 | 15,425,543.98 | 0.00 | 14,863,276.15 | 7,893,279.38 | 0.00 | 15,053,233.85 |
| WeNav 智能导航产品 | 54,862,955.60 | 0.00 | 0.00 | 54,165,737.13 | 697,218.47 | 0.00 | 0.00 |
| WELINK 趣驾互联项目产品 | 37,984,095.12 | 24,187,219.32 | 0.00 | 0.00 | 0.00 | 62,171,314.44 | 0.00 |
| 合计 | 307,251,268.16 | 74,515,422.62 | 0.00 | 190,880,762.37 | 94,892,875.46 | 62,171,314.44 | 33,821,738.51 |

图 6.57　四维图新 2018 年年报财务报表附注中开发支出的披露信息

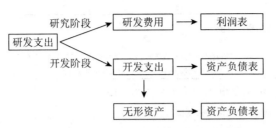

图 6.58 研发支出在财务报表的演化路径

在获得上市公司研发投入资本化金额的历史数据后,结合公司营业收入、净利润以及其中无形资产和开发支出的变化,投资者便可以观察出上市公司是否在利用研发费用资本化的工具来调节利润。

以长城汽车为例,如表 6.6 所示,长城汽车 2018 年营业收入负增长,但是营业利润及归属母公司股东净利润却分别增长 6% 和 4%。从表面的净利润数据看,长城汽车净利润数据是增长的,有止跌回稳的趋势。

但是如果认真观察其最终的业绩归因,会发现在 2018 年之前多年都没有资本化研发费用,而 2018 年研发投入的资本化金额大幅增加,导致研发费用大幅下降 48%,达 16 亿元,而其他的销售费用、管理费用及财务费用变动并不大。

同时,观察长城汽车 2018 年年报中开发支出的附注,如图 6.59 所示,可以看到 22.16 亿元的研发投入被资本化后列入开发支出,同时开发支出有 3.62 亿元被确认为无形资产,因此,2018 年长城汽车的开发支出的金额为 18.53 亿元。

通过上面的数据得出,长城汽车的实际业绩并不是净利润数字所表现出来的那样,其更多还是来自研发费用资本化工具对净利润调节的结果,扣除资本化的研发费用,甚至可能继续两位数的负增长。

表 6.6  长城汽车历年研发费用相关数据

| 科目 | 2013 | 2014 | 2015 | 2016 | 2017 | 2018 |
| --- | --- | --- | --- | --- | --- | --- |
| 研发费用 / 亿元 | 16.93 | 25.72 | 27.61 | 31.80 | 33.65 | 17.43 |
| 研发支出资本化金额 / 亿元 | 0 | 0 | 0 | 0 | 0 | 22.16 |
| 研发投入 / 亿元 | 16.93 | 25.72 | 27.61 | 31.80 | 33.65 | 39.59 |
| 资本化研发投入占研发投入的比例 /% | 0% | 0% | 0% | 0% | 0% | 56% |
| 开发支出 / 亿元 | 0 | 0 | 0 | 0 | 0 | 18.53 |

## 第6章 逆向投资者需要重点关注的财务指标

续表

|  | 2013 | 2014 | 2015 | 2016 | 2017 | 2018 |
|---|---|---|---|---|---|---|
| 无形资产/亿元 | — | 28.13 | 31.36 | 32.11 | 32.69 | 33.91 |
| 营业收入/亿元 | 567.84 | 625.91 | 759.55 | 984.44 | 1,004.92 | 978.00 |
| 营收同比增速/% | — | 10% | 21% | 30% | 2% | -3% |
| 营业利润/亿元 | 96.68 | 92.44 | 92.80 | 122.76 | 58.54 | 62.32 |
| 营业利润同比增速/% | — | -4% | 0% | 32% | -52% | 6% |
| 归属母公司股东净利润/亿元 | 82.24 | 80.42 | 80.59 | 105.51 | 50.27 | 52.07 |
| 净利润同比增速/% | — | -2% | 0% | 31% | -52% | 4% |

(六) 合并财务报表项目注释 — 续

16、开发支出

单位:元

| 项目 | 2018年1月1日 | 本年增加 | 本年减少 确认为无形资产 | 本年减少 转入当期损益 | 2018年12月31日 |
|---|---|---|---|---|---|
| 汽车开发项目 | — | 2,215,851,278.83 | (362,144,164.32) | (326,659.20) | 1,853,380,455.31 |

图 6.59　长城汽车 2018 年年报财务报表附注对开发支出的披露信息

研发投入的资本化处理并不意味着违反会计准则,但在一定程度上影响了企业利润的含金量。一般企业都会选择在行业景气度较高的时候用费用化来处理,而在景气度较低的时候用资本化来处理。

因此,投资者更多的是要结合行业的整体情况及公司的发展战略,看清上市公司采取上述操作背后的动机,使自己实现风险最小化、投资收益最大化。

(2) 借款费用资本化。借款费用资本化,主要是指借款利息支出的资本化,通常公司借款主要用于固定资产投资,因此这些借款是来自在建工程的借款;还有就是用于生产产品,如一些建造周期长的产品,像房地产、大型机器设备或者飞机船舶等,因此这些借款来自存货的借款。

如图 6.60 所示,借款利息支出费用化后,以财务费用计入利润表,因此减少了当期的净利润;借款利息支出资本化后,成为固定资产或者存货的一部分,计入资产负债表,相比费用化,当期的净利润会较高。

举个例子,公司需要建造一个新工厂,借了 100 万元用于投资工厂的建设,建造这个工厂期间产生了 10 万元的利息支出,工厂的建造成本为 100 万元,若10万元利息支出符合资本化条件，公司则将建成的工厂以110万元计入固定资产。

同时，公司是生产大型设备的公司，由于业务景气，公司又借款100万元用于生产产品，生产产品期间产生了10万元的利息支出，产品的生产成本为100万元，若10万元利息支出符合资本化条件，公司则将生产的产品以110万元计入存货。

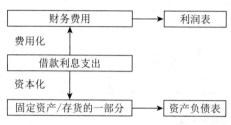

图6.60 借款利息支出资本化及费用化演化

与研发费用资本化相类似，虽然企业会计准则对借款费用资本化的条件有相应的规定，但是相关条件也需要企业高管进行主观判断。因此这也会成为一些公司用于净利润调节的工具。

从行业分布的角度上看，主要还是存在于一些有较大固定资产及在建工程或产品资金规模大且生产周期长的行业，如房地产、大型设备制造企业以及飞机船舶制造业等。在财务指标上主要体现在有息负债较高。

以房地产行业为例，由于其行业特性，如图6.61所示，其有息负债金额都较高，主要用于房地产项目的开发，因此借款利息资本化主要体现在存货的科目上。

首先，借款利息资本化对房地产行业的净利润影响是非常大的，如图6.61所示，2018年泰禾集团有息负债达1375.26亿元，而在利润表财务费用中的利息支出仅7.94亿元，资本化的利息金额达到169.41亿元。因此，由于涉及金额较大，其在借款利息资本化的轻微变化，都足以使净利润发生较大的变化。万科A 2018年资本化的利息支出占比仅为42%，如果泰禾集团和新城控股都采取与万科A相似的苛刻的利息资本化率，那么其净利润会大幅下降。

同时，通过对比三家公司的数据，也可以看到万科A把成本放到现在来消化，从而为未来留出更多的利润空间；泰禾集团和新城控股则是在把成本挪到将来，从而让当下的利润更好看，未来的利润空间缩小。因此，从投资选择上，当下万科A净利润的质量及未来的投资价值显然比其他两家公司要好。

此外，房地产企业也会通过调整借款利息资本化的比例来缓冲行业周期性对公司净利润的影响。如图 6.61 所示新城控股 2014 年至 2018 年资本化利息支出占比的数据，新城控股在 2014 年行业低谷期时，提高了资本化利息的比例，达到 91%；而从 2015 年开始由于限购限贷政策的放松，房地产行业开始阶段性复苏并在 2017 年达到阶段性高点，在此期间，新城控股资本化利息支出的占比连续下降，从 85% 降至 77%；而到了 2018 年由于房地产政策的收紧，行业再次进入阶段性的低谷，新城控股在 2018 年的资本化利息占比达到了 95% 的高点，同时由于该指标的提高，让其 2018 年的净利润较上一年大幅增长了 74%。

| 泰禾集团 2014 年至 2018 年借款利息资本化数据 | | | | | |
|---|---|---|---|---|---|
| | 2014 | 2015 | 2016 | 2017 | 2018 |
| 本期资本化的利息金额 /亿元 | | 56.84 | 52.48 | 77.46 | 169.41 |
| 财务费用-利息支出 /亿元 | | 2.69 | 3.50 | 8.04 | 7.94 |
| 资本化利息支出占比 /% | | 95% | 94% | 91% | 96% |
| 有息负债 /亿元 | 389.94 | 445.99 | 753.26 | 1354.94 | 1375.26 |
| 营业利润 /亿元 | 9.53 | 17.41 | 23.45 | 30.46 | 53.86 |
| 归属母公司股东所有者的净利润 /亿元 | 7.84 | 13.25 | 17.07 | 21.24 | 25.55 |

备注：泰禾集团的本期资本化利息金额仅包括存货中的开发成本和开发产品，其中2016年未披露开发产品的本期资本化利息金额。

| 万科 A 2014 年至 2018 年借款利息资本化数据 | | | | | |
|---|---|---|---|---|---|
| | 2014 | 2015 | 2016 | 2017 | 2018 |
| 本期资本化的利息金额 /亿元 | 52.90 | 30.74 | 32.29 | 41.47 | 59.64 |
| 财务费用-利息支出 /亿元 | 15.50 | 17.79 | 23.10 | 40.61 | 81.81 |
| 资本化利息支出占比 /% | 77% | 63% | 58% | 51% | 42% |
| 有息负债 /亿元 | 689.81 | 794.91 | 1288.64 | 1916.44 | 2478.50 |
| 营业利润 /亿元 | 249.79 | 331.23 | 390.24 | 508.13 | 674.99 |
| 归属母公司股东所有者的净利润 /亿元 | 157.45 | 181.19 | 210.23 | 280.52 | 337.73 |

| 新城控股 2014 年至 2018 年借款利息资本化数据 | | | | | |
|---|---|---|---|---|---|
| | 2014 | 2015 | 2016 | 2017 | 2018 |
| 本期资本化的利息金额 /亿元 | 10.67 | 10.26 | 10.00 | 16.73 | 88.50 |
| 财务费用-利息支出 /亿元 | 1.00 | 1.79 | 3.69 | 4.87 | 5.07 |
| 资本化利息支出占比 /% | 91% | 85% | 73% | 77% | 95% |
| 有息负债 /亿元 | 88.48 | 119.81 | 219.55 | 383.84 | 633.81 |
| 营业利润 /亿元 | 23.75 | 32.72 | 42.32 | 83.60 | 156.43 |
| 归属母公司股东所有者的净利润 /亿元 | 11.67 | 18.36 | 30.19 | 60.29 | 104.91 |

图 6.61 泰禾集团、万科 A 及新城控股 2014 年至 2018 年借款利息资本化数据

## 6.9.4 资产减值损失

顾名思义，资产减值损失就是指公司的资产由于产生减值导致的损失。按

照《企业会计制度》的规定："企业应当定期或者至少于每年年度终了，对各项资产进行全面检查，并根据谨慎性原则的要求，合理地预计各项资产可能发生的损失，对可能发生的各项资产损失计提资产减值准备。"

因为涉及的资产科目非常多，因此也是上市公司进行利润调节的常用工具。

从资产类别看，涉及的流动资产主要包括存货，其中的应收账款原本也是属于资产减值损失核算的范围，但是由于《企业会计准则第22号——金融工具确认和计量》（财会〔2017〕7号）的出台，2018年开始企业发生的应收账款坏账准备应通过"信用减值损失"科目核算，不再通过"资产减值损失"科目核算。

而其涉及的非流动资产较多，主要包括长期股权投资、投资性房地产、固定资产、在建工程、生产性生物资产、无形资产及商誉。

其中，需要注意的是多数资产在确认资产减值损失后，在以后会计期间是不得转回的。举个例子，一家公司2017年因为固定资产发生损失计提了1亿元的资产减值损失，但在2018年固定资产的损坏低于预期或者又完好了，即使是这样这1亿元的减值损失也不能再转回来。

由于《企业会计准则第22号——金融工具确认和计量》（财会〔2017〕7号）的出台，2018年开始，只要是定义为"以摊余成本计量的金融资产，以公允价值计量且其变动计入其他综合收益的金融资产以及以公允价值计量且其变动计入当期损益的金融资产"，其减值损失都要计入"信用减值损失"；而应收账款、多数交易性金融资产、可供出售金融资产和持有到期投资都属于上述类别。因此，资产减值损失中可以转回的流动资产通常只有存货。

资产减值损失涉及科目非常多，会让投资者眼花缭乱，但是投资者在实际投资中只要抓住其行业特性及各资产在企业中的占比，就可抓住主要矛盾，找到对净利润影响较大的科目。

根据我的经验，不管哪个行业，对净利润影响较大的资产减值损失所涉及的主要科目为存货、固定资产、在建工程、无形资产及商誉。

（1）存货跌价准备。存货是资产减值损失涉及的科目中唯一可转回的流动资产科目，它主要是通过存货的跌价准备及转回来实现。因为存货主要是公司销售的产品、在产品或者生产产品所需的原材料，产品价格波动较大且频繁，导致需要对存货跌价进行计提准备或者转回。因此，通常情况下，此类情况发生在周期性较强的行业,如房地产行业。

这些行业的公司会在周期低谷期进行财务大洗澡,对公司的存货进行大量计提准备,因此公司的净利润便大幅下降;同时在进入行业景气时对存货计提的损失进行转回,所以,在景气阶段公司的净利润会大幅增长。

在结合行业背景的前提下,了解公司做此调整背后的战略意图,投资者可以利用上市公司的财务大洗澡来获得超额的投资收益。

以 2008 年至 2009 年的万科 A 为例,2008 年由于美国次贷危机的影响,国内房地产市场从 1 月份开始,住宅价格同比增速开始逐步下滑,在 2008 年 11 月份开始进入负增长,整个房地产行业进入行业低谷期。

因此,如图 6.62 所示,2008 年万科 A 确认了 12.68 亿元的资产减值损失,同时从如图 6.63 所示的 2008 年年报财务报表附注中对资产减值损失的披露信息可以看到,12.68 亿元的资产减值损失中有 12.31 亿元为存货跌价准备,2008 年万科 A 的净利润从 1996 年以来首次出现负增长,下降了 15%。

到了 2009 年,由于政府刺激政策的支持,房地产行业在 2009 年下半年开始逐步回暖,因此,如图 6.64 所示,万科 A 在 2009 年将存货跌价转回了 5.53 亿元。

从对净利润的占比上看,如图 6.62 所示,2008 年至 2010 年资产减值损失金额对净利润的影响明显增加。2008 年资产减值损失金额对净利润的占比更是达到了 31%。从图 6.62 可以看到,2008 年至 2009 年资产减值损失与净利润呈现明显的负相关关系。

财务大洗澡往往是公司见底的信号。当然,具体投资实践还需结合行业的状况。投资者如果对当时的房地产行业有深入了解,结合万科 A 2008 年年报中资产减值损失的具体信息,投资者如果在 2008 年年报披露日 2009 年 3 月 10 日勇敢地买入持有到 2009 年 7 月的高点卖出,如图 6.65 所示,投资收益率可达到 100% 以上,其带来的收益是非常可观的。

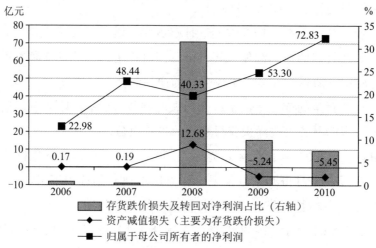

图 6.62　万科 A 2006 年至 2010 年资产减值损失与净利润对比

【数据来源：万科公司年报】

| 38　资产减值损失 | | |
|---|---|---|
| 本集团 | | |
|  | 2008 年 | 2007 年 |
| 坏账损失 | 37,552,195.13 | 17,263,680.40 |
| 存货跌价准备 | 1,230,561,038.00 | 1,306,475.83 |
| 合计 | 1,268,113,233.13 | 18,570,156.23 |

图 6.63　万科 A 2008 年资产减值损失具体情况

| 40　资产减值损失 | | |
|---|---|---|
| 项目 | 2009 年 | 2008 年 |
| 一、坏账损失 | 28,275,933.34 | 37,552,195.13 |
| 二、存货跌价(冲回)/损失 | (552,515,529.48) | 1,230,561,038.00 |
| 合计 | (524,239,596.14) | 1,268,113,233.13 |

图 6.64　万科 A 2009 年资产减值损失具体情况

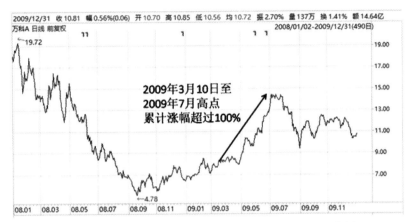

图 6.65 万科 A 2008 年 1 月至 2009 年 12 月股价走势图
【图片来源：万得（Wind）】

（2）在建工程及固定资产减值损失。与存货不同，在建工程及固定资产减值损失一旦确认，计入当期损益，且在以后会计期间不予转回。相类似的是，利用在建工程及固定资产减值损失进行财务大洗澡的行业也是多数集中在周期性强的重资产行业，如在建工程及固定资产占比大的钢铁、煤炭及石油化工行业。

以煤炭行业的中国神华为例，煤炭价格从 2014 年开始下跌，秦皇岛 5500 大卡的动力煤价格从 2014 年年初的 610 元/吨一直下降到 2015 年年底的 370 元/吨，累计下跌 39%，其中下跌幅度最大的年份为 2015 年。

如图 6.66 所示，中国神华 2015 年确认了高达 57.73 亿元的资产减值损失。同时，从资产减值损失的明细看，如图 6.67 所示，资产减值损失主要来自固定资产减值损失、存货跌价损失以及在建工程减值损失，分别达 38.34 亿元、9.50 亿元及 6.51 亿元。

如图 6.66 所示，巨额的资产减值损失也使中国神华 2015 年的净利润下降至 161.44 亿元，是上市以来的最低点。此次的财务大洗澡也给 2016 年及 2017 年行业逐步回暖后净利润暴增带来了大机会。

由于动力煤价格 2016 年开始从底部上升且 2017 年一直维持在高位，行业进入景气阶段。如图 6.66 所示，中国神华的资产减值损失在 2016 年和 2017 年逐步下降，同时净利润同比增速在 2016 年和 2017 年分别达到了 41% 和 98%。

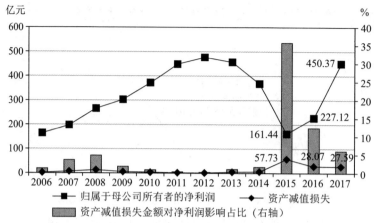

图 6.66　中国神华 2006 年至 2017 年资产减值损失与净利润对比

【数据来源：中国神华公司年报】

**41、资产减值损失**

单位：百万元

| 项目 | 注 | 本年金额 | 上年金额（已重述） |
|---|---|---|---|
| 一、坏账损失 | | 300 | 58 |
| 二、存货跌价损失 | | 950 | 232 |
| 三、其他流动资产减值损失 | | (130) | 14 |
| 四、固定资产减值损失 | (1) | 3,834 | 209 |
| 五、在建工程减值损失 | (2) | 651 | — |
| 六、长期待摊费用减值损失 | | 36 | — |
| 七、其他非流动资产减值损失 | | 132 | 108 |
| 合计 | | 5,773 | 621 |

注：

(1)　固定资产减值损失

本年度，本集团资产组估计的可回收金额以资产组预计未来现金流现值的方法确定。评估模型使用不超过 5 年的预测期(“预测期”)和 8.07%—11.87%的税前折现率计算。管理层预期资产组超过预测期后的现金流量与预测期最后一年的现金流量相近。根据评估测试结果，本集团对资产组中的固定资产计提减值准备人民币 2,254 百万元，相关资产属于煤炭及铁路经营分部。

本年度，本集团开展节能环保技术升级改造，因技术改造拆除或需要拆除的机器设备等固定资产按照该项资产的公允价值减去处置费用后的净额估计其可收回金额，对于账面价值高于可收回金额的，按其差额计提减值准备人民币 985 百万元，其公允价值按照该类资产在二手交易市场中的报价确定。

本年度，本集团根据北京市发展与改革委员会《关于国华北京热电厂燃煤机组关停有关事项的函》(京发改〔2015〕510 号)的要求，国华北京热电厂于 2015 年 3 月 20 日关停燃煤机组。拆除或需要拆除的机器设备等固定资产按照该项资产的公允价值减去处置费用后的净额估计其可收回金额，对于账面价值高于可收回金额的，按其差额计提减值准备人民币 595 百万元，其公允价值按照该类资产在二手交易市场中的报价确定。

图 6.67　中国神华 2015 年年报财务报表附注中对资产减值损失的披露信息

而如图 6.68 所示，中国神华的股价从 2016 年 1 月份低点的 10.78 元 / 股上涨至 2018 年 2 月份高点的 29.43 元 / 股，累计上涨 173%。

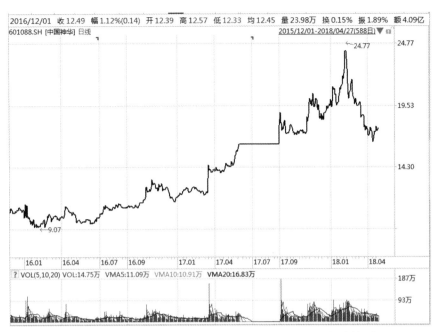

图 6.68　中国神华 2015 年 12 月至 2018 年 4 月股价走势图
【图片来源：万得（wind）】

因此，对于周期性强的行业个股，如果在公司行业低迷期时进行大幅度的资产减值损失计提，对净利润占比会达到前所未有的高度，这往往会带来机会。因为大幅调低了当期的净利润，为未来行业反转时净利润暴增带来巨大的空间，而股价通常也会随着业绩的提升而上涨。

（3）无形资产减值损失。前面说过，无形资产是指企业拥有或者控制的没有实物形态的可辨认非货币性资产。通常包括专利权、非专利技术、商标权、著作权、特许权、土地使用权以及矿产资源的采矿权等。因此，无形资产减值损失就是指对上述资产的减值进行计提准备，且一旦确认，在后面的会计期也是无法转回的。

如前文中的图 6.51 所示，2018 年 A 股市场中，无形资产占总资产比例超过 20% 的公司主要分布在环保工程及服务（包括水务）、采矿业、高速公路及基建。通常情况下，经常发生巨额无形资产减值损失的行业主要还是采矿业，因为其属于大宗商品，价格波动较大导致周期性较强。

因此，和在建工程及固定资产减值损失一样，由于无法转回，发生巨额无形资产减值损失，也是公司对财务进行大洗澡，为来年的增长提供空间。但是如果减值幅度过大,且审计事务所出具"无法表示意见"的审计报告,投资者则要对其警惕。

以钾肥生产企业东凌国际为例,由于2015年至2017年钾肥一直处于低迷期,东凌国际董事会于2018年4月19日审议通过《关于2017年度计提资产减值准备的议案》,公司根据评估机构的咨询估值报告判断2017年计提无形资产(采矿权)减值准备人民币25.9亿元,而2015年及2016年分别为0.43亿元和0.20亿元,可见2017年资产减值损失幅度对当期的净利润影响非常巨大。

如图6.69所示,在2018年4月28日披露的2017年年报中,会计师事务所出具了"无法表示意见"的审计报告,因为会计师无法确定无形资产(采矿权)减值准备计提金额的合理性,且该事项对财务报表的影响重大且广泛。

> **审 计 报 告**
>
> 勤信审字〔2018〕第1017号
>
> 广州东凌国际投资股份有限公司全体股东:
>
> **一、无法表示意见**
>
> 我们接受委托,审计了广州东凌国际投资股份有限公司(以下简称贵公司或东凌国际)财务报表,包括2017年12月31日的合并及母公司资产负债表,2017年度的合并及母公司利润表、合并及母公司现金流量表、合并及母公司所有者权益变动表以及相关财务报表附注。
>
> 我们不对后附的贵公司财务报表发表审计意见。由于"形成无法表示意见的基础"部分所述事项的重要性,我们无法获取充分、适当的审计证据以作为对财务报表发表审计意见的基础。
>
> **二、形成无法表示意见的基础**
>
> <u>2017年度,贵公司对子公司中农国际钾盐开发有限公司(以下简称中农国际)下属中农钾肥有限公司老挝35平方公里钾盐矿采矿权计提减值准备259,262.52万元人民币</u>,系基于公司聘请评估机构对该矿产经营权的估值作出的判断,估值报告结果为"矿业经营权指示价值",同时,估值报告对估算时假定和受制条件提示"并无对客户提供的扩产计划可行性进行分析研究,也未与中农国际现在的营运管理层就东凌国际提供的扩产计划及财务预测进行过任何讨论"。我们无法判断估值报告中资产估值假设条件及财务预测的恰当性,亦无法实施满意的审计程序以获取充分、适当的审计证据以判断贵公司上述<u>无形资产采矿权减值计提的合理性</u>。

图6.69 东凌国际2018年4月28日披露的2017年年报审计报告摘要

由于年报中审计事务所无法表示的审计意见,公司股票于2018年5月3日被深圳证券交易所实行退市风险警示,带上了"ST"的帽子;并且公司在2018年5月10日收到证监会的问询函。如图6.70所示,从2018年4月27日至2018年8月20日的低点,累计下跌了47%。

为了消除影响,公司聘请了评估机构对上述事项进行了重新评估和计量,如图6.71所示,最终确认了7.06亿元的采矿权减值损失。会计师对其进行重新审计并出具了《2017年年度审计报告》及《关于公司2017年年度审计报告无法表示意见所涉及事项的重大影响予以消除的专项说明》。公司也于2019年4月30日向深圳证券交易所提交了撤销退市风险警示的申请，并在2019年10月8日被撤销了退市风险的警示，即摘掉了"ST"的帽子。

因此，虽然之前说过上市公司利用资产减值损失进行财务大洗澡通常是公司见底的信号。但是如果幅度太大，且审计机构出具较为负面的审计报告，则不要轻易去抄底。由于监管机构的介入，给公司带来的负面影响通常会让你抄到半山腰。

即使公司所在的行业已经开始回暖，也不要过于乐观，因为在监管机构没有解除违法违规风险之前，其个股的风险仍然要高于行业的风险。

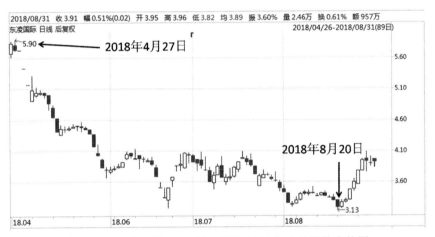

图 6.70　东凌国际2018年4月至2018年8月股价走势图
【图片来源：万得（Wind）】

### 66、资产减值损失

单位：元

| 项目 | 本期发生额 | 上期发生额 |
|---|---|---|
| 一、坏账损失 | 308,740.88 | -3,477,173.67 |
| 二、存货跌价损失 |  | 2,069,499.17 |
| 三、可供出售金融资产减值损失 | 2,000,000.00 |  |
| 十二、无形资产减值损失 | 705,583,830.83 |  |
| 合计 | 707,892,571.71 | -1,407,674.50 |

其他说明：
对老挝钾肥项目采矿权计提减值准备70,558.38万元人民币。

图 6.71　东凌国际2019年9月5日更新后的2017年年报对资产减值损失披露的信息

（4）商誉减值损失。在之前说过，商誉通常情况下是在企业并购时产生的，即企业收购另一家企业时，收购成本高于净资产公允价值的差额被确认为商誉。因此，通常情况下，商誉资产金额大的企业，都是兼并收购交易比较多的企业。

商誉减值损失，与在建工程、固定资产及无形资产一样，一旦发生后续会计期不得转回。商誉减值的主要原因在于被收购方无法实现业绩承诺，商誉占总资产比重越大，上市公司计提商誉减值对净利润造成的冲击就越大。

哪些行业商誉资产占比大呢？根据2018年年报的数据，如图6.72所示，商誉资产占总资产比例在20%及以上的上市公司中，23%为互联网及文化传媒行业和其他行业，15%为医药及器械（含医疗服务）行业以及14%为计算机应用及设备行业。因为2012年至2015年创业板的投资热潮，这些行业在这些年兼并收购交易较为频繁，从而使其商誉资产占比较大。

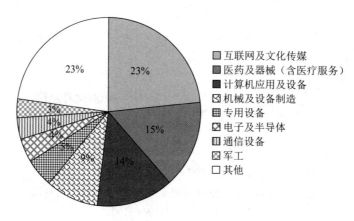

图6.72　2018年商誉资产占比20%及以上的公司行业分布
【数据来源：万得（Wind）数据库】

巨额的商誉资产，对于那些盲目收购扩张的上市公司来说，可能是个巨大的雷，随时都有可能爆炸。因此，投资中要看上市公司收购了什么样的资产，被收购方的业绩承诺是否确实可以实现，否则这些商誉资产就是雷。2018年就是如此，A股中小板和创业板上市公司出现了商誉减值损失导致的业绩爆雷潮，股价更是断崖式下跌。

当然，2018年A股中小板及创业板上市公司因为商誉减值损失导致的业绩爆雷也为2019年及2020年带来了投资机会。因为与前面所述的其他资产减值损失一样,上市公司更多的时候存在着利用公司低谷期进行一次性财务大洗澡的动机,由于后几年费用被提前确认,为后续会计期提供增长的空间。对于逆向投资者而言,在投资商誉资产占比大的上市公司时,最好是在其商誉资产已进行大幅减值的时候。

以游戏行业的掌趣科技为例,自2012年IPO上市以来,其先后并购了上游信息科技有限公司、北京玩蟹科技有限公司和天马时空网络科技有限公司等多家公司,期间资本运作近40次。同时,如图6.73所示,频繁的并购导致其商誉资产从2013年开始暴增,2015年商誉资产占总资产的比例高达71%。

由于占比较大,2017年和2018年一直被审计单位列为"关键审计事项",之前说过,"关键审计事项"主要就是指该事项对整个会计报表影响重大,需要重点进行审计的事项。

2017年和2018年由于被收购企业业绩承诺未完成,商誉减值损失开始增加,尤其是2018年,如图6.74所示,公司大幅计提了36.8亿元的资产减值损失,其中商誉减值损失为33.8亿元。根据年报的披露信息,商誉减值主要是由于如图6.75所示的被收购企业业绩不达预期所致,或者说是因为之前收购价格过高所致。

同时,通过资产减值损失与净利润的对比,如图6.76所示,其净利润与资产减值损失呈现完美的负相关关系。因为掌趣科技的资产结构,公司的商誉减值损失是影响资产减值损失的主要因素。因此,可以看到,当公司在2013年至2015年创业板带来的科技领域投资热潮期间,高溢价收购企业而同时商誉减值幅度低,此时公司的净利润维持上升趋势;2016年至2018年被收购企业业绩承诺无法兑现以及科技股投资热潮下降导致被收购企业估值下降,因此公司乘势对商誉进行大幅减值计提,此时净利润逐步跌入谷底。

如图6.76所示,掌趣科技在2018年商誉风险大幅释放后,2019年第3季度的净利润开始恢复,达到3.45亿元,已高于2014年全年的净利润。而股价走势,如图6.77所示,在2019年下半年也明显要强于上证指数以及创业板指数。

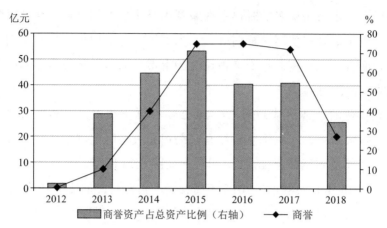

图 6.73　掌趣科技上市以来商誉资产及其占比的变化情况
【数据来源：掌趣科技公司年报】

| 注释38. 资产减值损失 | | |
|---|---|---|
| 项目 | 本期发生额 | 上期发生额 |
| 坏账损失 | 39,684,844.72 | 14,624,936.38 |
| 可供出售金融资产减值损失 | 149,907,473.38 | 223,505,545.73 |
| 长期股权投资减值损失 | 109,252,060.60 | 16,874,429.88 |
| 无形资产减值损失 | 2,345,208.61 | 46,354,728.60 |
| 商誉减值损失 | 3,380,355,639.45 | 208,340,180.37 |
| 其他 | — | 2,483,432.47 |
| 合计 | 3,681,545,226.76 | 512,183,253.43 |

本期资产减值损失增加较大主要系本期计提商誉减值准备所致。

图 6.74　掌趣科技 2018 年年报对资产减值损失的披露

| 2. 商誉减值准备 | | 本期增加 | 本期减少 | |
|---|---|---|---|---|
| 被投资单位名称或形成商誉的事项 | 期初余额 | 计提 | 注销 | 期末余额 |
| 北京华娱聚友科技发展有限公司 | — | — | — | — |
| 广州市好运通讯科技有限公司 | 5,021,389.28 | — | 5,021,389.28 | — |
| 北京富姆乐信息技术有限公司 | 11,978,207.60 | — | — | 11,978,207.60 |
| 海南动网先锋网络科技有限公司 | 52,653,130.28 | 600,044,305.65 | — | 652,697,435.93 |
| 北京玩蟹科技有限公司 | — | 1,121,003,518.47 | — | 1,121,003,518.47 |
| 上游信息科技（上海）有限公司 | 124,868,184.68 | 353,314,617.03 | — | 478,182,801.71 |
| 北京天马时空网络科技有限公司 | 13,819,268.53 | 1,305,993,198.30 | — | 1,319,812,466.83 |
| 合计 | 208,340,180.37 | 3,380,355,639.45 | 5,021,389.28 | 3,583,674,430.54 |

图 6.75　掌趣科技 2018 年年报对商誉减值准备的披露

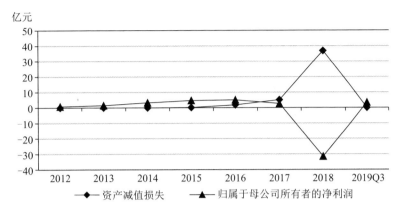

图6.76 掌趣科技2012年至2019年第3季度资产减值损失与净利润对比
【数据来源：掌趣科技公司年报】

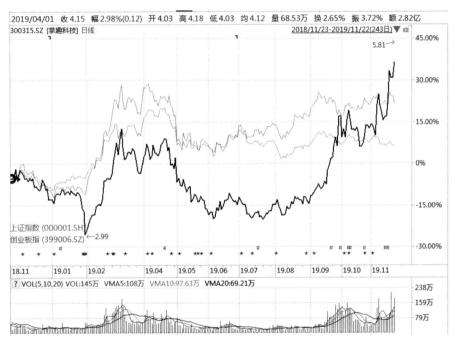

图6.77 掌趣科技2018年11月至2019年11月股价走势图
【数据来源：掌趣科技公司年报】

（5）信用减值损失。信用减值损失是2019年上市公司利润表中的一个新的科目，主要是用于计入金融资产的减值损失。涉及的资产科目主要为应收账款、贷款及债权投资等。对于多数的一般性企业来说，信用减值损失主要还是来自应收账款坏账的计提准备。

2017年3月31日，财政部修订发布了《企业会计准则第22号——金融工具确认和计量》（财会〔2017〕7号）、《企业会计准则第23号——金融资产转移》（财会〔2017〕8号）和《企业会计准则第24号——套期会计》（财会〔2017〕9号）三项金融工具会计准则。

新会计准则将金融资产分类由原来的"四分类"（以公允价值计量且其变动计入当期损益的金融资产、持有至到期投资、贷款和应收款项、可供出售金融资产）改为"三分类"（以摊余成本计量的金融资产、以公允价值计量且其变动计入其他综合收益的金融资产、以公允价值计量且其变动计入当期损益的金融资产）。而应收账款通常属于以摊余成本计量的金融资产，因此，应收账款的减值损失被计入信用减值损失。

新金融工具相关会计准则针对自2018年1月1日起在境内外同时上市的企业，以及在境外上市并采用国际财务报告准则或企业会计准则编制财务报告的企业施行，自2019年1月1日起在其他境内上市企业施行，自2021年1月1日起在执行企业会计准则的非上市企业施行，鼓励企业提前施行。

因此，对于只在A股上市的上市公司从2019年开始，符合上述条件的金融资产，在确认减值损失时，要将其计入信用减值损失。与存货一样，信用减值损失是可以转回的。

因为根据《企业会计准则第22号——金融工具确认和计量》（财会〔2017〕7号）第五十条规定："企业在前一会计期间已经按照相当于金融工具整个存续期内预期信用损失的金额计量了损失准备，但在当期资产负债表日，该金融工具已不再属于自初始确认后信用风险显著增加的情形的，企业应当在当期资产负债表日按照相当于未来12个月内预期信用损失的金额计量该金融工具的损失准备，由此形成的损失准备的转回金额应当作为减值利得计入当期损益。"

和过去一样，即使是在新会计准则下，应收账款减值并没有统一的方法，企业可以根据自身应收账款的特征，设计合适的模型计量预期信用损失。如图6.78所示，通常使用的方法为以账龄表为基础的减值矩阵模型，即账龄分析法，账龄越长，应收账款计提比例越大。

| 账龄 | 应收账款计提比例（%） | 其他应收款计提比例（%） |
|---|---|---|
| 1年以内 | 5.00 | 5.00 |
| 1至2年 | 20.00 | 20.00 |
| 2至3年 | 50.00 | 50.00 |
| 3年以上 | 100.00 | 100.00 |

对于划分为风险组合的应收账款和其他应收款，本公司以应收账款和其他应收款的账龄作为信用风险特征，同时参考历史信用损失经验，结合当前状况以及对未来经济状况的预测，计算预期信用损失：

图6.78 应收账款计提准备的账龄分析法

因此，可以看到，应收账款计提准备上，企业还是有很大的操作空间，最常见的就是变更应收账款计提的会计估计政策，即提高或者降低应收账款计提准备比例。

以永泰能源为例，2012年7月1日，其变更了应收款项计提准备的会计估计政策，如图6.79所示，永泰能源降低了1年以内及1至2年账龄的坏账计提准备比例，同时提高了2至3年及3年以上账龄的坏账计提准备比例。

看似公司对账龄高的应收账款采取了更严格的计提，事实上多数企业的应收账款的账龄一般都主要集中在1年以内及1至2年账龄，其占比通常也是随着账龄增长而递减。永泰能源也是如此，因此可以看到，如图6.80所示，此次的应收账款计提会计估计的变更为该年度合并报表减少了1亿元的坏账准备金额，增加合并报表2012年度归属母公司净利润约7000万元。

需要注意的是，应收账款计提准备的会计估计变更与固定资产折旧及无形资产摊销会计估计变更有所不同，应收账款计提准备的会计估计变更影响最大的是变更当年的年份，对以后的年度影响较小。

之前说过，一家企业的应收账款在总资产中如果占比较大，说明其在产业链或者行业内的地位是较弱的。这类企业的经营性现金流也不会很好，因此这类企业并不是投资的好标的。

当然，由于坏账损失是可以转回的，对于一些周期性强且应收账款占比大的公司，在行业低谷期时由于无法收回应收账款提前进行了计提准备，导致在低谷期净利润大幅下降；而在行业回暖时，应收账款回款转好，就会将之前的坏账损失转回，这一去一回就会让其业绩形成大反转。

对于这类企业，投资者可以在其应收账款大洗澡时布局，当然前提是可以预见其之前的应收账款回款在行业回暖时会得到好转。

一、原会计估计

1、公司单项金额重大的应收款项采用余额百分比法计提坏账准备，原计提比例为：

| 组合名称 | 应收账款计提比例（%） | 其他应收款计提比例（%） |
|---|---|---|
| 1年以内（含1年以内） | 6.00 | 6.00 |
| 1至2年（含2年以内） | 6.00 | 6.00 |
| 2至3年（含3年以内） | 6.00 | 6.00 |
| 3年以上 | 6.00 | 6.00 |

2、母公司与子公司之间以及子公司相互之间的往来计提坏账准备。

二、变更后会计估计

1、公司单项金额重大的应收款项采用余额百分比法计提坏账准备，现计提比例变更为：

| 组合名称 | 应收账款计提比例（%） | 其他应收款计提比例（%） |
|---|---|---|
| 1年以内（含1年） | 1.00 | 1.00 |
| 1至2年（含2年） | 5.00 | 5.00 |
| 2至3年（含3年） | 10.00 | 10.00 |
| 3至4年（含4年） | 30.00 | 30.00 |
| 4至5年（含5年） | 50.00 | 50.00 |
| 5年以上 | 100.00 | 100.00 |

2、母公司与子公司之间以及子公司相互之间的往来不计提坏账准备。

图6.79 永泰能源2012年7月1日应收账款项计提会计估计变更明细

三、会计估计变更对公司的影响

1、根据《企业会计准则第28号：会计政策、会计估计变更和差错更正》有关规定，对上述会计估计的变更采用未来适用法。本次会计估计变更对公司业务范围无影响。

2、变更时间：从2012年7月1日起，对应收款项计提坏账准备的会计估计进行变更。经公司测算，本次会计估计变更预计将减少合并报表2012年度坏账准备金额约1亿元，增加合并报表2012年度归属母公司净利润约7,000万元；减少母公司报表2012年度坏账准备金额约8,000万元，增加母公司报表2012年度净利润约6,000万元。

图6.80 永泰能源2012年7月1日应收款项计提会计估计变更的影响

## 6.9.5 公允价值变动损益

公允价值变动损益，主要是来自公允价值计量且其变动计入当期损益的金融资产以及以公允价值计量的投资性房地产等。在新修订的《企业会计准则第22号——金融工具确认和计量》（财会〔2017〕7号）实施之前，以公允价值计量且其变动计入当期损益的金融资产主要是交易性金融资产；在新的会计准则后，将金融资产只归为三类，其中所有公允价值计量且其变动计入当期损益的金融资产都归为一类资产，不再将其重分为交易性金融资产和可供出售金融资产。

以中国平安为例，由于中国平安是在境内外同时上市的企业，所以其在2018年就开始执行该新会计准则。如图6.81所示，2019年中报中，中国平安公允价值变动损益主要来自"以公允价值计量且其变动计入当期损益的金融资产"，这些资产主要为债券、基金、股票及理财产品投资等。

### 中期简要财务报表附注
截至2019年6月30日止6个月期间
（除特别注明外，金额单位为人民币百万元）

八、中期简要合并财务报表项目附注（续）
33. 公允价值变动损益

| | 截至2019年6月30日 6个月期间（未经审计） | 截至2018年6月30日 6个月期间（未经审计） |
|---|---|---|
| 以公允价值计量且其变动计入当期损益的金融资产 | | |
| 债券 | (748) | 1,142 |
| 基金 | 8,650 | (4,756) |
| 股票 | 14,277 | (10,545) |
| 理财产品投资及其他投资 | 5,728 | 3,360 |
| 以公允价值计量且其变动计入当期损益的金融负债 | (3) | (169) |
| 衍生金融工具 | (28) | (179) |
| | 27,876 | (11,147) |

图6.81 中国平安2019年中报公允价值变动损益附注

通常情况下，一般性的企业金融资产在总资产占比中是较小的，因此，公允价值变动损益对净利润的影响通常可以忽略不计。公允价值损益对净利润较大的行业，通常都是金融投资行业，如保险行业，因为其相对一般性企业而言，金融资产较多。

特别在新会计准则下，对金融资产重新分类后，以中国平安为例，如图6.82

所示，其公允价值变动损益的金额明显大幅增长，对净利润的影响在增大。公允价值变动损益对净利润（归属母公司股东的净利润）的占比由原来的不到正负5%，在2018年执行新会计准则后上升至正负20%。

所以在投资金融投资行业的上市公司时，应特别关注公允价值变动损益。了解影响当期损益的金融资产是什么，如图6.83所示，可以从中报或者年报的财务报表附注中找到以公允价值计量且其变动计入当期损益的金融资产明细，看到影响当期损益的主要资产为理财产品投资、基金、债券以及股票。

同时，上述资产中，股票和基金资产的波动最大，对公允价值损益的波动影响也最大。2018年由于股票市场低迷，中报中股票和基金资产造成153亿元（105.45+47.56）的亏损；如图6.81所示，在2019年上半年股票市场好转时，又造成229亿元（142.77+86.50）的收益。

因此，在新会计准则下，对于公允价值变动损益对净利润影响较大的公司，投资者要观察公允价值计量且其变动计入当期损益的金融资产中具体的资产配置情况。通过判断其资产的未来走向来判断公允价值变动损益的趋势。与前面的科目相类似，在公允价值变动大幅亏损时可能是布局的好时机。

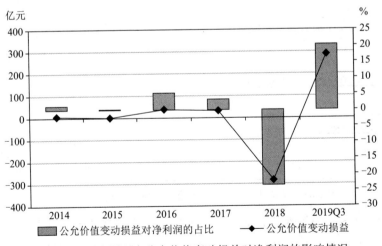

图6.82 中国平安公允价值变动损益对净利润的影响情况
【数据来源：中国平安公司年报】

八、中期简要合并财务报表项目附注（续）

8.　以公允价值计量且其变动计入当期损益的金融资产

| | 2019年6月30日（未经审计） | 2018年12月31日（经审计） |
|---|---|---|
| 债券 | | |
| 政府债 | **49,160** | 40,833 |
| 金融债 | **76,410** | 82,333 |
| 企业债 | **43,952** | 46,201 |
| 基金 | **196,087** | 200,753 |
| 股票 | **104,681** | 89,640 |
| 优先股 | **16,563** | 1,177 |
| 非上市股权 | **60,658** | 57,544 |
| 债权计划 | **14,129** | 15,432 |
| 理财产品投资 | **225,970** | 230,846 |
| 其他投资 | **67,204** | 60,180 |
| 合计 | **854,814** | 824,939 |
| 上市 | **159,698** | 146,082 |
| 非上市 | **695,116** | 678,857 |
| | **854,814** | 824,939 |

图 6.83　中国平安 2019 年中报以公允价值计量且其变动计入当期损益的金融资产附注

## 6.9.6　投资收益

投资收益是非经常性损益项目，说白了，就是非主营业务产生的收益且是不具有持续性的收益。因此，在分析公司业绩报表时，要将其区别对待，应扣除非经常性的投资收益。

投资收益主要来自理财产品投资、长期股权投资以及债权投资等。对公司当期净利润影响较大的更多的是来自投资资产处置时获得的大额收益，导致当期收益大幅增长。

由于现在披露的信息越来越细，如图 6.84 所示，在上市公司年报中的主要会计数据和财务指标中都对归属于上市公司股东的扣除非经常性损益的净利润进行了披露。投资者可以明显地看清其净利润的质量情况。

如图 6.84 所示，该公司 2018 年营业收入负增长，归属于上市公司股东的净利润却同比增长 80.65%；但是扣除非经常性损益后公司的净利润实际上是亏损的，增速更是大幅下滑的。根据 2018 年财务报表附注披露的信息，如图 6.85 和 6.86 所示，2018 年该公司确认了 17.11 亿元的投资收益，也确认了 9.46 亿元的资产减值损失。因此，可以看到其一部分亏损也主要来自资产减值损失。

综上，相比前面的科目，投资收益的隐蔽性不高，多数投资者只要稍微认真阅读报表数据就可以发现其净利润的变动是不是来自投资收益的调整。

和前面的科目一样，如果上市公司通过投资收益的大幅亏损进行大洗澡可能不一定是坏事，但是如果上市公司通过投资收益的一次性大额收益来修饰业绩则一定不是好事。

### 六、主要会计数据和财务指标

公司是否需追溯调整或重述以前年度会计数据
□是 √否

| | 2018年 | 2017年 | 本年比上年增减 | 2016年 |
|---|---|---|---|---|
| 营业收入（元） | 2,133,659,113.98 | 2,156,487,774.85 | -1.06% | 1,585,306,335.51 |
| 归属于上市公司股东的净利润（元） | 479,070,711.85 | 265,199,610.30 | 80.65% | 156,569,086.39 |
| 归属于上市公司股东的扣除非经常性损益的净利润（元） | -1,057,466,402.08 | 219,571,124.27 | -581.61% | 144,653,472.69 |
| 经营活动产生的现金流量净额（元） | 370,749,670.59 | 390,314,073.58 | -5.01% | 398,617,134.62 |
| 基本每股收益（元/股） | 0.3755 | 0.2186 | 71.77% | 0.1502 |
| 稀释每股收益（元/股） | 0.3725 | 0.2171 | 71.58% | 0.1491 |
| 加权平均净资产收益率 | 6.96% | 4.69% | 2.27% | 5.91% |
| | 2018年末 | 2017年末 | 本年末比上年末增减 | 2016年末 |
| 总资产（元） | 9,215,105,313.63 | 9,798,917,104.82 | -5.96% | 4,122,242,723.69 |
| 归属于上市公司股东的净资产（元） | 7,201,231,752.10 | 6,636,154,615.91 | 8.52% | 2,793,417,545.71 |

说明：
(1) 公司原控股子公司 Mapbar Technology Limited（以下简称"图吧 BVI"）于 2018 年进行增资扩股，并于 2018 年 11 月 23 日完成增资及交割手续，图吧 BVI 不再纳入公司合并范围。本次交易一次性实现投资收益，增加公司净利润。
(2) 公司子公司合肥杰发科技有限公司（以下简称"杰发科技"）2016—2018 年期间未能完成承诺累计税后净利润，根据相关协议四维图新向杰发科技原股东支付的股权转让对价总额需要进行相应减少，增加公司净利润。同时，公司基于审慎原则对收购杰发科技形成的商誉进行减值测试并计提减值准备，减少公司净利润。

图 6.84 主要会计数据和财务指标对扣非净利润的披露

### 60、投资收益

单位：元

| 项目 | 本期发生额 | 上期发生额 |
|---|---|---|
| 权益法核算的长期股权投资收益 | -16,506,990.52 | 4,473,110.87 |
| 处置长期股权投资产生的投资收益 | 307,610,485.89 | 0.00 |
| 以公允价值计量且其变动计入当期损益的金融资产在持有期间的投资收益 | 0.00 | 0.00 |
| 处置以公允价值计量且其变动计入当期损益的金融资产取得的投资收益 | 615,921,759.91 | 0.00 |
| 持有至到期投资在持有期间的投资收益 | 25,754,254.43 | 7,556,839.13 |
| 可供出售金融资产在持有期间的投资收益 | 1,183,069.00 | 632,419.53 |
| 处置可供出售金融资产取得的投资收益 | 6,520,000.00 | 8,472,084.00 |
| 丧失控制权后，剩余股权按公允价值重新计量产生的利得 | 770,083,080.90 | 2,954,909.69 |
| 合计 | 1,710,565,659.61 | 24,089,363.22 |

注 1：因第三方股东对图吧 BVI 增资导致公司对图吧 BVI 丧失控制权，相关"丧失控制权后，剩余股权按公允价值重新计量产生的利得"及"处置长期股权投资产生的投资收益"详见本附注"八、4 处置子公司"所述。
注 2：处置以公允价值计量且其变动计入当期损益的金融负债取得的投资收益产生原因见本附注"十六、7、(2) 其他对投资者决策有影响的重要交易和事项"所述。

图 6.85 投资收益附注

## 58、资产减值损失

单位：元

| 项目 | 本期发生额 | 上期发生额 |
|---|---|---|
| 一、坏账损失 | 19,457,668.16 | 21,061,989.47 |
| 二、存货跌价损失 | 721,590.54 | 0.00 |
| 二、存货跌价损失 | 721,590.54 | 0.00 |
| 三、可供出售金融资产减值损失 | 248,627.78 | 1,662,761.19 |
| 四、持有至到期投资减值损失 | 0.00 | 0.00 |
| 五、长期股权投资减值损失 | 0.00 | 0.00 |
| 六、投资性房地产减值损失 | 0.00 | 0.00 |
| 七、固定资产减值损失 | 4,074.19 | 0.00 |
| 八、工程物资减值损失 | 0.00 | 0.00 |
| 九、在建工程减值损失 | 0.00 | 0.00 |
| 十、生产性生物资产减值损失 | 0.00 | 0.00 |
| 十一、油气资产减值损失 | 0.00 | 0.00 |
| 十二、无形资产减值损失 | 0.00 | 0.00 |
| 十三、商誉减值损失 | 925,460,757.97 | 32,858,396.05 |
| 十四、其他 | 0.00 | 0.00 |
| 合计 | 945,892,718.64 | 55,583,146.71 |

图 6.86　资产减值损失附注

# 6.10　警惕上市公司对外担保风险

前面说了很多财务风险的话题，但是上市公司对外担保的风险是大家经常忽略的一个风险。在宏观环境宽松以及行业景气时，其风险不是很明显；但是在宏观环境紧缩以及行业低迷期时，上市公司对外担保风险给投资者带来的危害是极大的。从 2018 年因资金链爆雷的典型上市公司中可以看到，很多往往不是从公司本身债务违约开始爆雷的，而是从被担保的子公司及孙公司或关联公司的资金链断裂开始的。

通过对 2019 年 "ST" 的上市公司进行统计，发现有两个特征指标非常明显：首先就是大股东持有股份质押率高，61% 的上市公司大股东累计质押数占持股数比例超过 70%；其次就是上市公司对外担保比例过高，统计的 "ST" 上市公司中，所有公司的担保总额占净资产比例都超过 50%，如图 6.87 所示，

2019年"ST"上市公司中71%以上的公司担保总额占净资产的比例都超过100%。

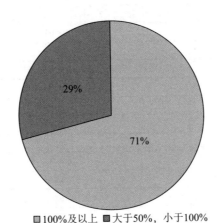

图 6.87　2019 年"ST"上市公司担保总额占净资产比例的分布情况
【数据来源：万得（Wind）数据库】

因此，散户投资者如果欲投资的上市公司中存在上述风险预警指标，即大股东累计质押数占持股数比例超过 70% 且上市公司担保总额占净资产的比例达到或超过 100%，在投资前，投资者应该有所慎重，因为根据前面所述可以看到，其爆雷成为"ST"的风险较高。

上述数据在年报中都有披露，投资者可以从中获取。

关于大股东的质押情况，可以在年报中的股份变动及股东情况中获得，如图 6.88 所示，中天能源 2018 年年报中披露了前 10 名股东的持股情况及其股份的质押或冻结情况，从图中可以看到其控股股东邓天洲和黄博（青岛中天资产管理有限公司的控股股东为邓天洲和黄博）的股份已被冻结，冻结的股份数占其持股数的比例达 100%。

上市公司对外担保情况可以在年报中重要事项章节中的重大合同及其履行情况中获得。如图 6.89 披露了上市公司报告期末担保总额情况以及担保总额占净资产的比例。从图中可以看到，中天能源在 2018 年报告期期末其担保总额达 66.4 亿元，担保总额占其净资产的比例高达 117.36%；担保总额中有 47.7 亿元是直接或间接为资产负债率超过 70% 的被担保对象提供的债务担保金额。

# 第6章 逆向投资者需要重点关注的财务指标

## (二) 截止报告期末前10名股东、前10名流通股东（或无限售条件股东）持股情况表

单位：股

### 前十名股东持股情况

| 股东名称（全称） | 报告期内增减 | 期末持股数量 | 比例(%) | 持有有限售条件股份数量 | 质押或冻结情况 | | 股东性质 |
| --- | --- | --- | --- | --- | --- | --- | --- |
| | | | | | 股份状态 | 数量 | |
| 青岛中天资产管理有限公司 | 0 | 219,243,588 | 16.04 | 0 | 冻结 | 219,243,588 | 境内非国有法人 |
| MKCP VC Investments（Mauritius）I Ltd. | 0 | 113,982,608 | 8.34 | 0 | 无 | | 境外法人 |
| 渤海国际信托股份有限公司－渤海信托·恒利丰201号集合资金信托计划 | 0 | 52,222,222 | 3.82 | 0 | 无 | | 其他 |
| 上海合涌源企业发展有限公司 | 0 | 52,000,000 | 3.80 | 0 | 质押 | 52,000,000 | 境内非国有法人 |
| 英大基金-民生银行-渤海信托-渤海信托·君乾1号单一资金信托 | 0 | 45,757,575 | 3.35 | 0 | 无 | | 其他 |
| 邓天洲 | 0 | 36,375,679 | 2.66 | 11,616,161 | 冻结 | 36,375,679 | 境内自然人 |
| 黄博 | 0 | 36,321,717 | 2.66 | 11,616,161 | 冻结 | 36,321,717 | 境内自然人 |
| 常州翔嘉中舟投资中心（有限合伙） | 0 | 30,303,030 | 2.22 | 0 | 无 | | 其他 |
| SINOENERGY HOLDING LIMITED | 0 | 30,074,566 | 2.20 | 0 | 无 | | 境外法人 |
| 恒力集团有限公司 | 27,330,000 | 27,330,000 | 2.00 | 0 | 无 | | 境内非国有法人 |

图6.88 2018年年报中天能源前10大股东股份质押情况

(二) 担保情况

√适用 □不适用

单位：元 币种：人民币

| 担保方 | 担保方与上市公司的关系 | 被担保方 | 担保金额 | 担保发生日期（协议签署日） | 担保起始日 | 担保到期日 | 担保类型 | 担保是否已经履行完毕 | 担保是否逾期 | 担保逾期金额 | 是否存在反担保 | 是否为关联方担保 | 关联关系 |
|---|---|---|---|---|---|---|---|---|---|---|---|---|---|
| 公司对外担保情况（不包括对子公司的担保） | | | | | | | | | | | | | |
| | | | | | | | | | | | | | |
| 报告期内担保发生额合计（不包括对子公司的担保） | | | | | | | | | | | | | |
| 报告期末担保余额合计（A）（不包括对子公司的担保） | | | | | | | | | | | | | |
| 公司及其子公司对子公司的担保情况 | | | | | | | | | | | | | |
| 报告期内对子公司担保发生额合计 | | | 1,715,418,203.65 | | | | | | | | | | |
| 报告期末对子公司担保余额合计（B） | | | 6,640,725,107.75 | | | | | | | | | | |
| 公司担保总额情况（包括对子公司的担保） | | | | | | | | | | | | | |
| 担保总额（A+B） | | | 6,640,725,107.75 | | | | | | | | | | |
| 担保总额占公司净资产的比例(%) | | | 117.36 | | | | | | | | | | |
| 其中： | | | | | | | | | | | | | |
| 为股东、实际控制人及其关联方提供担保的金额（C） | | | | | | | | | | | | | |
| 直接或间接为资产负债率超过70%的被担保对象提供的债务担保金额（D） | | | 4,774,145,488.83 | | | | | | | | | | |
| 担保总额超过净资产50%部分的金额（E） | | | | | | | | | | | | | |
| 上述三项担保金额合计（C+D+E） | | | 4,774,145,488.83 | | | | | | | | | | |
| 未到期担保可能承担连带清偿责任说明 | | | | | | | | | | | | | |
| 担保情况说明 | | | | | | | | | | | | | |

图6.89 中天能源2018年年中公司对外担保情况的披露

# 第7章
# 信息收集、调研及分析

实际的投资实践总是比纸上谈兵的理论难得多。在这个过程中,即使正确判断了上市公司或者市场未来的方向,在执行的过程中总是会有许多干扰让你对自己的判断产生质疑,从而使自己在买卖股票及持有股票过程中不够坚定。而要解决这些问题,就需要投资者更深入地研究,包括信息的收集、调研以及数据分析等,通过减少自己的盲点来坚定自己的判断并让投资判断执行下去实现成果。

## 7.1 信息的权威性放在首位

信息的收集直接影响着后期的分析,从而影响最终投资决策的判断。因此,在信息收集中,排在第一位的是信息及数据的可靠性。其次才是信息的广度,从宏观信息、行业信息到公司信息。

在现今的互联网自媒体时代,信息泛滥且传播速度快,投资者在收集信息的过程中,应当把信息的权威性,即准确性放在首位。因此,投资者在收集信息当中,应当首选官方的信息渠道来源。

哪些是官方的信息渠道来源?

如涉及宏观政策信息,应该首选如表 7.1 所示的政府相关部门网站或官方认证微博发布的信息。

表 7.1 政府相关部门网站网址

| 主要机构 | 网站 |
| --- | --- |
| 国务院 | http://www.gov.cn/zhengce/index.htm |
| 中国人民银行 | http://www.pbc.gov.cn/ |
| 发改委 | http://www.ndrc.gov.cn/ |
| 国资委 | http://www.sasac.gov.cn/ |
| 证监会 | http://www.csrc.gov.cn/http://www.cbirc.gov.cn/cn/view/pages/index/index.html |
| 银保监会 | http://www.cbirc.gov.cn/cn/view/pages/index/index.html |
| 住房和城乡建设部 | http://www.mohurd.gov.cn/xwfb/index.html |
| 能源局 | http://www.nea.gov.cn/ |
| 财政部 | http://www.mof.gov.cn/index.htm |
| 工业信息化部 | http://www.miit.gov.cn/ |
| 国家税务总局 | http://www.chinatax.gov.cn/ |
| 商务部 | http://www.mofcom.gov.cn/ |
| 农业农村部 | http://www.moa.gov.cn/ |

如涉及行业的信息，应该首选行业协会或者权威机构报告的数据，如一些正式发布行业协会数据报告或者是一些券商的深度研究报告。

如涉及公司相关信息，应该首选公司官方公告信息。查询公司公告的方式有很多，可以通过行情软件公司公告栏目查看，或者进入巨潮资讯网站查询。

如涉及交易方面的数据，如表7.2所示，应该首选交易所或者结算部门的一些数据。

表7.2 交易所或者结算部门官方数据查询网址

| 主要机构 | 网址 | 注释 |
| --- | --- | --- |
| 上海交易所 | http://www.sse.com.cn/disclosure/diclosure/public/ | 查询上交所上市公司龙虎榜等交易信息 |
| 深圳交易所 | http://www.szse.cn/disclosure/deal/public/index.html | 查询深交所上市公司龙虎榜等交易信息 |
| 中证金 | http://www.csf.com.cn/publish/main/1022/1024/1127/index.html | 查询融资融券资金变化情况 |
| 中证登 | http://www.chinaclear.cn/zdjs/gpzyshg/center_mzzbhg.shtml | 查询股票质押情况及证券账户开户数量变化情况 |
| 香港交易所 | http://www2.hkexnews.hk/Shareholding-Disclosures/Stock-Connect-Shareholding?sc_lang=zh-HK | 查询沪港通及深港通持股记录 |

## 7.2 海纳百川地收集各方面信息进行验证

信息收集时，在准确性的前提下，应尽量全面地收集各方面的信息，尽管如维克多·斯波朗迪（Victor Sperandeo）在其《专业投机原理》一书中所说的"在从事交易时，你没有必要知道每一种可以被知道的知识"，但还是要尽力而为。

在现今狂轰滥炸的信息流中，总是会让人迷失方向。其实，整体上，可以从两个层面入手，即大处着眼、小处着手。

首先，第一个层面就是从判断趋势的角度去收集信息，以宏观自上而下的方式去做战略规划，如宏观经济周期、行业周期及公司生命周期等方面相关的信息。通过收集这些信息来判断整体市场、行业及上市的大趋势。如2019年年初的行情变化，其实如果有认真整理政策相关的数据，是可以预判2019年是一个新政策周期的开始。

表 7.3 2018 年 9 月至 2019 年 3 月的政府政策数据信息表

| 日期 | 政策 | 文件或新闻发布机构 |
| --- | --- | --- |
| 2018-09-04 | 改进民企融资服务，支持民营经济发展 | 中国人民银行 |
| 2018-10-15 | 中国人民银行下调大型商业银行、股份制商业银行、城市商业银行、非县域农村商业银行和外资银行人民币存款准备金率1个百分点，置换其所借央行的中期借贷便利（MLF）并支持小微企业、民营企业及创新型企业融资。 | 中国人民银行 |
| 2018-10-22 | 设立民营企业债券融资支持工具，毫不动摇支持民营经济发展 | 中国人民银行 |
| 2018-10-30 | 证监会声明鼓励上市公司回购和并购重组，增强市场流动性和鼓励价值投资 | 证监会 |
| 2018-11-30 | 证监会核准 UBS AG 增持瑞银证券的股比至 51% | 证监会 |
| 2018-12-26 | 银行理财子公司批准设立 | 银保监会 |
| 2018-01-12 | 监管层放开券商对量化私募的交易接口的限制 | 非官方新闻 |
| 2019-01-17 | 中国银行获批发行无固定期限资本债券 | 银保监会 |
| 2019-01-24 | 允许保险机构投资银行永续债 | 银保监会 |
| 2019-01-25 | 保险业专项产品设立落实纾困民企 | 银保监会 |
| 2019-01-28 | 美国标普全球公司获准进入中国信用评级市场 | 中国人民银行 |
| 2019-01-29 | 发改委鼓励住房、汽车及家电消费 | 发改委等十部门 |
| 2019-01-29 | 支持保险机构加大股权投资力度 | 银保监会 |
| 2019-01-31 | 中国债券正式纳入彭博巴克莱债券指数 | 中国人民银行 |
| 2019-02-25 | 银保监会发布《关于进一步加强金融服务民营企业有关工作的通知》 | 银保监会 |
| 2019-03-27 | 银保监会批准筹建首家外资养老保险公司 | 银保监会 |
| 2019-03-27 | 阎庆民副主席在中国上市公司协会国防军工上市公司座谈会上的讲话 | 证监会 |
| 2019-03-29 | 证监会核准设立摩根大通证券（中国）有限公司、野村东方国际证券有限公司 | 证监会 |

如表 7.3 所示，通过整理政府政策信息数据库，可以发现 2018 年 10 月以来政府政策已经开始发生变化，首先货币政策略有放松迹象，同时政府政策开始从供给侧改革及去杠杆转向强调支持民营企业，扩大金融开放以及增强市场流动性等，结合 2.4 中的数据，可以初步判断新的政策周期已逐步开始。

截至 2019 年 3 月底，从上证指数的行情走势看，整体走势基本符合之前的判断。因此，可以看到政府政策的每次转变都是战略上的安排，是具有一定周期规律的，投资者应该持续关注政策的变化，而不是左耳进右耳出。

第二个层面，就是从择时的角度去收集信息，从微观自下而上的方式做战术调整。如通过以行业从业者的身份进入行业论坛等方式，了解行业及公司的底层信息。例如，投资养猪股时，可以进入流量大的养猪人网络平台，了解实际的行业及公司信息，同时与上市公司披露的信息进行对照验证，来判断猪价的未来走势及通过猪价与股价的历史关系进行择时交易。

## 7.3 重要的宏观数据信息

对于投资者来说，把握整个大宏观趋势是非常关键的，特别是投资与宏观经济周期相关性高的周期性行业。投资者要掌握判断宏观环境的基础知识，还要判断宏观经济大趋势，因此，必须建立有效的数据跟踪体系来对投资决策提供支持。

根据我自学以及过往跟踪数据的经验得出，对于 A 股投资者来说，在宏观的判断上，首要的是判断整个市场流动性，换成白话就是说市场上是否有钱，钱多活水多，资产的价格就会被推高；第二个就是政府的宏观政策及行业政策的引导方向；第三就是判断各大类资产的配置方向，即市场资金会流向哪个资产。

由于我并不是科班出身的，所以在宏观方面的知识更多是靠自己学习和摸索，其中鹏扬基金杨爱斌在宏观分析的课程让我在这方面受益颇多，结合自己在股票投资实践及相关课程的学习，总结出判断宏观方面需要跟踪的一些数据信息。

从整体上看主要分为四大块，分别为经济增长指标数据、通货膨胀指标数据、货币信贷指标数据以及政府政策数据。

## 7.3.1 经济增长指标数据

经济增长通常是指在较长的时间跨度上，一个国家经济产出（或人均收入）水平的持续增加。经济增长率的高低体现了一个国家或地区在一定时期内经济总量的增长速度，也是衡量一个国家或地区总体经济实力增长速度的标志。

关注经济增长指标，实际上就是关注其经济产出的增长情况。消费、投资及出口是驱动国内经济增长的三个要素。因此，经济能否保持增长，主要在于上述三个要素的数据情况。

如图7.1所示，跟踪经济增长指标数据，主要关注和收集产出指标、内需指标、投资指标及外需指标数据。

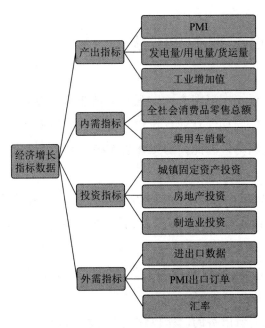

图7.1 经济增长指标数据

（1）产出指标。跟踪产出指标的数据，通常为 GDP 增速、PMI 指数、发电用电及货运数据、规模以上工业增加值数据。由于市场关于 GDP 增速的解读较多，这里就不细说，重点说说后面三项的数据。

① PMI 即中国制造业采购经理指数。采购经理指数（PMI），是通过对企业采购经理的月度调查结果统计汇总、编制而成的指数，它涵盖了企业采购、生产、流通等各个环节，是国际上通用的监测宏观经济走势的先行性指数之一，具有较强的预测、预警作用。PMI 通常以 50% 作为经济强弱的分界点，PMI 高于 50% 时，代表制造业经济扩张；低于 50%，则代表制造业经济收缩。

国内的 PMI 分为官方 PMI 和财新 PMI，官方 PMI 数据是由国家统计局统计发布，数据调研以大中型企业为主，样本超过 3000 家，数据报告于每月第一个工作日发布；而财新 PMI 数据更能反映中小型企业的情况，样本企业只有 430 家。

官方 PMI 的数据，投资者可以从中国物流与采购网获得，制造业 PMI 是由 5 个扩散指数（分类指数）加权计算而成，即制造业 PMI 综合指数 = 新订单指数 ×25%+ 生产指数 ×20%+ 原材料库存指数 ×10%+ 从业人员指数 ×20%+ 供应商配送时间指数 ×15%。其中，供应商配送时间指数为逆指数，在合成制造业 PMI 指数时进行反向运算。

在实际股票投资中，如何运用 PMI 数据？第一，从经济增长角度，观察其整体 PMI 指数与政府货币政策及 A 股的关系，如图 7.2 所示，根据 2005 年以来的数据显示，当 PMI 指数降至 50% 以下时，政府都会出台政策支持经济。第二，A 股与 PMI 的走势具有一定的正相关性，当 PMI 连续一段时间在 50% 以上时，A 股走势通常会较好；当 PMI 见底时，A 股也会见底。

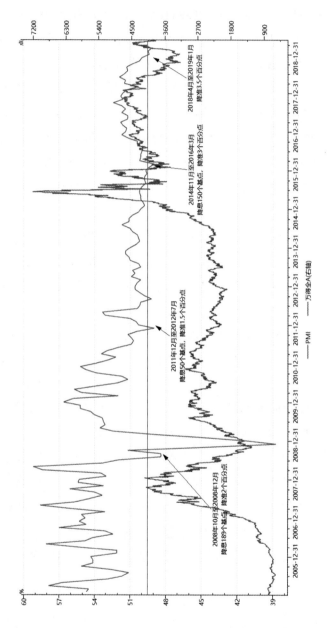

图 7.2　2005 年 12 月 31 日至 2018 年 12 月 31 日 PMI 与 A 股走势图对比

【数据来源：万得（Wind）数据库】

此外，观察其各个分项指数的变化，主要观察生产指数、新订单指数以及原材料库存指数，分析具体是哪项指数推动 PMI 综合指数上行或下降，从而判断经济是扩张还是收缩。

如图 7.3 所示，2012 年 5 月 1 日公布的 2012 年 4 月份 PMI 综合指数为 53.3，较上期下降 0.2 个百分点；其中生产指数为 57.2，较上期上升 2 个百分点；

而新订单指数从上期的 55.1 下降至 54.5，下降 0.6 个百分点。

可以看出制造业的行业终端需求仍较弱，后续的制造业扩张也不可持续，还可以看到 2012 年 5 月的 PMI 指数大幅下跌。

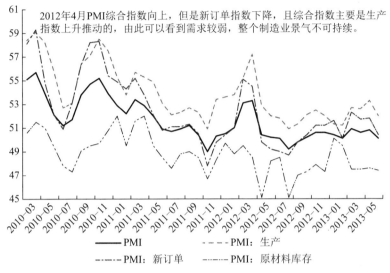

图 7.3　2010 年至 2013 年 PMI 分项指数情况
【数据来源：万得（Wnd）数据库】

同时，结合 A 股市场的反应，如图 7.4 所示，上证综合指数在 2012 年 5 月 7 日见顶，连续 4 个月下跌，直至 2012 年 9 月 PMI 上述三项指数同步上升时开始止跌。

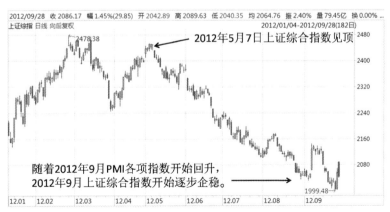

图 7.4　2012 年 1 月至 2012 年 9 月上证综合指数走势图
【图片来源：万得（Wind）】

②全国发电量、全社会用电量及铁路货运量增速情况。这三组数据是滞后数据，因此在投资中更多的是与其他指标进行对比确认来判断未来的经济趋势。其中用电量和铁路货运量是克强指数的组成部分。

克强指数，是英国著名政经杂志《经济学人》在2010年推出的用于评估中国GDP增长量的指标，源于李克强总理2007年任职辽宁省委书记时，喜欢通过耗电量、铁路货运量和贷款发放量三个指标分析当时辽宁省经济状况。该指数是三种经济指标：工业用电量新增、铁路货运量新增和银行中长期贷款新增的结合。

全国发电量，包括全部电力工业、自备电厂、农村小型电厂的火力发电、水力发电、核能发电和其他动力发电。统计口径（现）年主营业务收入为2000万及以上的工业企业。每月12至18号左右由统计局公布上一个月的数据。

全社会用电量，指第一、二、三产业等所有用电领域的电能消耗总量，即全社会用电量 = 一产电量 + 二产电量 + 三产电量 + 居民生活电量。该数据每月中下旬由国家能源局发布上一个月的数据。

铁路货运量，即国家铁路和地方铁路货物运输量。每月下旬由国家统计局发布上一个月的数据。

之所以上述三组数据的同比增速可以用来衡量GDP增长的指标，是因为现代生活已经离不开电力和物流，铁路货运主要是货物物流和货物运输品类，如图7.5所示，大部分为工业原材料。因此，用电量和铁路货运量的同比增速在一定程度上反映了GDP的增长速度。

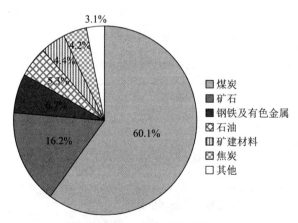

图7.5　2017年铁路货运商品占比
【数据来源：中国统计局】

需要注意的是由于每年春节所在的1月份和2月份全国发电量和全社会发电量的数据同比增速波动较大，会与实际情况有一定的偏差，不具有参考性。因此在实际应用中，可以除去1月份和2月份的数据。

如图7.6所示，可以看到，货币政策传导到实体经济是需要时间的，2011年12月开始货币宽松，但是真正企稳在2012年9月。同时结合图7.3所示的PMI数据，也可以看到2011年12月份以来PMI数据在回暖，但是从发电量和货运量同比增速看，它们的增速一直处于下降趋势，也进一步证实制造业需求并未改善的判断，即之前2012年4月PMI综合指数和PMI新订单分项指数背离所得出的结论。

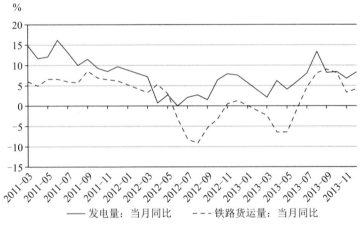

图7.6　2011年至2013年发电量及铁路货运量同比增速
【数据来源：中国统计局】

③就是规模以上工业增加值同比增速情况。工业增加值是工业企业全部生产活动的总成果扣除了在生产过程中消耗或转移的物质产品和劳务价值后的余额，是工业企业生产过程中新增加的价值。规模以上工业增加值的同比增速指标可以用来判断一定时期内工业经济走势和景气程度。该数据统计口径为年主营业务2000万元及以上的工业企业。每月12日至18日由统计局发布上一月的数据。

该数据是滞后数据，因此，在应用上类似于全国发电量、全社会用电量及铁路货运量增速。同时，由于春节因素导致每年的1月份和2月份数据波动较大，在分析数据时，可以除去1月份和2月份的数据，如图7.7所示。

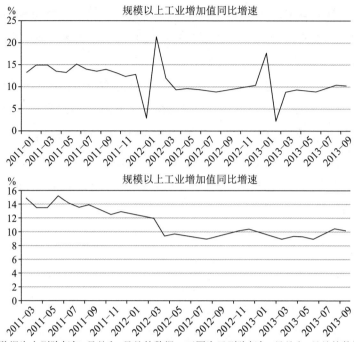

上图的数据为未删除每年1月份和2月份的数据。下图为已删除每年1月份和2月份的数据。
通过对比,可以看到删除每年1月份和2月份的数据后,其趋势会更加明显,更有利于数据分析。

图 7.7　2011 年 3 月至 2013 年 9 月数据处理前后的规模以上工业增加值同比增速
【数据来源:万得 (Wind) 数据库】

(2)需求指标。需求指标,即跟踪需求端的指标数据。长期看对需求影响较大的因素为人口增长情况及收入增长情况,但上述两项数据属于低频数据,不易跟踪。可以从消费增速及消费价格的变化来观察终端需求的情况,如全社会消费品零售总额及乘用车销量的同比增速。

①全社会消费品零售总额同比增速。根据官方的定义,全社会消费品零售总额是指企业(单位)通过交易售给个人、社会集团非生产、非经营用的实物商品金额,以及提供餐饮服务所取得的收入金额。零售总额同比增速大也就意味着居民消费需求好,增速低则需求疲软。

为了消除春节不固定因素带来的影响,历年1月和2月数据一起调查,一起发布,因此没有1月和2月当月的数据。该数据每月 14 日至 15 日由统计局发布上一月的数据。

该数据也是滞后数据,因此分析时,可以结合 PMI 的新订单指数、价格指数和产成品库存指数一起看。如图 7.8 所示,2012 年 4 月份全社会消费品零售总额同比增速为14.1%,连续两个月增速下降,这也进一步证实终端需求并未改善的判断,即之前2012年4月PMI综合指数和PMI新订单指数背离所得出的结论。

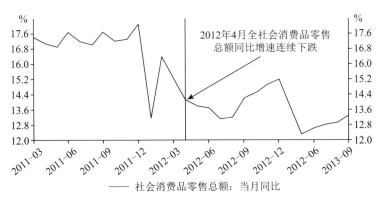

图7.8　2011年至2012年全社会消费品零售总额同比增速
【数据来源:万得(Wind)数据库】

②乘用车销量的同比增速。居民的消费中,支出占比大的消费除了住房消费,就是汽车消费。乘用车销量增速大一定程度上反映了居民的消费需求较旺盛,反之亦然。

该数据每月中旬由中国汽车工业协会公布上一月的数据,投资者可以登入中国汽车工业协会官方网站获取。

(3)投资指标。投资指标,即跟踪投资要素的指标数据。如图7.1所示,投资指标主要分为三类,分别为城镇固定资产投资、房地产投资及制造业投资。

①城镇固定资产投资,即统计局发布的固定资产投资(不含农户)数据,每月中旬发布上一个月的数据,包括政府的基建投资、房地产投资和制造业投资,基本上整体反映了当前时期的投资完成情况。如果固定资产投资(不含农户)累计同比增速上升意味着GDP中投资的驱动要素在发力,反之则意味着投资驱动力在下降。

根据官方的解释,该数据的统计范围涵盖计划总投资500万元以上的固定资产项目投资及所有房地产开发项目投资。

因此,在分析该数据时,可以把总的固定资产投资与房地产投资和制造业投资完成额同比增速放在一起进行对比,就可以从中找出是哪项投资在支撑经济的增长。

如图 7.9 所示,自 2019 年以来,房地产投资完成额的累积同比增速一直在上升,但是制造业的固定资产投资完成额一直在下降,从 2 月份开始跌至 6% 以下。通过对比,也可以看出在上述期间,推动城镇固定资产投资增长的驱动力还是来自房地产。

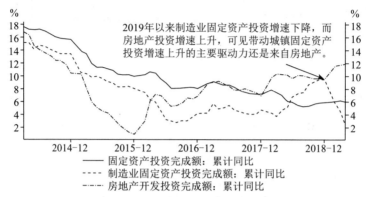

图 7.9 2014 年至 2019 年固定资产投资累积同比增速情况
【数据来源:万得(Wind)数据库】

②房地产投资数据主要包括统计局发布的全国房地产开发投资增速和房地产开发企业到位资金增速。通常房地产投资数据与固定资产投资(不含农户)数据一起发布,也是每月中旬发布上一个月的数据。

除了上述数据,在跟踪房地产投资上,也可跟踪每月的土地购置面积增速以及反映房地产库存的商品房销售额与房地产投资完成额的比值。这两个指标是先行指标。

如果当年的土地购置面积增速大,这意味着后续房地产固定资产投资会增加;商品房销售额与房地产投资完成额的比值则反映的是房地产库存情况,如果该比值处于低位则意味着库存低,在库存低、房价开始回暖且政府开始供应土地时,房地产投资也会开始上升。

③制造业固定资产投资,反映的是制造业企业产能扩张的意愿。除了图 7.9 所示的制造业固定资产投资完成额累积同比增速数据,也可以跟踪工业企业利润总额同比增速情况,因为当企业利润一直保持增长后,其后续进行固定资产的产能扩张意愿也会增加,反之亦然。同样每月 27 日由统计局发布上一个月的数据。

(4)外需指标。外需指标,主要是指出口的需求,可以关注进出口数据、PMI 出口订单以及人民币汇率的走势。

①进出口数据,主要是指中国每月的进出口金额情况,由海关总署在每月的 8 日至 10 日发布上一个月的数据,因此,也是滞后数据。出口增速上升意味着外需较好,反之则意味疲软。

除此之外,主要贸易伙伴的经济增长情况也是跟踪指标,如果主要贸易伙伴的经济增长良好,则表明外部需求好,反之亦然。

同时,航运价格也是反映外需的一个指标,通常来说如果外部需求好,出口贸易量会增加,自然也会推动运价上涨。主要航运类指标包括:上海航运交易所的"中国出口集装箱运价指数(CCFI)""中国沿海散货运价指数(CCBFI)"以及波罗的海航交所的"波罗的海指数(BDI)"。

② PMI 出口订单指数,制造业采购经理调查指标体系包括生产、新订单、新出口订单、在手订单、产成品库存、采购量、进口、主要原材料购进价格、出厂价格、原材料库存、从业人员、供应商配送时间、生产经营活动预期等 13 个分类指数。

PMI 出口订单指数,主要显示了出口的需求情况,且是领先指标,指数上升意味着未来的外部需求在回暖,下降则意味着需求在下降。

③人民币汇率,人民实际有效汇率对出口是有明显影响的。如图 7.10 所示,出口同比增速与人民币实际有效汇率存在显著的负相关关系,且人民币实际有效汇率通常领先出口同比增速 3 个月左右。

通常来说,人民币突然的贬值并不能给出口马上带来增长,但是如果人民币汇率持续地贬值,最终还是会给出口带来正面的增长。

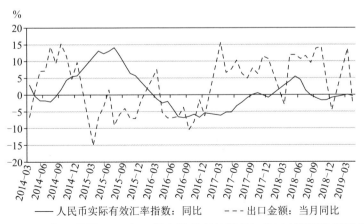

图 7.10　2014 年 3 月至 2019 年 3 月人民币有效汇率与出口金额同比增速关系图

【数据来源:万得(Wind)数据库】

## 7.3.2 通货膨胀指标数据

通货膨胀指标，说白了就是指物价水平，央行在制定政策过程当中，除了关注经济增长，其次就是关注物价水平。物价的高低也直接影响着市场对各类资产的配置，从而也影响股市，因此，股票投资者也应密切关注通货膨胀数据。

在实际生活中，其实可以从三个方面去观察通货膨胀情况，第一就是工资收入情况，即人工的价格；第二就是住房和租金的情况，在城市生活中，住房的占比应该是其中最大的一部分；第三就是供给端原材料价格的情况，主要包括能源及农产品价格。

如图 7.11 所示，按照传导产业链的角度看，跟踪的通胀指标数据分别为，

CPI（消费品价格指数）：主要跟踪终端消费者的物价水平

PPI（工业品出厂价格指数）：主要跟踪中游工业品出厂价格的情况

PPIRM（工业企业原材料购进价格指数）：主要跟踪最上游原材料的价格水平

以上三个指标，每月 10 号左右由统计局发布上一个月的数据，它们皆为滞后数据。

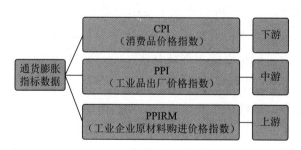

图 7.11 通货膨胀指标数据

对于投资者来说，领先于市场做出判断很重要，因此，在实际研究中首先要找出一些高频的领先指标。关于通胀的领先指标，可以跟踪更新频率较高的食品及大宗商品价格变化。

如商务部发布的食用农产品市场价格指数、生产资料市场价值指数及大宗商品价格指数，上述数据可以登入商务部的商务预报网站（网址：http：//cif.mofcom.gov.cn）获取。

此外，也可登入南华商品指数网站（网址：http：//www.nanhua.net/nhzc/varietytrend.html）获取，该指数包括各类指数，如工业品、农产品、能化指数等。

最后，投资者也可以通过货币指标M1同比增速与M2同比增速的差值作为领先指标来跟踪未来通胀的情况。

前面所述的"M1"和"M2"，都是用来反映货币供应量的重要指标。货币供应量，通常分为M0、M1、M2和M3，各国对其的定义会有不同。在我国，主要关注M0、M1和M2。

根据官方的定义，M0、M1和M2的解释分别如下：

M0= 流通中的现金，是在银行体系以外流通的现金，与消费变动密切相关。

M1=M0+ 企业活期存款 + 个人持有的信用卡类存款，反映着经济中的现实购买力。

M2=M1+ 企业定期存款 + 城乡居民储蓄存款，通常也是提到的广义货币。除了反映经济中现实的购买力，也反映着经济中的潜在购买力。

因此，M1是与消费和终端市场密切相关，M1增速快且高于M2，意味着终端需求高，投资不足，导致商品和劳务市场价格上涨；M2则是与投资和中间市场密切相关，如果M2增速快且高于M1，意味着实体需求不旺，资金不愿流入实体经济，而是堆积在金融体系内。

由于货币传导需要一定时间，因此通过M1同比增速与M2同比增速的差值，可以领先判断未来的通胀情况。

如图7.12，图7.13和图7.14所示，CPI、PPI和PPIRM与M1-M2同比增速的差值有很明显的正相关关系，且领先于通胀指数，尤其是PPI和PPIRM，CPI虽然在2014年后与M1-M2差值的关系略有减弱，但是从整体上看，其指标性作用仍未改变。

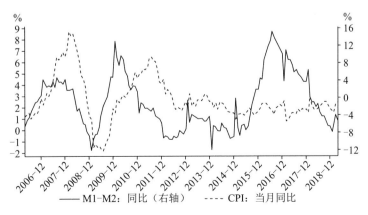

图7.12　CPI同比增速与M1-M2同比增速差值的关系

【数据来源：万得（Wind）数据库】

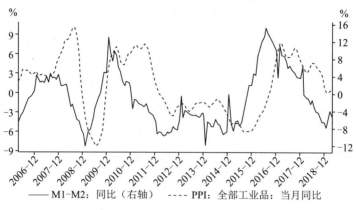

图 7.13 PPI 同比增速与 M1-M2 同比增速差值的关系
【数据来源：万得 (Wind) 数据库】

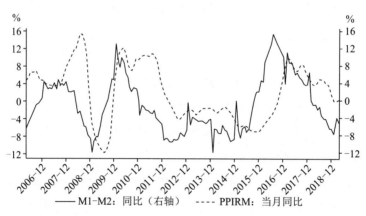

图 7.14 PPIRM 同比增速与 M1-M2 同比增速差值的关系
【数据来源：万得（Wind）数据库】

## 7.3.3 货币信贷指标数据

货币信贷数据是投资中需要非常关注的数据，因为它直接影响着一个经济体的总供给和总需求的平衡变化。通常情况下，如果没有银行等金融机构的货币创造，总供给和总需求是平衡的，生产多少消费多少；因为没有货币创造，供给和需求的变化不会那么巨大。

现代经济中，正是因为有了银行等金融机构的货币创造，使经济体的总供给和总需求会出现较大的波动，且会造成总供给与总需求的不平衡，因为通常情况下在货币信贷扩张或收缩时，需求的反应是更迅速的，而供给需要时间，供给的时间滞后会导致供需的不平衡。

货币信贷的变化也形成了经济周期。在货币信贷扩张时，经济会进入复苏和繁荣阶段；在货币信贷收缩时，经济又会进入萧条和衰退阶段。因此，投资中关注货币信贷指标数据，主要是根据数据判断未来货币信贷政策是处于扩张还是收缩阶段，并根据其阶段投资。

分析框架如图 7.15 所示，主要分为三块，货币指标、财政指标和信贷指标。

货币指标主要从基础货币的供给出发，观察影响基础货币供应变化的主要因素，如外汇账款、公开市场操作情况。

财政指标主要从政府支出角度出发，观察其是否实行较为宽松的财政政策，主要跟踪的数据为财政存款的变化情况。

信贷指标主要从全社会融资规模的角度出发，观察信贷是否宽松，主要跟踪的数据为广义信贷的增长情况。

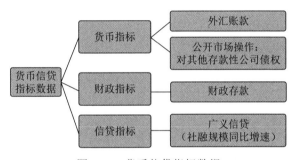

图 7.15　货币信贷指标数据

（1）货币指标。根据货币供应量的公式：

货币供应量 = 基础货币 × 货币乘数

如图 7.16 所示，影响货币供应量的要素主要为基础货币和货币乘数。

基础货币是否扩张主要是关注央行的资产负债表是否扩张，如图 7.17 所示，央行资产端主要的资产为外汇占款、对其他存款性公司债权及对政府债权。其中，前面两个要素占比较大，因此，基础货币指标的主要跟踪数据为外汇占款和对其他存款性公司债权。

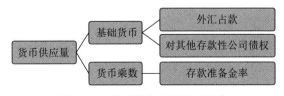

图 7.16　货币供应量的影响要素

①外汇占款指本国中央银行收购外汇资产而相应投放的本国货币。由于人民币是非自由兑换货币，外资引入后需兑换成人民币才能进入流通使用，国家为了外资换汇要投入大量的资金，需要国家用本国货币购买外汇，因此增加了"货币供给"，从而形成了外汇占款。

②对其他存款性公司债权是指中国人民银行对其他存款性公司的再贷款、再贴现、逆回购以及SLF（常备借贷便利）、MLF（中期借贷便利）、SLO（短期流动性调节工具）、TLF（临时流动性便利）等一系列货币政策工具。如图7.18所示，从2016年开始该类资产的增长较快，是基础货币的主要来源。

图 7.17　央行资产负债表资产端项目

如图7.17所示，外汇占款和对其他存款性公司债权这两项数据可以从央行官方网站发布的资产负债表中获得，且可以看到央行资产负债表中主要的资产分别为上述两项。

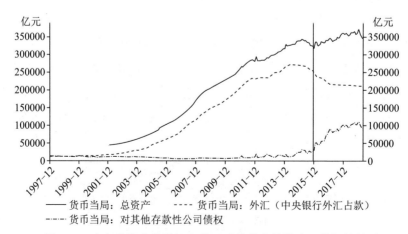

图 7.18　央行总资产与外汇占款及对其他存款性公司债权的关系
【数据来源：万得（Wind）数据库】

跟踪外汇占款也可关注银行结售汇差额。银行结汇是指客户将外币卖给银行，银行售汇是指客户通过银行买入外汇。结售汇顺差，是指所有客户的外币结汇金额大于所有客户的外汇购汇金额，表明市场抛售外币的力量比较大。结售汇逆差，是指所有客户购汇金额大于所有客户的结汇金额，表明市场对外币的需求大于市场供给，一般来说人民币会出现贬值的压力。

如图7.19所示，2009年至2014年第1季度，银行结售汇差额一直为顺差，因此该期间的外汇占款一直在上升；2014年下半年至2017年开始银行结售汇差额一直为逆差，导致外汇占款快速下降。

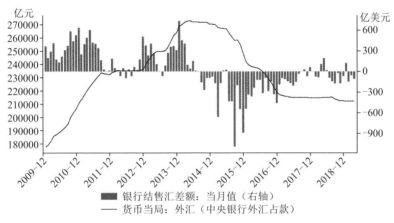

图7.19 外汇占款与银行结售汇差额的关系
【数据来源：万得(Wind)数据库】

（2）财政指标。由于财政支出在国内经济中占据较大比例，因此财政政策的扩张与否对经济的增长至关重要。跟踪财政是否扩张或紧缩，可以跟踪央行资产负债表中的政府存款项目。如果央行资产负债表中政府存款下降，意味着政府财政一直在扩张；反之，如果政府存款上升，则意味着政府财政在收紧。

如图7.20所示，2015年1月至2015年10月政府存款一直在下降，意味着财政其实一直在扩张，而A股市场在2015年1月至6月的走势也走出了大行情。虽然2015年6月至2015年10月政府存款还是一直下降，即财政还是在扩张的，但是A股却在2015年6月见顶回落，主要是因为2015年6月份开始人民币进入贬值周期且房地产限贷限购政策放松，资金从股市进入了海外市场和房地产市场。

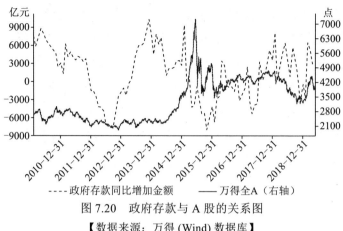

----政府存款同比增加金额 ——万得全A（右轴）

图7.20 政府存款与A股的关系图

【数据来源：万得(Wind)数据库】

（3）信贷指标。信贷狭义上仅仅是指银行贷款，广义上则是信用的概念。信贷政策和货币政策相辅相成，但是也有区别。通常来说，货币政策主要着眼于调控总量，通过运用利率、汇率、公开市场操作等工具借助市场平台调节货币供应量和信贷总规模。信贷政策主要着眼于解决经济结构问题，通过引导信贷投向，调整信贷结构，促进产业结构调整和区域经济协调发展。货币政策相对而言会更市场化，但是信贷政策在执行过程中往往会有行政性手段和调控措施。

信贷的扩张或收缩，通常主要关注银行对居民、企业及政府的贷款，或者说是全社会的融资规模是否在扩张或收缩。对于股票市场来说，信贷的收缩周期很难有系统性的投资机会。

如图7.21所示，社会融资规模存量同比增速在2017年7月至2018年12月一直在下降，意味着信贷一直收缩，同时也可以看到A股在2018年1月见顶后一路滑落。

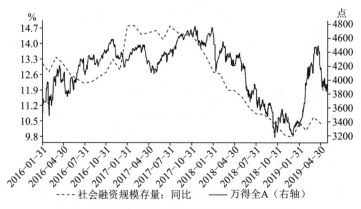

----社会融资规模存量：同比 ——万得全A（右轴）

图7.21 社会融资规模同比增速与A股关系

【数据来源：万得(Wind)数据库】

以上的货币信贷指标数据，更多是央行已实际操作的数据，已经有些滞后。在投资中，要想获得超额收益就必须领先市场判断出未来央行的具体操作。因此，实际投资实践中，应结合经济增长数据以及通胀数据，领悟和判断出央行在货币政策的引导方向及态度。

同时，也可以看到，货币政策、财政政策及信贷政策的放松会使资产价格有上涨的动力，但并不意味着股票资产就会持续性地上涨，还要对比当下各大类资产的估值水平，因为水往低处流，哪个估值低，资金往哪边走。典型的例子就是，2015年6月份，财政政策仍然宽松，但是股市在2015年6月见顶回落，资金流向了房地产和海外市场。

此外，还要看宽松的幅度或者说空间有多大，典型的例子就是2011年12月至2012年7月的货币政策宽松周期，其降息和降准的幅度都远小于前几次，因此该期间A股市场的走势也非常一般。

## 7.3.4 政府政策数据

正如第2章所说的，A股与政府政策引导及制度改革有着密不可分的联系，每一次的政策施行及制度改革都成为那个阶段的经济驱动力，同时以这一次政策和改革的主题催生出A股的一波行情，并且受益最大的就是当时涨幅最大的行业。

由此可见，政府在制定政策时，都是经过战略考量安排的，虽然在执行过程中会进行调整，从过往的数据看，政策的出台和执行都会有一定的目标性，在未完成相应目标时，政策仍然具有持续性。

因此，在A股投资中，如何揣摩和正确领悟出政府政策的引导方向，是至关重要的。要想正确领悟政策的引导方向和态度，应建立如表7.3所示的政府政策数据库，将碎片化的政策信息进行统计并归纳总结。

以2016年至2018年的供给侧改革政策为例，如果将碎片化的政策信息归集，应该不难理解其政策最终的目的是淘汰过剩产能，帮助当时高负债的周期性行业企业脱困。这也造就了周期性行业，如钢铁、煤炭及有色等行业2017年的大行情。

如图7.22所示，2018年下半年以民营企业为代表的中小型企业PMI数据明显收缩，部分企业陷入困境。因此，2018年10月份开始，政府政策已明显转向，通过表 7.3 中政策信息的整理，我们可以看到其中多次出现了支持民营企业及扩大开放字眼，同时各部门都在出台政策支持民营企业，此次政策的转向会不会给以民营经济为代表的中小创板块带来行情呢？

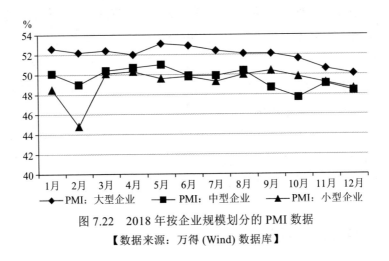

图 7.22　2018 年按企业规模划分的 PMI 数据
【数据来源：万得（Wind）数据库】

## 7.4　重要的行业数据信息

以上是从宏观的角度出发，通过收集宏观的数据信息把握整体的宏观大趋势，但是投资最终还是要下沉，要具体到某个行业和上市公司，才能让研究转变成可行的投资机会。行业信息主要从两个方面去收集，一个是行业基础信息，如行业生命周期、产业链情况以及行业竞争格局；另一个就是行业的动态信息，如行业的供求信息及产品价格信息。

### 7.4.1　行业基础信息

行业的生命周期：主要了解行业的生命周期长短；行业市场规模多大。

通常来说，生命周期长的行业适合长期投资，从较长的时间维度看，其相对而言更具有安全边际。因为生命周期长的行业，行业变迁较为平缓，通常不会出现重大技术颠覆，如大消费行业，往往这些行业出现大牛股的概率较大。

此外，行业的市场规模也很关键，它往往决定着投资的获利空间。如果行业市场规模大且距离行业天花板还非常远，那么其成长性可想而知是比较大的。通常来说，这类行业需求刚性同时渗透率低，例如现在一些消费升级的行业：营养品行业、休闲旅游及保险行业等。

行业产业链情况：主要了解整个行业的产业链条是什么情况以及该行业是否处于产业链的有利位置。

如图7.23所示，生猪养殖产业链中，商品猪养殖并不是很好的生意，首先，门槛低，集中度低，对上下游的议价弱。因此，不管生猪价格好坏都很难受益。原因一，在生猪价格好的时候，成本端的饲料及种猪价格会上涨；原因二，如果下游需求疲软，还会受屠宰场的压价。

因此，该行业的发展最终还是会全产业链发展，中间环节会被上游占领，如大北农、唐人神及正邦科技；或者被下游屠宰环节占领，如双汇发展。在投资时应首选在上游或者下游有较大优势的全产业链养殖企业。

图 7.23　生猪养殖产业链情况

行业竞争格局：主要了解行业市场集中度情况，市场从业者有哪些以及该行业处于行业生命周期的哪个阶段。

行业的市场集中程度直接影响行业从业者竞争策略，同时也与行业的生命周期密切相关。

市场集中程度高的行业，通常处于行业的成熟期，该阶段的行业竞争格局主要是寡头垄断或者寡头竞争，投资收益往往来自内生的经营效率改善或者产品本身的周期。

市场集中程度低的行业，通常处于行业的成长期，该阶段的行业竞争格局主要是完全竞争，投资收益往往来自两部分，一是市场份额的增长：成长期的行业在行业困难调整时，市场集中度会逐步提升，因此龙头企业的市场份额会提升；二是因为产品价格提升导致利润率提升：市场集中度提升后，议价能力提升，在下游回暖时，其利润率会因此大幅提升。

## 7.4.2 行业动态信息

行业供求信息：主要了解影响行业供给及需求的要素，跟踪供求实时信息，从定性的角度去收集行业整体的信息。

同样以生猪养殖业为例，需要了解上游饲料行业销售及价格、疫病、母猪存栏量及养殖户养猪的积极性等，这些都影响着生猪的供应。同时，也要跟踪下游猪肉冻品库存及猪肉制品的销售，通过观察相应的信息变化跟踪其需求，需求的旺盛与否直接影响着中间生猪养殖环节的价格传导能力。

产品价格信息：主要了解产品价格与其利润率的关系以及产品价格与行业上市公司个股的相关性。

了解产品价格与其利润率的关系，主要是观察产品与利润率是否成正相关，是否存在时间的滞后。若成较强的正相关关系，则只要产品价格保持上涨，就能预知未来的业绩。

如图 7.24 所示，通过将牧原股份历年的净利润率数据与生猪年度均价数据进行比较，可以看到两者呈现非常明显的正相关关系，且没有出现时滞。因此，根据跟踪未来生猪价格的走势就可大概预判牧原股份未来的业绩。

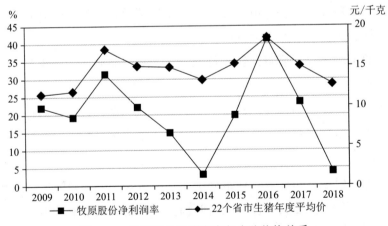

图 7.24 牧原股份净利润率与生猪价格关系
【数据来源：牧原股份年报及万得（Wind）数据库】

此外，还要跟踪产品价格走势是否与行业上市公司的股价一致，目的主要是在交易上能找到可跟踪的买卖参考数据。

如图7.25所示，牧原股份股价与生猪价格整体上看还是一致的，生猪价格上涨时，牧原股份的股价也能上涨，但上涨的时间并不是完全一致，如2018年第2季度至2019年第1季度。不过整体上看，牧原股份的股价走势还是与生猪价格周期基本一致。因此，可以通过判断生猪价格周期来预判未来牧原股份股价的走势情况。

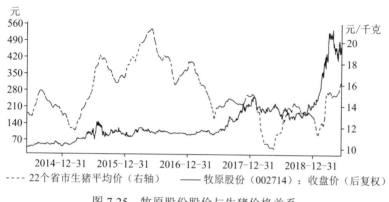

图7.25　牧原股份股价与生猪价格关系

【数据来源：万得（Wind）数据库】

## 7.5　重要的公司数据信息

最后也是最重要的就是具体的上市公司信息，投资者在了解上市公司信息时，主要了解其基本面，如经营业务、股东情况、管理层情况以及财务情况，还有交易面上的信息，如公司股价与大盘的相关性、一些著名机构买卖该股的情况，如大宗交易、机构对该上市公司的调研信息。

### 7.5.1　业务结构及盈利模式

业务结构及盈利模式，主要了解上市公司主业做什么以及怎么挣钱。

业务结构的数据比较容易获得，投资者只要打开上市公司的定期报告，如年报，查询其营业收入结构就可以找出业务结构的数据。了解业务结构主要为了知道上市公司是属于哪个行业以及在这个行业中处于什么样的地位。

至于盈利模式，首先要了解上市公司所处行业的盈利模式是什么情况，因为通常情况下，同一行业的上市公司盈利模式都较为相近，可能在一些竞争策略及扩张方式等方面会有些差异。以生猪养殖业的温氏股份和牧原股份为例，两者都为生猪养殖企业，但在扩张方式上却不尽相同，前者是"公司＋农户"的轻资产模式，后者是"自繁自养大规模一体化"的重资产模式。

### 7.5.2 财务状况

财务状况，主要是指公司的财务报表所体现出的公司财务情况。

如中央财经大学鲁桂华老师所说的，看财务报表，功力在表外。他的意思是说阅读财务报表数据时，一定要结合企业所处的经济环境、行业环境、企业自身的竞争战略、企业选用的会计方法来理解影响企业业绩的各个元素及其未来发展。因此，在提取上市公司财务状况数据时，要从如图 7.26 所示的三个方面获取相关的财务报表数据。

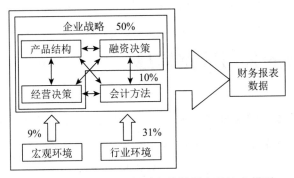

图 7.26　鲁桂华老师的财务数据报表的决定模型

从图 7.26 可以看到，财务报表数据中，50% 是由企业战略决定，31% 是由行业环境决定，10% 是由会计方法决定，9% 由宏观环境决定。整体上看，应该说 40% 是外部环境决定，如宏观及行业的状况，60% 是内部管理决定，如企业战略及会计方法。

因此，在获取企业财务状况数据时，应从上述方向去了解。

此外，根据我个人的经验，逆向投资者在了解上市公司财务状况时，还需抓住以下几个方面：

第一，公司在经营过程中是否产生自由现金流，同时公司在困境时能否保持经营性现金流净额为正？

第二，营业收入和利润规模在整个行业情况是怎样的以及它们还有多大的上升空间？

第三，公司的资产项目是否有水分？公司的负债是否过高？

第四，公司在经历此次行业危机或事件危机后能否保持营业收入的持续增长？

第五，公司在经历此次行业危机或事件危机后是否进行了财务大洗澡？

## 7.5.3 管理层情况

管理层情况，主要了解上市公司管理层团队的品格及执行力。这些方面看似都非常抽象也无法马上验证，但是可以通过公开资料以及其过往在公开场合的演讲及采访进行了解观察。

以我 2017 年投资圣农发展为例，通过公开信息我了解到圣农发展创始人傅光明的以下信息：傅光明参过军，在政府任务部门任过职，而后转业，在 1983 年开始了个体户，一直从事养鸡行业，至今已有 34 年。根据福布斯排行榜的介绍，他曾经说过："我只是坚持不懈地做一件事。人的一辈子精力有限，能做好一件事就很不错了，我这辈子不会改行，我就养鸡。"

我通过上面信息得出的结论是：圣农发展的管理人是国内少有的踏实做事的实干家，一个一辈子专注做一件事的人应该是靠谱的。当然，这些都是个人的主观判断，有时也可能以偏概全。因此，实际投资中需要投资者具有一定的阅历才能做出正确的判断。

## 7.5.4 公司的竞争优势及发展战略

公司的竞争优势及发展战略，主要了解公司的竞争优势有哪些？未来的发展战略是否符合行业未来的发展趋势？

同样以圣农发展为例，首先，从竞争优势上看，圣农发展是该行业唯一一家全产业链经营的企业，不管从规模上还是从养殖技术上都有较大的优势。因为养殖行业是两头受气的行业,只有具有一定规模或者实行全产业链经营,才能在这个行业避免两头受气。

其次,在发展战略上,圣农发展在行业低谷期通过引入战略投资者逆势扩张有利于公司提高市场份额,并同时竭力拓展终端市场来提高利润率,为未来的业绩爆发打下基础。

白羽鸡行业从2012年开始走下坡路,先后经历了2012年速成鸡事件、2013年3月H7N9流感事件,2015年第1季度和2017年第1季度也爆发了H7N9流感疫情,可以说公司从2012年到2017年一直处于低谷期。

而圣农发展在2011年至2017大幅扩张,白羽鸡产能从2011年的1.2亿元提高至2017年的5亿元,在2015年引入战略投资者KKR。

通过2018年至2019圣农发展的财务数据和股价也证明该企业的发展战略是正确的。

## 7.5.5 股东情况

股东情况,主要了解前10大股东中是否有聪明的中长期投资者在列。

还是以圣农发展为例,如图7.27所示,2017年11月6日圣农发展的前10大股东除了圣农创始人家族,还有KKR、社保基金以及苏晓明和苏明丽等。

| 2017-11-06 | | |
|---|---|---|
| 排名 | 股东名称 | 占总股本比例(%) |
| 1 | 福建圣农控股集团有限公司 | 45.7100 |
| 2 | KKR Poultry Investment S.à r.l. | 16.1400 |
| 3 | 傅长玉 | 2.6500 |
| 4 | 香港中央结算有限公司(陆股通) | 2.1600 |
| 5 | 苏晓明 | 1.4800 |
| 6 | 全国社保基金四一三组合 | 0.9700 |
| 7 | 光泽县新圣合食品合伙企业(有限合伙) | 0.9000 |
| 8 | 中泰证券股份有限公司 | 0.9000 |
| 9 | 傅芬芳 | 0.8700 |
| 10 | 苏明丽 | 0.7000 |
| | 合计 | 72.4800 |

图7.27 截至2017年11月6日圣农发展前10大股东情况

其中KKR是2014年8月以定增的方式投资圣农发展,当时定增价格是每股 12.3 元，总投资 24.6 亿元。截至 2017 年 11 月收益并不大，相比其在国内 A 股的另一个投资青岛海尔低很多，因此，预计短期内也不会马上退出。

2017 年第 3 季度才进入前 10 大股东行列的苏晓明和苏明丽，通过对过往数据的跟踪，我个人觉得他们是非常了解圣农发展的投资者，因为，如图 7.28 所示，他们在 2014 年第 1 季度也曾进入过圣农发展的前 10 大股东行列，并在 2016 年第 3 季度退出；从其持股期买卖点看，他们当时的投资可以说非常准，基本上是抄底逃顶。

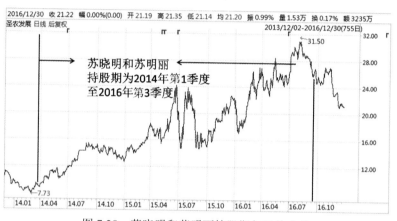

图 7.28　苏晓明和苏明丽持股期与股价走势
【图片来源：万得（Wind）】

苏晓明从 2017 年 2 月开始建仓，一直加仓到 2017 年第 2 季度，2017 年第 3 季度维持不变，同时，在 2017 年第 3 季度苏明丽开始建仓进入 10 大股东。应该说，他们投资类似产业资本，对该行业和该公司是有比较深的了解的。

因此基于上面的股东信息，给我在当时投资圣农发展提供了很大的信心。

## 7.5.6　公司股票交易信息

公司股票的交易面上的信息，事实上更具有一定的时效性，主要了解的有以下几个方面：

（1）公司股价与大盘的相关性：在正常情况下，上市公司股价都是与大盘保持一致的走势，也就是说具有正相关性。如果上市公司股价与大盘不一致，特别是强于大盘时，那么其在交易上一定是有大资金介入，这可以给予一定的参考性，例如第 5 章的案例。

（2）是否有重要的机构投资者买卖该上市公司：可以通过上市公司公告及大宗交易数据来跟踪重要机构投资者买卖上市公司的数据。通常来说，一些在投资领域具有一定影响力的重要机构投资者买卖上市公司股票对市场会有一定的影响，散户投资者应该对其重点关注。

（3）是否有重要的机构投资者调研该上市公司：一般而言，机构投资者进入到实地调研上市公司，说明已开始关注该上市公司，但需要注意的是并不表明机构投资者就非常看好它。

## 7.6 有目的性地进行调研

从收集信息的渠道上看，一般最便利的方法就是通过互联网等在线手段获得相关的信息，当通过该方式无法获得时，才会选择调研，这里的调研即指互联网手段以外的走访调研。其实调研之前的准备工作更重要，因此，在真正调研之前，投资者应该先通过公开信息了解上市公司，带着问题有目的地去进行调研才更有效。

### 7.6.1 确保实地调研的必要性

调研，顾名思义，就是调查研究。事实上，调研的方式有很多，如上网查阅公告，去各个行业网站及论坛查询信息，电话咨询上市公司，参加股东大会，甚至实地调研公司总部以及实地调研公司的上游供应商及下游客户的情况等，这都属于调研。

相对于利用互联网及电话等渠道进行调研，实地调研更为深入，成本也是更高的。而这个"深入"并不意味着非实地调研不可，事实上很多信息是可以通过网络或者电话等线上方式获取，特别是行业及公司的基础信息，如行业产业链及竞争格局情况、公司的业务机构、盈利模式及财务状况。

总之，在真正实地调研之前，投资者至少应该将各种基础信息先弄明白，而获取这些信息可以通过阅读年报、公告及从各大社区找寻有无之前其他投资者的实地调研纪要。

如果在一些重要的信息上有很大的疑问，即便通过电话咨询上市公司也无法得到解决的前提下，才需要带着这些疑问进行实地调研。

通常情况下，投资者需要实地调研的信息都是一些动态的信息，因为这些信息具有一定的时效性且对趋势的判断会有很大的帮助。

例如一些行业的动态信息、行业性的限产、产品价格及月度或季度的销售情况等。以2018年下半年开始的非洲猪瘟疫情为例，在媒体大肆报道前，关于疫情的严重程度，公开的信息是较少的，上市公司的养殖场是否也被非洲猪瘟感染，很多上市公司官方给的回复也较为模糊，这个时候就需要投资者进行实地调研，了解整个生猪行业受疫情的影响严重程度及未来发展趋势。

此外，就是公司的一些动态信息，如重组改革以及公司的其他重大事件进展情况。

不管怎样，投资者在实地调研之前，要先用尽实地调研之外的调研方法获取信息，在确认获取这些信息非实地调研不可之后，再进行实地调研，而不是盲目地实地调研。

## 7.6.2 实地调研的方法

实地调研的方法很多，但是重要的原则是要找准对象，例如涉及公司战略及规划方面的信息，对准公司管理层自上而下地调研会更合适，如参加上市公司股东大会及与董秘接触交流；而对于公司实时的动销情况及产品价格变化趋势，可能对准公司一线基层人员的自下而上的方式会更合适。

**首先，自上而下看理想。**

公司的发展需要顶层设计，而设计者往往来自公司的管理层。因此，涉及企业战略方面的信息，公司的管理层会比一线的基层人员更有信息优势。

去上市公司调研，投资者应该更聚焦在公司的发展战略及执行规划上，因为通常情况下，去上市公司调研，都是由公司的投资者关系部门及管理层接待，其在谈理想、做设计方面是更了解的。

同时，通过与管理层面对面的交流，也可了解管理层的格局及品格，看其是不是很好的执行者等。因为，管理层的风格也势必会往下延伸，影响基层人员的特性，从而整体上影响整个公司的发展。

多数散户投资者去上市公司调研，都抱着能否从公司的管理层口中获得一些重要的内幕信息，这种想法是徒劳无功的，因为上市公司在没有披露公告之前，不能将一些重要的非公开信息泄露出去。因此，去上市公司调研，不要抱着获得上市公司非公开信息的想法而调研，而是要通过与董事长秘书等管理层交流，了解公司管理层的格局及品格，即通过自下而上的方式去了解这个上市公司。

**其次，自下而上看现实。**

战争中最先获得真实情报的往往都是一线的人员，实时情报都是自下而上传导到司令员。所以涉及公司实时销售及产品价格趋势等方面的信息，基层的一线人员会有更大的信息优势。

因此，如果要获取公司产品实际销售情况、产品价格趋势以及竞争对手的发展情况，投资者应该从基层人员出发，自下而上地了解上市公司。

自上而下的方式更多的是了解管理层的理想，而自下而上的方式则是看真实的情况，去验证理想是否在执行。

当然，这里所说的一线基层人员不仅局限于公司的员工，还包括其上游的客户、经销商及下游的客户。但是，这种方式要避免以偏概全，毕竟公司的员工很多，经销商很多，客户也不少，如果只是进行个别地调研可能得到的数据不一定会完全准确。

所以，在做此类调研时，应该抓重点广撒网，即抓住公司主要区域或部门，尽量调研更多的对象。

以永辉超市为例，如果要了解其门店实时的销售情况，很难通过调研所有门店的销售情况了解整个公司的实时销售情况。但可以针对门店密集的省市以及选择省市中重要的门店，这样就可以大概了解其实时门店销售情况。

如图7.29所示，永辉超市的门店主要分布在福建、重庆、四川、广东和安徽。因此，投资者只要重点选择上述区域的重要门店进行调研，即可获得大概准确的数据信息，相对而言，可以避免以偏概全的情况。

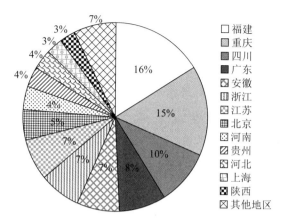

图 7.29　截至 2019 年上半年永辉超市门店区域分布情况
【数据来源：永辉超市 2019 年上半年年报】

## 7.7　信息分析守正出奇

孙子兵法中提到"凡战者，以正合，以奇胜"，是说在战场中用兵时，要顺应正常的事物发展规律，但又不固守常规，能突破思维、出奇制胜。对信息分析也是如此，在尊重事物发展规律的前提下，或者说建立在基础知识框架下，根据当下不同环境和要素进行积极的应变，而不是硬邦邦地循规蹈矩。

### 7.7.1　抓重点，追本溯源

信息收集最终的目标是为投资决策服务，因此，如何对收集的信息进行分析至关重要。实际投资中，投资者往往被众多的信息困扰而看不清市场的方向在哪，其实静下来认真思考一下就会发现信息分析及市场判断并不是那么复杂。

首先最重要的是先找到影响事件的关键要素，抓住主要矛盾，抓住事件发展的主要根源，这样对事件发展的趋势把握会更有方向感。

以阅读一家不熟悉的上市公司财务报表为例，面对上市公司的资产负债表、利润表以及现金流量表时，投资者收到的信息非常多，光一个资产负债表就有好多个科目。

那么如何阅读能够快速了解到上市公司的重要信息？其核心还是要抓重点。以我阅读上市公司资产负债表的思路为例，首先，通过其资产结构找出占比大的资产项目,通过占比大的资产项目来分析上市公司的运营模式以及风险;其次,在负债方面主要看其是否存在负债压力过高的风险。

以我在 2017 年刚刚接触掌趣科技的经历为例,在看掌趣科技的资产负债表时,我先通过资产占比了解其资产结构,如图 7.30 所示,2017 年占比最大的资产是商誉资产,总资产 99 亿元,商誉资产占了 54.55%;同时观察其负债的总量及负债的结构,得知其 2017 年年末总负债金额为 13 亿元,而其手上的货币资金就有 14 亿元,且如图 7.31 所示,这些货币资金主要是未受限制的资金,即银行存款,因此负债风险较低。

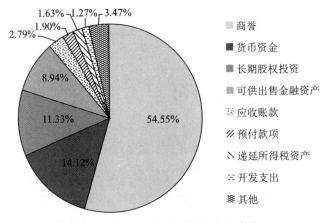

图 7.30  2017 年掌趣科技各资产占比
【数据来源:掌趣科技 2017 年年报】

因此,分析掌趣科技的资产负债表,主要聚焦在资产上,因为商誉资产占比巨大,所以其资产又主要聚焦在商誉资产。首先商誉资产占比大也可以看到其整个的盈利模式主要是通过外延式的扩张来提高公司的收入,因为商誉资产的形成主要是兼并收购交易产生的,而该行业在成本端周期性弱,所以利润率较为稳定,也就意味着公司的盈利能否增长主要看被收购企业的营业收入能否增长。其次,商誉资产也是其主要的风险,根据过往的资产减值损失的数据看,其减值的比例很低,存在较大的商誉资产减值损失风险。

因此,最终分析的焦点落在被收购企业的未来的营业收入情况以及商誉资产减值风险。

以上只是我自己经历的一个例子,当然在分析资产负债表的具体思路上,因人而异，每个人有每个人的方法，但是万变不离其宗，有方向感的生活才不至于迷茫而不知所措，而这个方向就来自在各种生活琐事中找到主心的重点。

| 六、合并财务报表主要项目注释 | | |
|---|---|---|
| （以下金额单位若未特别注明者均为人民币元） | | |
| 注释1. 货币资金 | | |
| 项目 | 期末余额 | 期初余额 |
| 库存现金 | 91,368.75 | 116,318.62 |
| 银行存款 | 1,395,063,256.34 | 1,372,390,929.86 |
| 其他货币资金 | — | — |
| 合计 | 1,395,154,625.09 | 1,372,507,248.48 |
| 其中，存放在境外的款项总额 | 158,594,833.05 | 343,882,755.31 |
| 截至2017年12月31日，本公司不存在质押、冻结，或有潜在收回风险的款项。 | | |

图 7.31　2017 年掌趣科技货币资金附注

## 7.7.2 抓住不变的要素，以变应变，回归简易

找到影响事件的关键要素后，并不能马上让我们对事物未来的发展有清晰认识，因为通常情况下，影响事物的发展都会有多个要素。面对这种情况，又应该如何进行分析判断。我的主导思路就是：抓住不变的要素，以变应变，回归简易。

首先，在分析时应先列出事件的影响要素，然后抓住不变的要素。例如，如果我们从市盈率（PE）的角度去分析股票价格，根据公式 P=PE 倍数 ×E，即股价的影响要素就是市盈率和公司的净利润，其中市盈率反映的是市场的风险偏好，净利润反映的是公司的基本面。

同时，在确定影响要素后，根据收集的信息判断出哪个要素是不变的或接近不变的，然后集中突破"变"的要素，判断"变"的趋势是在哪个方向，根据变量的变动范围分析判断未来的方向。

还是前面的例子，根据公式 P=PE 倍数 ×E，我们应该找出其中哪个要素是不变的或接近不变的。如图 7.32 所示，如果公司属于周期性弱的行业且净利润为正，只要保持不下降或者开始反转增长，我们就可以通过其 PE 倍数的历史区间来判断股票价格，在 PE 倍数历史区间底部就是买入时机。

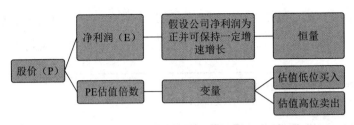

图 7.32　PE 估值分析要素图

因此，逆向投资中，只要能有足够的信息证明行业或公司正处于底部反转中，即公司的净利润处于底部反转，那么影响股价的因素就只有市场情绪或者说是投资者的风险偏好。这样的分析方式，会让投资变得更简易。

对于弱周期的行业，如白酒等食品饮料行业，公司的净利润相对稳定。使用上述的投资模式相对而言是有效的。在市场情绪低落、风险偏好低的时候，即在市盈率低的时候买入，在市场火热时卖出。

当然，以上以市盈率的角度去分析股价只是一个例子，实践中需要多种方式去分析，但是都万变不离其宗，重要的是找出影响要素，抓住不变的要素，判断"变"的趋势，以变应变，最终化繁为简。

## 7.7.3　相关性分析——探寻同时间不同事物的关联性

数据分析在大数据时代中已经广泛应用，作为散户，很难也没有精力运用过于复杂的数据分析工具来进行分析，但是在 A 股投资实践中，运用最频繁且通俗易懂的就是相关性分析，个人觉得其本质上是一个横向比较的过程，即在同一个时间维度观察不同事物之间的关联性。

相关性分析，通俗点说，就是在一定的时期内 A 与 B 会呈现什么样的关系，A 是否与 B 同涨同跌，A 是否追随着 B 同涨同跌，A 是否带着 B 同涨同跌，以及 A 上涨而 B 下跌的负相关关系。

A 与 B 同涨同跌，意味着 A 与 B 是呈正相关关系，且在时间上是同步发生的。因此，在分析 A 时，可以把 B 作为同步指标来看待。

A 追随着 B 同涨同跌，意味着 A 与 B 是呈正相关关系，且在时间上 B 是领先于 A 的。因此，在分析 A 时，可以把 B 作为领先指标看待。

A 带着 B 同涨同跌，意味着 A 与 B 是呈正相关关系，且在时间上 B 是滞后于 A 的。因此，B 是 A 的滞后指标。

最后，A 上涨而 B 下跌，意味着 A 与 B 呈负相关关系，当然在时间上也可能是同步、领先和滞后。

在实际投资实践中，滞后指标通常只用于结果的确认，领先指标的指示性意义更大，因为投资者要想获得超额收益，必须领先于其他投资者洞察出市场的变化。因此，不管是正相关还是负相关，如果在时间上是领先的，都是非常好的参考指标。

如何进行上述的相关性分析？对于散户投资者来说，最简单的方法就是将两者的走势图放在一起进行对比，主要分为两个方面，一是看两者是否呈正相关性、负相关性或者无相关性，二是在时间上是否同步或存在时滞。

如图 7.33 所示，圣农发展股价与白羽肉鸡价格并不是完全一致，但是整体上看，圣农发展股价与白羽肉鸡价格是正相关的，只是在时间上并不总是同步。因此，在分析时，还要结合当下行业的整体情况。

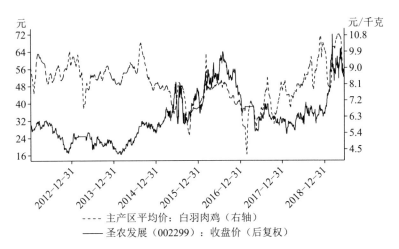

图 7.33　白羽肉鸡价格与圣农发展 2012 年 12 月至 2018 年 12 月股价走势图对比
【数据来源：万得（Wind）数据库】

## 7.7.4　历史均值及波动区间分析——探寻历史的周期性

除了相关性分析，历史均值及波动区间分析也是在投资中经常使用的一种简易分析方法，其本质上是观察同一事物在不同时间维度的周期性规律。

均值，或者说是平均数，通常来说是指算术平均数，它是统计学中的一个概念，用于反映现象的一般水平或分布的集中趋势。如图7.34所示的均值线，通俗点说，就是它是历史PB倍数的中枢平衡点。只要公司可以持续经营，不管偏离该位置多远，终有一天还是会回归均值线。

与其相对应的还有一个标准差，通常用于反映偏离均值的程度及概率，通过该方法可以画出其在大概率的波动区间范围。对于散户来说，计算该值并不方便，同时也不好理解。

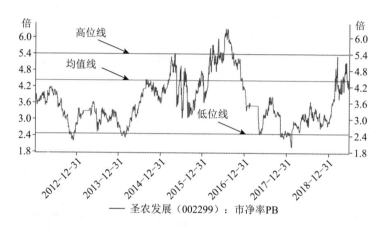

图7.34　圣农发展2012年12月至2018年12月市净率走势图
【数据来源：万得（Wind）数据库】

如前面所提到的，图7.34所示的低位线和高位线，就是在多个转折点的交汇处画出一条线。通常来说在PB低位线就是很好的买入点，在均值线或者高位线就是很好的卖出点。

当然，以上这些操作方式都只是参考，因为历史虽然会重复，但每一次都不是简单的重复。找出历史均值及波动区间只是让我们看清楚现在处于历史周期的哪个位置并通过历史规律来大致判断未来可能的走向。

有些数据会受季节性影响，为了规避季节性影响并找出数据的季节性规律，可以对数据进行处理，以图7.35所示的官方PMI数据为例，首先整理出每个月的数据，同时算出每个月的均值、最大值以及最小值，从而就可以画出如7.36所示的PMI各月的情况。

第 7 章 信息收集、调研及分析

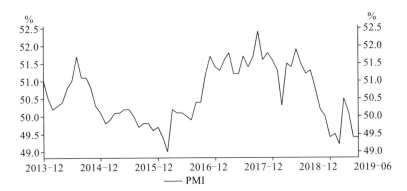

图 7.35　2013 年 12 月至 2019 年 6 月 PMI 数据
【数据来源：万得（Wind）数据库】

通过对比图 7.35 和图 7.36，发现后者在月度上反映的信息会更强烈。从图 7.35 看，虽然 2019 年 5 月份和 6 月份 PMI 综合指数没有低于 2019 年 2 月份，但是给投资者的信息可能会比之前的略差。

从整理后的图 7.36 可以看到 2019 年 5 月份和 6 月份 PMI 数据已经明显低于近 5 年在该月份的最低值，这样给投资者的信息会清晰得多。

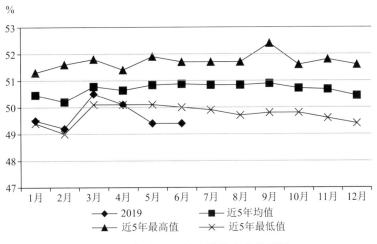

图 7.36　官方 PMI 综合指数各月的情况
【数据来源：万得（Wind）数据库】

# 第8章
# 系统性下跌带来的防御性行业投资机会

　　股票市场下跌原因有很多,我认为主要有系统性的下跌、行业景气下滑导致的下跌以及事件性危机导致的下跌。这当中,最难操作的就是系统性下跌,因为此类下跌行情,泥沙俱下,该阶段投资者最好的股票策略就是空仓。但是对于逆向投资者而言,系统性下跌也是买入防御性行业龙头的最佳时机,我觉得这也是没有时间和精力研究的散户投资者的最佳投资策略。

# 第 8 章 系统性下跌带来的防御性行业投资机会

## 8.1 如何应对系统性下跌

股票市场系统性下跌，就是整个市场泥沙俱下，所有板块都下跌，当年上涨板块的数量为 0。按照上述定义，如第 2 章图 2.6 所示，2000 年以来 A 股市场出现系统性下跌的年份分别为 2002 年、2008 年、2011 年及 2018 年，在上述年份上涨的板块皆为 0。

经过对上述年份个股的统计，如表 8.1 所示，在系统性下跌行情中，上涨的个股数量也是非常少，占整个 A 股上市公司不到 3% 的比例，且上涨的个股中有一部分是被重组的事件驱动。

表 8.1 2002 年、2008 年、2011 年及 2018 年上涨 10% 及以上的个股数量

| 年份 / 年 | 2002 | 2008 | 2011 | 2018 |
|---|---|---|---|---|
| 上涨 10% 及以上的个股数量 | 47 | 15 | 52 | 88 |

因此，在系统性下跌的行情中，能找出上涨的个股是非常难的，特别是对于那些没有时间和能力研究的散户更是如此。所以，在股票市场系统性下跌的行情中，散户最好的策略就是空仓，或者是配置一些国债。

当然，在系统性下跌的末期，对于逆向投资者而言，是买入的绝佳机会。特别是一些业绩稳定的防御性行业在系统性行情中也被错杀，系统性下跌带来低价是买入这些大白马的绝佳机会，如白酒行业的贵州茅台、食品饮料行业的伊利股份和海天味业、医药行业的片仔癀和恒瑞医药、家电行业的格力电器。

根据过往数据，上述个股大跌时，基本上社保基金和 QFII 都会大举买入并成为其标配。

此外，如图 8.1、图 8.2 及图 8.3 所示，通过对 2006 年以来的数据进行统计，在系统性下跌后的第 2 年，食品饮料行业及白酒行业，整个板块的涨幅是比较靠前的。

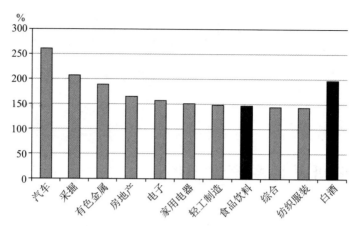

图 8.1　2009 年涨幅前 10 板块及白酒板块涨幅
【数据来源：万得（Wind）数据库】

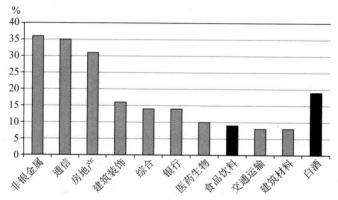

图 8.2　2012 年涨幅前 10 板块及白酒板块涨幅
【数据来源：万得（Wind）数据库】

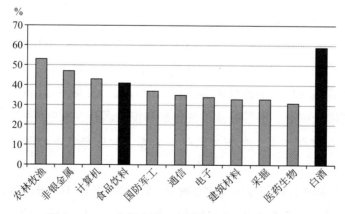

图 8.3　2019 年涨幅前 10 板块及白酒板块涨幅
【数据来源：万得（Wind）数据库】

## 8.2 懒人选择防御性行业龙头可跑赢通胀

防御性行业,即行业的运动状态并不受经济周期的影响。也就是说,不论宏观经济处在经济周期的哪个阶段,行业的销售收入和利润均呈缓慢增长态势或变化不大。这些行业有食品饮料行业和医药行业等。

虽然行业不受经济周期影响,但是不代表上市公司股票价格就不会下跌,根据前面所述,在系统性下跌的行情中,防御性行业的股价也会是泥沙俱下。

但是如果投资周期拉长,如本书第3章图3.2所示,基本面保持稳定同时股价突破2007年的高点,继而在系统性下跌行情调整过后连续创出新高的个股多数都集中在食品消费及医药行业,即上面所说的防御性行业。

如图3.2所示,如果从上市开始一直持有贵州茅台、片仔癀、恒瑞医药及云南白药等这些防御性行业的龙头,年化收益率可达20%以上,这可以说是远胜于通货膨胀的,此外,也是可以与近30年最好的资产——房地产资产相媲美的。

除了如图3.2所示的防御性上市公司名单,伊利股份、涪陵榨菜及海天味业从上市首日买入至2019年1月25日的年化收益率也是超过20%的。伊利股份由于2008年三聚氰胺事件净资产收益率指标未达标而未上榜,涪陵榨菜和海天味业因为在2007年后才上市也未上榜。

对于没有时间和精力研究股票,同时又有股票配置需求的人来说,配置上述防御性行业龙头的资产也算得上是一个好的股票投资策略。如果进行逆向投资,在发生系统性下跌或是事件性危机下跌后买入,实际的收益率会更高。

## 8.3 防御性行业龙头——贵州茅台

如图3.2所示,贵州茅台从上市首日持有至数据截止日(2019年1月25日)年化收益率达33%,是所有防御性行业中最高的,因此,可以说是当之无愧的防御性行业龙头。

如图8.4所示,贵州茅台从2006年以来下跌的年份分别为2008年、2013年和2018年。2008年及2018年是因为受系统性下跌的影响;2013年则是行业自身原因，由于 2012 年 11 月的白酒塑化剂事件及之后开始的反腐冲击波导致白酒行业开始调整。

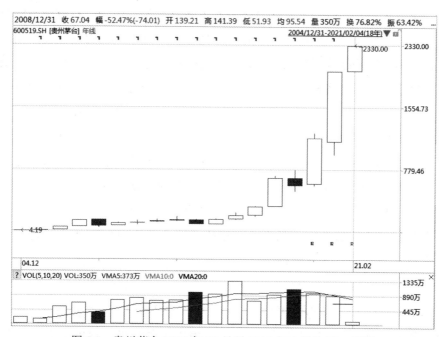

图 8.4　贵州茅台 2001 年 12 月至 2019 年 4 月的年 K 线图

因此，贵州茅台的每次调整都是很好的买入机会，即投资贵州茅台最佳的时机就是在系统性下跌末期或行业调整末期。

如何确定上述的投资时机，即什么时候是下跌末期和调整末期是多数投资者最大的疑问。在实际投资中，这也是非常难准确把握的一个点。

如何将前几章的一些理论知识用于实际投资分析中，以下以贵州茅台为例进行阐述。我将其分为 5 个层面，分别是经营层面、财务层面、股东层面、估值层面及交易层面。

（1）从经营层面上看，分析影响贵州茅台净利润的要素主要是茅台酒的销量和出厂价，如图 8.5 所示，通过逐步拆解，最终的影响要素分别是：①产能；②三公消费支出及居民收入增加情况；③一批价与出厂价价差。

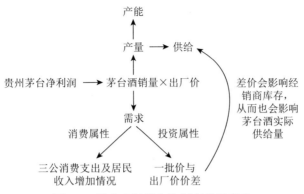

图 8.5 影响贵州茅台净利润的要素表

通常情况下,前面两个要素变化的频率较小,因此要跟踪的指标更多的是第三个要素,另外,通过对股价与第三个要素进行分析,看股价是否与第三个要素相关性较强。根据中泰证券报告《寻价格涨跌之因、需求之形,论茅台的成长》,53度飞天茅台一批价与贵州茅台股价的相关性高达0.81。

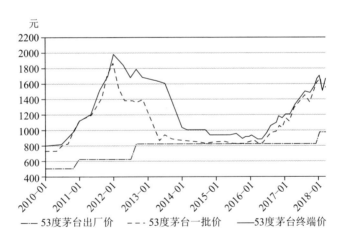

图 8.6 2010年至2018年53度飞天茅台酒一批价及出厂价情况
【图片来源:中泰证券研究报告】

此外,如图8.6所示,2013年茅台酒进入增速下降阶段,其一批价与出厂价的价差已接近0;同时在一批价与出厂价价差扩大时,茅台酒的增速开始上升,同时股价也开始回暖。

也就是说,如果一批价处于上升趋势,即与出厂价的价差在扩大,而贵州茅台股价在下跌时,就是很好的买入点。

(2)如图8.7所示,从财务层面看,贵州茅台历年的净利润增速基本上与其营业收入增速重叠，也就意味着其净利润率是比较稳定的要素，因此，要想跟踪其净利润，可以直接跟踪其营业收入。

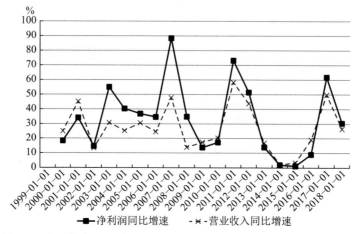

图8.7 贵州茅台1999年至2018年净利润增速与营收增速的相关性
【数据来源：贵州茅台公司年报】

由于贵州茅台对下游渠道具有较强的议价能力，因此贵州茅台的预收账款资金较大，这是影响其营业收入的重要因素。由于预收账款确认为收入需要一定时间，如图8.8所示，其预收账款增速的指标具有一定的前瞻性，即当前一年的预收账款增速上升时，基本可以判断下一年的营业收入增速会相应上升，同时净利润增速也会上升。

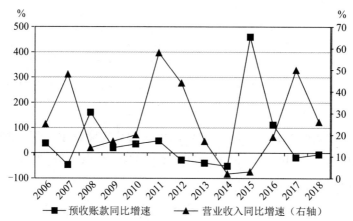

图8.8 贵州茅台预收账款及营业收入同比增速对比
【数据来源：贵州茅台公司年报】

## 第 8 章 系统性下跌带来的防御性行业投资机会

因此，可以通过判断预收账款的同比增速，来初步判断其未来业绩的增速，如果当年的预收账款增速相比前一年大幅上升，则是很好的买入机会。

（3）从股东层面看，之前说过，散户应该站在巨人的肩膀上，即应该跟随市场上聪明的机构投资者。

通过跟踪贵州茅台前 10 大股东的变化得知，每次成功抄底的都是社保基金和 QFII。在每次定期报告披露时间时，跟踪观察公司前 10 大流通股东的变化情况，看是否有聪明的机构投资者入场并推测其进入的时间点和价位。

如图 8.9 所示，奥本海默基金在 2014 年第 4 季度成功抄底贵州茅台；如图 8.10 所示，社保基金分别在 2015 年第 2 季度首次买入并在 2015 年第 4 季度加仓；如图 8.11 所示，社保基金在 2018 年第 3 季度买入，买入点也是非常接近下跌末期。

图 8.9 贵州茅台 2014 年年报前 10 大流通股东

图 8.10 贵州茅台 2015 年中报前 10 大流通股东

| 贵州茅台[600519.SH]-10大流通股东 | | | | | | |
|---|---|---|---|---|---|---|
| 2018 三季报 | | | | | | |
| 排名 | 股东名称 | 方向 | 持股数量(股) | 占总股本比例(%) | 持股数量变动(股) | 持股比例变动(%) |
| 1 | 中国贵州茅台酒厂(集团)有限责任公司 | 不变 | 778,771,955 | 61.9944 | 0 | 0.0000 |
| 2 | 香港中央结算有限公司(陆股通) | 增加 | 95,561,913 | 7.6072 | 4,575,475 | 0.3642 |
| 3 | 贵州茅台酒厂集团技术开发公司 | 不变 | 27,812,088 | 2.2140 | 0 | 0.0000 |
| 4 | 易方达资产管理(香港)有限公司-客户资金(交易所) | 不变 | 12,262,840 | 0.9762 | 0 | 0.0000 |
| 5 | 中央汇金资产管理有限责任公司 | 不变 | 10,787,300 | 0.8587 | 0 | 0.0000 |
| 6 | 中国证券金融股份有限公司 | 增加 | 8,039,538 | 0.6400 | 1,051,496 | 0.0837 |
| 7 | 中国工商银行-上证50交易型开放式指数证券投资基金 | 增加 | 4,412,565 | 0.3513 | 618,111 | 0.0492 |
| 8 | 中国金融控股集团有限公司(贵州贵民投资集团有限公司) | 不变 | 3,487,220 | 0.2776 | 0 | 0.0000 |
| 9 | GIC PRIVATE LIMITED | 增加 | 3,466,676 | 0.2760 | 864,211 | 0.0688 |
| 10 | 全国社保基金一零一组合 | 新进 | 2,629,883 | 0.2094 | | |
| | 合 计 | 不变 | 947,231,978 | 75.4087 | | |

图 8.11　贵州茅台 2018 年第 3 季报前 10 大流通股东

（4）从估值层面看，如图 8.7 所示，贵州茅台的净利润相对稳定，即使在经济不景气或者行业不景气时，也只是净利润的增速下降并没有出现负增长。

因此，在净利润恒定且可保持增长的前提下，可以使用 PE 的波动区间来判断买卖点，如图 8.12 所示，贵州茅台的低点在 20 倍 PE 附近，高点在 40 倍 PE 附近。

但是，在实际投资中要结合行业的具体情况以及确认其 PE 的下降是不是价格下降形成的，避免低 PE 陷阱。

如图 8.12 所示，2011 年至 2012 年期间，贵州茅台的 PE 一直在下降，但是这其实是由于其净利润增长导致的，此刻投资者应该警惕公司的盈利已经到了阶段性的顶部。之后众所周知，2012 年年末开始由于白酒塑化剂事件及反腐的影响，净利润增速下降，行业进入了调整。同时，股价开始下跌，贵州茅台的 PE 估值继续创新低。

因此，在盈利增长驱动 PE 下降的情况下，投资者要时刻警惕公司及所在行业的景气度是否已经到了顶部，避免低 PE 的投资陷阱。通过过往的数据显示，只有在股价下跌导致的 PE 下降时，才是有效的买入时机。

第 8 章 系统性下跌带来的防御性行业投资机会

图 8.12 贵州茅台股价与动态市盈率（扣非）走势图
【数据来源：理杏仁网站】

（5）从交易层面看，采取第 1 章所述的"先阳后阴"交易策略，聪明的价值投资机构通常是在下跌中建仓，由于机构投资者建仓规模大，通常会引起股价明显强于大盘的迹象，但是由于公司的投资价值还未引起大多数投资者的注意，股价随后会回落，而这时就是散户进场的最佳机会。

如图 8.13 所示，在下跌末期往往是比较迅速和猛烈的，同时通常也是机构投资者建仓的时候。在 2018 年 11 月 2 日和 2018 年 12 月 3 日，都出现了 5% 以上的涨幅，这也是主力资金进场的信号，因此在随后的下跌回调过程中，就是比较好的入场交易点。

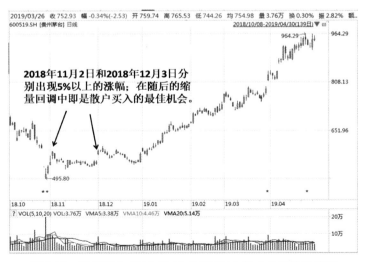

图 8.13 贵州茅台 2018 年 10 月至 2019 年 4 月股价走势图
【图片来源：万得（Wind）】

以上就是以贵州茅台为例，向大家介绍的如何从经营、财务、股东、估值及交易5个层面去选择买卖点。

## 8.4 杜邦分析法在防御性行业投资策略的应用

前面说过，防御性行业，主要是指周期性弱的行业，或者说行业的公司净利润随宏观经济周期的影响弱。那么其在财务指标上是如何体现呢？

根据我个人的经验，在财务上首先最直接的体现就是，公司利润率高且变动不大，或者说基本上是恒定的，如图8.14和图8.15所示，图中的防御性行业龙头企业的利润率是较稳定的，尤其是毛利率；而周期性强的行业，如钢铁、煤炭，其净利润率波动则非常大。

之所以如此，主要是因为这些行业的产品需求较为刚性，需求量变动不大，价格的需求弹性较小，即使提价，消费者也不得不接受。

其次，在资产负债表中，资产结构上，现金占比大；负债结构上，有息负债低，有的企业有息负债甚至为0。

从净资产收益率的杜邦分析法上看，净资产收益率（ROE）= 净利润率 × 资产周转率 × 权益乘数；净利润率和权益乘数都是较为稳定的，可以说是接近恒量，所以变量只有资产周转率，由于资产周转率 = 营业收入 / 总资产，所以最终净资产收益率的高低还是取决于营业收入。

因此，这些行业龙头企业的净资产收益率或者净利润增速的高低更多取决于营业收入的增速，而股价低迷的时候也是其营业收入增速处于下降周期的时候，在营业收入增速触底反转时，股价就会持续上涨。

以贵州茅台为例，如图8.16所示，2008年贵州茅台营业收入增速大幅下降，股价下跌；2009年至2011年营业收入增速处于上升周期，股价也在这期间保持上涨；2012年至2014年，营业收入增速进入下降周期，股价在2012年达到高点后，2013年进入下跌周期，并在2014年触底反弹；2015年至2017年营业收入增速再次进入上升周期，股价在各年份也是连续上涨；2018年营业收入增速再次下滑，但是仍保持在20%以上，股价下跌了14%。

认真观察其他的防御性行业龙头企业也是如此，这里不一一举例。这些企业净资产收益率的高低取决于营业收入的增长情况,也决定着公司的价值,从中长期看还影响着股价的变动。

因此,投资防御性行业龙头企业,只要聚焦其营业收入的指标,把握好营业收入的变化趋势,就可以做好该行业的投资。

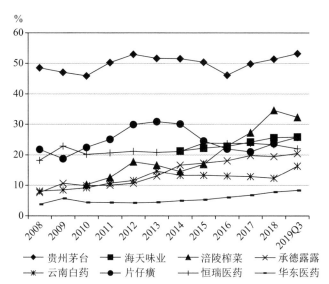

图 8.14　防御性行业龙头企业 2008 年至 2019 年 Q3 净利润率情况
【数据来源:理杏仁网站】

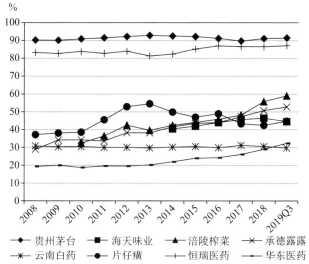

图 8.15　防御性行业龙头企业 2008 年至 2019 年 Q3 毛利率情况
【数据来源:理杏仁网站】

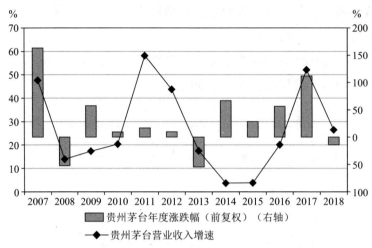

图 8.16 贵州茅台 2007 年至 2018 年营业收入增速股价变化
【数据来源：贵州茅台公司年报】

# 第9章
# 行业景气下滑带来的行业反转投资机会

如第8章所述,系统性下跌行情中,多数个股都是下跌的,只有少数个股上涨。如何从中找出上涨的个股,就需要投资者以自下而上的方式,即从行业周期及公司的生命周期去寻找这些结构性的上涨机会,也就是专业投资者所说的绝对收益。因为一些行业的周期有时会与宏观经济周期不同步或相关性较低,这就为投资者带来结构性的投资机会。

## 9.1 如何把握行业的周期

常言道:"人生如海、潮起潮落,既有春风得意、高潮迭起的快乐,也有万念俱灰、惆怅漠然的凄苦。如果把人生的旅途描绘成图,那一定是高低起伏的曲线。"人生如此,行业和公司亦如此。真正意义上讲,每个行业和公司都具有周期性,且每个行业和公司的周期性都有不同,这些也造就了绝对收益的投资机会。

### 9.1.1 认识行业的周期性及周期性行业

严格意义上讲,每个行业都具有周期性,区别在于受宏观周期影响的强弱,因为在经济下行周期时,居民的收入都或多或少会受到影响,消费支出也会受影响,如防御性的白酒行业的龙头贵州茅台在几次系统性下跌行情中也未能幸免,这说明其也会受经济周期影响,只是影响程度不像周期性行业那么大。

按照我的理解,周期性行业之所以与宏观经济周期相关性较强,主要是因为受宏观政策,如货币政策及财政政策的影响较大。周期性行业多数是资本敏感性的行业,也就是说供给端或需求端的资本投入都较大,因此,受货币政策的影响较大。

如图9.1所示,按照产品下游消费对象分,可以分为工业类周期性行业和消费类周期性行业。消费类周期性行业虽然也类似消费品,但是这些消费品不是必需品,这些消费品在经济好的时候需求会上升,但是在经济走弱的时候也会大幅下降,需求弹性比必需品要大。

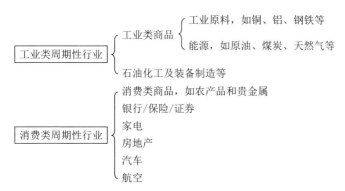

图 9.1　工业类周期性行业及消费类周期性行业简要分类

## 9.1.2 细分行业状况的迥异造就结构性行情

虽然从宏观角度看,周期性行业都受宏观经济周期影响,但是由于行业细分产品纷繁复杂,供给要素状况不尽相同,上中下游产业链传导的时滞及政府的行业政策差异等,导致了一些行业并不总是与宏观经济周期时间点共振。

因此,这些迥异也造就了 A 股的结构性行情。如第 2 章中图 2.6 的数据所示,从上证指数上看,A 股有系统性行情的机会屈指可数,但 2000 年以来具有结构性板块行情的年份还是较多的,只有 2002 年、2008 年、2011 年及 2018 年没有一个行业板块上涨。

实际投资中如何抓住这些行业周期迥异造就的结构性行情?以下是我提供的一些参考。

(1)需要关注那些连续几年不景气的行业。对于逆向投资者而言,下跌就是机会,连续几年的下跌更是具有较大的安全边际。行业的连续不景气必然会让行业进行重整,淘汰过剩或落后产能,出现强者恒强的现象,最终行业的胜出者会获得销售量和产品上涨的双丰收。

以 2018 年变强的白羽鸡行业为例,该行业从 2012 年开始走下坡路,经历了 2012 年速成鸡事件,2013 年 3 月 H7N9 流感事件,2015 年第 1 季度和 2017 年第 1 季度也爆发了 H7N9 流感疫情,可以说公司从 2012 年到现在一直处于低谷期。

连续的低谷期淘汰了一些盈利能力差的中小型养殖场,也使产能更多地集中在行业龙头上。2017年，白羽鸡行业龙头圣农发展的产能从2011年的1.2亿羽上升至5亿羽。同时，低谷期也使祖代鸡引种量从2015年开始连续3年低于行业公认的均衡水平——80万至100万套，在需求逐步恢复的情况下，2018年白羽鸡价格逐步恢复，行业龙头圣农发展也迎来了价量齐升的双丰收。

如图9.2所示，2018年圣农发展的股价虽然没有像业绩那样大幅上涨，但是在2018年系统性下跌的行情中，其股价表现是明显强于大盘的，2018年全年的涨幅为15%，而同期的上证指数下跌25%。

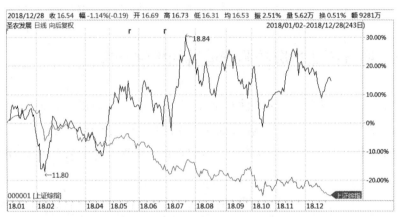

图9.2　圣农发展与上证指数2018年走势图对比
【图片来源：万得（Wind）】

（2）关注政府的行业政策及执行情况。通过对上涨行情（包括结构性板块行情）与当时的政策及制度改革进行对比分析，发现当年上涨的板块与当时政府政策密切相关。

最近的例子就是2016年开始的供给侧改革，它推动了周期性行业板块，尤其是钢铁行业2016年下半年至2018年1月的上涨行情。

（3）关注产业链传导情况。了解一个行业，应该要了解整个行业的产业链情况，该行业在整个产业链中处于什么位置，是否具有较强的议价能力，整个行业的价格传导机制是怎样的等，并从中选出该行业最具有竞争力的企业，同时利用产业链传导机制轮动投资。

还是以白羽鸡行业为例，如图9.3所示，可以看到上游的种鸡行业议价能力比较高，基本属于寡头垄断，与此同时，终端虽然附加值最高，但由于渠道建设及品牌打造不是一年半载的事情，也是需要一定门槛的。因此，对于该行

## 第9章 行业景气下滑带来的行业反转投资机会

业来说，占据产业链的两端才具有竞争力，而圣农发展是该行业唯一一家全产业链经营的企业，不管从规模上还是养殖技术上都有较大的优势，所以我当时最终选择关注该企业。

图9.3　白羽鸡产业链

投资者看到白羽鸡上涨，首先都想到的是养鸡股，但是如果深入了解行业产业链的传导机制，可以发现另外一个投资机会，就是禽类的动保行业。因为鸡肉的上涨，在没有禽流感疫情的情况下，养殖户会进行补栏同时也会增加引种，最终会带动鸡的存栏数量上升，从而也会带动禽类疫苗的销量。

如图9.4所示，作为禽类疫苗的龙头企业，瑞普生物的走势也是明显强于市场，同时起涨的时间点也略滞后于养鸡股。当然这除了行业因素外，公司的回购政策在一定程度上也加速推动了股价的上涨。

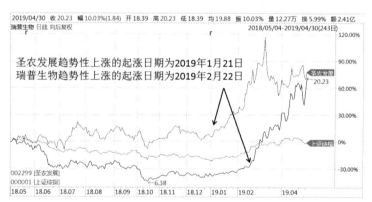

图9.4　2018年5月至2019年4月瑞普生物与圣农发展股价走势图对比
【图片来源：万得（Wind）】

## 9.2　周期性行业反转的投资要点

行业的周期波动虽然带来了波动性风险，但是对于逆向投资者而言，也带来了机会。在行业衰退下滑时买入，在行业景气时退出，理论上看似非常简单，但在实际投资实践中还需注意以下几点：

（1）如本书第3章所述，并不是所有的行业都适合逆向投资，投资时首要考虑的还是该行业的生命周期。例如，如果有一天，由于技术的提高，煤炭或者某种化工品，被一种新的能源或者材料替代，它们的生命周期将近结束，那么再去做逆向投资，可能就是跳进火坑，永远也看不到景气的时候。

（2）行业的市值规模及市场集中度决定着龙头企业的反弹空间。行业周期下行调整过程中，行业的参与者会优胜劣汰，最终获胜的龙头企业在整个周期循环中会获得双丰收：一是市场份额的增长，二是产品价格的增长。在时间上看，最先实现的是市场份额的提高，而后才是产品价格的增长。因此，对于市场集中度低且市值规模大的行业来说，该行业的龙头企业会从中获得巨大的盈利空间。

以2018年的养猪股为例，如图9.5所示，由于养猪行业周期反转的预期，主要的养猪股正邦科技、天邦股份及牧原股份从2018年10月开始明显强于上证综指，并一路狂飙。

图9.5　2018年5月至2019年5月主要养猪股的股价走势与上证综指对比
【图片来源：万得（Wind）】

如图9.6所示，生猪价格2018年5月触底，2019年2月确立上涨趋势。很多投资者都感到疑惑：为何猪肉价格仍处于低位，尚未反转，同时1季报业绩还大幅减亏，猪肉股的价格却如此狂飙？

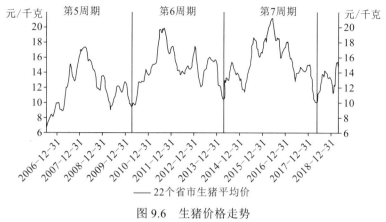

图9.6 生猪价格走势
【数据来源：万得（Wind）数据库】

我认为，养猪股第1季度的大幅上涨，更多是基于养猪行业市场集中度提升的预期。从行业基本面看，养猪行业除了周期反转因素，还叠加了非洲猪瘟疫情的影响，周期调整的深度远高于前几次。

另外，从生猪养殖市场占有率数据上看，根据统计局《2018年经济运行保持在合理区间发展的主要预期目标较好完成》的报告，2018年我国共出栏生猪69382万头，其中九大上市猪企（温氏、牧原、正邦、雏鹰、天邦、天康、罗牛山、龙大肉食、金新农）共出栏4476.3万头，仅占据6.45%的市场份额。可见生猪养殖市场集中度有非常大的提升空间，此外，非洲猪瘟疫情将会淘汰中小养殖场，加速提升市场集中度。

如果按照生猪平均价格15元/千克，出栏体重115千克/头，全国年出栏量7亿头大致测算，生猪养殖市场规模高达1.2万亿元。生猪养殖市场规模大加上市场集中度低是养猪股股价从2018年10月至2019年第1季度大幅上涨的一个重要因素。

对比白羽鸡养殖股，虽然白羽鸡在2018年已经确定了反转且业绩已经兑现，但是走势却远不如养猪个股，很大的因素就是其市场规模较小及市场集中度较高。

根据农业农村部的数据，2017年白羽鸡的出栏量为42亿羽，如果按照出栏体重2千克/羽，毛鸡价格10元/千克算，白羽鸡养殖市场规模仅为840亿元；且根据博亚和讯的数据，2016年前10家白羽鸡父母代种鸡养殖企业的市场集中度已达44%。

如图9.7所示,以圣农发展为代表的白羽鸡养殖股与以正邦科技和牧原股份为代表的生猪养殖股进行对比,从2018年10月至2019年第1季度,养猪股的股价明显强于养鸡股。这也说明了行业市场规模和市场集中度提升的空间在一定程度上决定了龙头企业盈利提升的空间,从而也决定了其股价的提升空间。

图9.7　2018年5月至2019年5月养猪股与养鸡股股价走势对比
【图片来源:万得(Wind)】

投资者一定要关注市场规模及市场集中度,市场规模大且市场集中度低的周期性行业,在反转行业中获利空间大。

(3)在一致性悲观中进场,一致性乐观中退场。正如第5章所述,投资中要警惕人多的地方。当市场中的参与者形成一致性判断时,市场出现一个方向的拥挤交易,聪明的投资者往往会在这时候进行逆向操作。

进行周期性行业投资时,在行业调整末期,媒体往往会大肆报道行业如何如何差,亏损如何如何严重,实际上从信息传播链条上看,当信息传播到大众媒体时,行业调整其实已非常接近尾声。反之,在景气时也是如此。

正如《价值狙击——股市基本面实战》中所说:"股价的上涨是利好不容易说清楚→能够说清楚→人人都能轻易说清楚;股价的下跌是利空不容易说清楚→能够说清楚→人人都能轻易说清楚。"市场一致性看好时,就是下跌的开始;市场一致性看空时,往往是上涨的开始。

(4)对周期性行业用市净率估值更有效。对于周期性行业来说,由于其净利润波动较大，在不景气时通常为负值，因此，使用市盈率的相对估值方法并不适用。

相对来说，周期性行业多为重资产行业，用市净率估值更有效。如3.3中所说的三钢闽光，其在2018年1月股价见顶时，PE处于历史低位；从PB看，2018年1月三钢闽光的PB已经远高于历史中位数，也非常接近2008年和2010年的高点，而与此同时三钢闽光股价也是在冲顶中。

（5）最后还是与之前的一样，学会站在巨人的肩膀上，关注上市公司前10大股东中聪明投资者的持股变化。

以圣农发展为例，我在2017年研究圣农发展时，从3季报中发现了新进入前10大股东的苏晓明和苏明丽，随后通过查询前几年的前10大股东数据发现其在2014年第1季度也曾进入过圣农发展的前10大股东，并在2016年第3季度退出，从其持股期买卖点看，他们当时的投资非常成功，且基本上可以看出他们并不是短线买卖者，而是了解该行业的价值投资者。

虽然在实际投资中，跟随这些聪明的投资者，并不能保证100%的准确，但是完全可以作为投资中的跟踪指标。

## 9.3 杜邦分析法在周期性行业投资策略的应用

与防御性行业相比，周期性行业的变量较多。同样以净资产收益率的杜邦分析法［净资产收益率（ROE）＝净利润率×资产周转率×权益乘数］来看，三者都是变量。因此，相对来说，关注的财务指标也较多。

首先看净利润率，其净利润率是巨幅波动的，主要是因为产品的需求波动较大，在景气时需求大膨胀，而在低迷时需求大量萎缩。因此，周期性行业企业的产能利用率在周期的各个阶段是不同的，导致各个阶段的产量波动较大，从而营业收入也波动较大。

在周期景气阶段，产品价格和产量同时上升；在周期低迷阶段，产品价格和产量同时下降，导致其营业收入端在一段完整的周期中是大幅波动的。

而在营业成本端，却是刚性的。营业成本通常包括变动成本和固定成本。

变动成本指支付给各种变动生产要素的费用，如购买原材料及电力消耗费用和工人工资等。这种成本随产量的变化而变化，常常在实际生产过程开始后才需支付。

固定成本，又称固定费用，相对于变动成本，是指成本总额在一定时期和一定业务量范围内，不受业务量增减变动影响而能保持不变，如固定资产折旧和利息支出。

对于周期性行业而言，固定成本占比是较大的。因为周期性行业多数是重资产或是重资本的行业，体现在其资产上主要是固定资产，如钢铁、煤炭及有色金属等行业；或者是存货，如房地产行业。

对于固定资产占比大的周期性行业而言，其固定资产折旧占比较大，不管产量多少，这部分成本始终要扣除，导致这类周期性行业上市公司的毛利率也会随行业周期巨幅波动。

而对于存货占比大的周期性行业而言，如A股房地产行业，其利息支出的占比较大，虽然可能一部分成本会被资本化到存货里，但是这部分支出也是刚性的，同样也会使其毛利率变动较大，不过波动率相对重资产的周期性行业又会好一些。

因此，从利润率看，需要关注的财务指标主要也是营业收入。营业收入增加，不管是产量的增加还是产品价格的增长，都会提高周期性行业公司的利润率。

其次看资产周转率。之前说过，资产周转率=营业收入/总资产。营业收入的要素前面已经将其列入关注的指标，这里主要看总资产。

对于周期性行业，总资产也是较为波动的要素，这主要体现在周期低迷期。周期性行业企业经常会对固定资产、存货、在建工程或者应收账款进行计提准备。计提资产减值损失或者信用减值损失后，分母减小，如果营业收入不变，资产周转率就会提高。

因此，从资产周转率看，需要关注的财务指标为资产减值损失及信用减值损失的变动情况，具体到资产的科目为固定资产、存货、在建工程及应收账款的变动情况。

最后看权益乘数。权益乘数=总资产/股东权益总额=1/(1-资产负债率)，资产负债率即负债总额与总资产的比值。由此得知，资产负债率越高，权益乘数越高；资产负债率开始下降，其权益乘数也会下降，在其他要素不变的情况下，企业的净资产收益率就会下降。

而负债中又分为有息负债和无息负债。有息负债即需要支付利息的负债，主要包括短期借款、一年内到期的非流动负债、长期借款和应付债券。无息负债就是无须支付利息的负债，主要包括应收账款、预收账款及合同负债等有息负债之外的科目。

通常情况下，周期性行业的有息负债都较高，且受宏观的信用政策及货币政策的影响较大，因此其有息负债率相比防御性行业，波动也是较大的。在行业景气时和行业低迷时，周期性行业企业的有息负债差异较大，因此对当期的利息支出影响也较大。

周期性行业企业在低迷期的底部时，其有息负债率通常会达到高峰，因为所有总资产会因为资产减值损失或信用减值损失而下降，使其资产负债率达到高点。此时企业也会开始去杠杆，即缩减债务杠杆或进行股权融资。当资产负债率下降时，通常是见底回升的信号，因为对于周期性行业其负债主要为有息负债，负债下降会导致利息支出下降。虽然资产负债率下降导致了权益乘数下降，但是由于有息负债占比高，利息支出下降也提高了净利润率，从整体上看，净资产收益率还是提高的。

因此，从权益乘数看，关注的财务指标就是有息负债率，即有息负债与总资产的比率。

综上，对于周期性行业反转投资的策略，需要关注的主要财务指标为营业收入、资产减值损失及信用减值损失变动情况以及有息负债率。

所以，如果一家周期性行业的上市公司营业收入在接连下滑后开始增长，同时企业已大幅计提资产减值损失及信用减值损失，有息负债率开始下降，则可能是投资该周期性行业龙头上市公司的机会。

以三钢闽光为例，如图9.8所示，2015年年末三钢闽光的营业收入同比增速在连续多年下滑后达到底部；如图9.9所示，单季度营业收入同比增速走势更加明显，其营业收入在2016年第1季度已开始回升，同时2015年年末大幅计提了资产减值损失，这是上市以来最大幅度的减值损失，且其有息负债率从高点开始下降；从图9.10所示的单季度数据看，2015年第4季度有息负债率已开始下降，资产负债率从2016年第1季度开始下降。

在上述三项指标都满足的条件下，可以看到如图9.11所示的三钢闽光单季度净资产收益率也是在2016年年初开始逐步提升,其股价也随之上涨,从2016年的较低点至2017年连续大幅上涨。

此外,从图9.8可以看到,三钢闽光在2009年也是有一次投资机会的,但是这一次与2015年有很大的不同,从上述的三个指标看,其实只有一个营业收入的指标是满足见底回升的条件,(即营业收入同比增速在2009年下半年见底回升,但是,2009年没有大幅度计提资产减值损失或信用减值损失,且在2010年有息负债率并没有大幅下降反而在2011年上升了),这说明其净资产收益率的提升并不是内生性的提升。

而且从三钢闽光存货和固定资产占比看,如图9.12所示,2008年至2011年,固定资产占比不是非常大,与存货占比的差距也不大,根据其披露的数据,存货中占比最大的是原材料,这也意味着2008年至2011年营业成本中变动成本的占比并不小,所以这期间营业收入增长对其利润率的提高并不明显。

因此,三钢闽光在2009年至2011年,由于总资产没有因资产减值损失或信用减值损失而减少且有息负债率维持在高位没有大幅的变化,其净资产收益率的提高仅仅来自营业收入的增长,而由于这期间变动成本占比也较大,营业收入增长对其净利润率的提高并不明显,所以净资产收益率的提高也不明显,在2011年高潮期仅有9%,远低于2007年的20%,所以其股价仅在周期反转的前期上涨了一年。

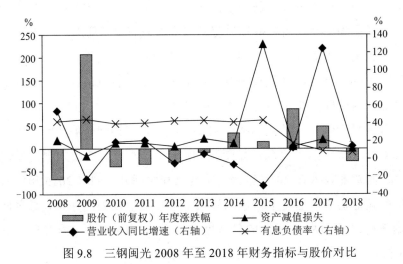

图9.8 三钢闽光2008年至2018年财务指标与股价对比
【数据来源:三钢闽光公司年报】

第9章 行业景气下滑带来的行业反转投资机会

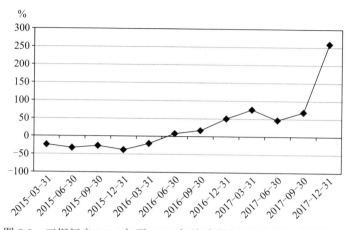

图9.9 三钢闽光2015年至2017年单季度营业收入同比增速情况
【数据来源：三钢闽光公司年报】

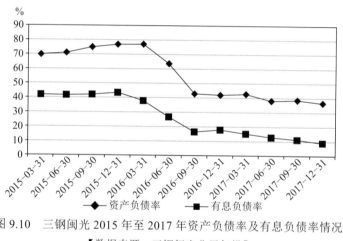

图9.10 三钢闽光2015年至2017年资产负债率及有息负债率情况
【数据来源：三钢闽光公司年报】

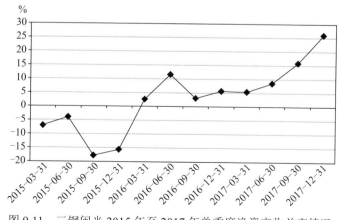

图9.11 三钢闽光2015年至2017年单季度净资产收益率情况
【数据来源：三钢闽光公司年报】

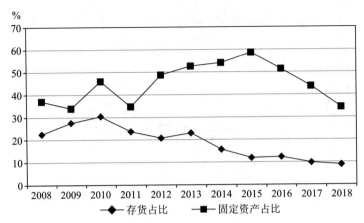

图 9.12 三钢闽光 2008 至 2018 年存货及固定资产占比情况
【数据来源：三钢闽光公司年报】

# 第10章
# 事件性危机带来的估值修复投资机会

　　如前面所述,结构性投资机会除了行业周期反转,其次就是事件性危机带来的估值修复投资机会。如2008年三聚氰胺事件带来的伊利股份投资机会,2012年白酒塑化剂事件带来的贵州茅台投资机会以及2018年问题疫苗事件带来疫苗行业龙头的投资机会。

## 10.1 估值修复是事件性危机的首要获利点

事件性危机可能是行业整体性的,如三聚氰胺事件;也有公司个体发生的事件性危机,如中兴通讯被制裁的事件。两者虽然有所不同,但类似的是,事件性危机都造成整个行业或者公司个体的估值非理性地大幅下降,不过它们只要是行业的绝对龙头,最终它们也将进行估值修复。

### 10.1.1 行业事件性危机

事件性危机,我个人的理解是类似黑天鹅事件且该事件对行业或公司具有非常大的影响力,可能会让该行业或者公司进行重大的调整。因此,我将事件性危机分为行业事件性危机和公司事件性危机。

行业事件性危机,即指该事件对整个行业都产生影响,或者说牵连的公司不止一家行业内的公司,如2008年奶粉行业的三聚氰胺事件、2012年白酒行业的塑化剂事件以及2018年的问题疫苗事件。

行业事件性危机对行业的影响,类似于周期性行业进入景气下滑调整,通常情况下,市场份额最大的龙头企业会在危机中崛起。因此,行业事件性危机的获利点分别为估值修复和行业幸存者抢占市场份额,典型的例子就是2008年奶粉行业的三聚氰胺事件。

2008年9月8日,三鹿奶粉被爆出含有三聚氰胺,随后事件进一步恶化,包括伊利、蒙牛、光明、圣元及雅士利在内的22个厂家69批次产品中都检出三聚氰胺。因此,如图10.1所示,伊利股份股价连续暴跌。

## 第 10 章　事件性危机带来的估值修复投资机会

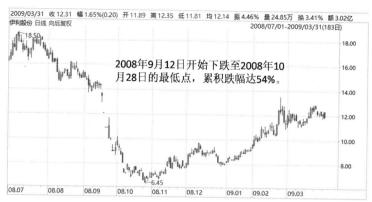

图 10.1　2008 年 7 月至 2009 年 3 月伊利股份股价走势
【图片来源：万得（Wind）】

虽然该事件爆出后对国内的牛奶行业造成非常不利的影响，但从长远看，是一个很好的发展机遇。因为牛奶是生活中的必需品，不可能完全靠进口。事件爆出后政府会出台相关政策监督管控，促进行业更健康地发展。类似的还有 2018 年问题疫苗事件。

此外，三聚氰胺事件的源头是发生在奶牛的养殖户上，从图 10.2 所示的乳制品加工行业产业链看，对于属于奶品加工环节的伊利股份来说，影响并不大，因为其产品的需求也是较为刚性的，对上游鲜奶供应商的议价能力短期反而可能加强，事实上从其在 2008 年至 2009 年应付账款占总资产的比例增加以及 2009 年毛利率上升就可以得到体现。由于对上游议价能力的提升，反而可能获得更低价格的原材料，即鲜牛奶，或者也是进入上游奶牛养殖环节的战略机遇。

图 10.2　乳制品加工行业产业链

加上 2008 年系统性下跌行情，如图 10.3 所示，伊利股份的 PB 估值已经跌至历史最低值，即使现在回头看也还是最低值。对于逆向投资者而言，这是巨大的估值修复获利空间。同时，该事件由于伊利股份产品中检出的数量较少，整体上伊利股份本身受影响程度较低，对其品牌及需求的影响不大，对发现的问题改正后，最终会获得更多的市场份额。

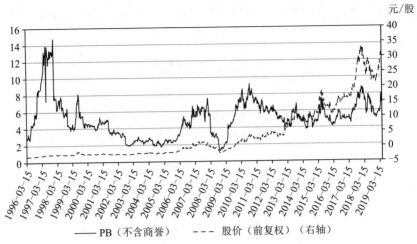

图 10.3 伊利股份 1996 年至 2019 年 PB 及股价走势对比

【数据来源：理杏仁网站】

如图 10.3 所示，由于事件得到有效解决，三聚氰胺对消费者需求的影响开始减退，伊利股份开始了估值修复，股价持续上涨并连续创新高。

## 10.1.2 公司事件性危机

公司事件性危机，即该公司发生了重大不利事件促使公司陷入困境，但是事件的影响仅限于本公司，不对行业的其他公司造成不利影响。类似的事件，如美国制裁中兴通讯事件、康美药业财务谜团事件以及华海药业缬沙坦事件。

与行业事件性危机不同，公司事件性危机的获利点只有估值修复，因为其下跌所带来的机会更多是估值的错杀，典型的例子就是 2018 年中兴通讯事件。

如图 10.4 所示，由于 2018 年 4 月芯片禁运事件，中兴通讯开始连续 8 个跌停板，同时，从 PB 估值上看，如图 10.5 所示，2018 年 7 月中兴通讯的 PB 估值倍数已经跌至历史低位 2 附近，根据 1997 年以来的统计数据，中兴通讯的历史中位数为 3.4，从估值修复的角度看，其具有一定的估值修复空间。

第 10 章　事件性危机带来的估值修复投资机会

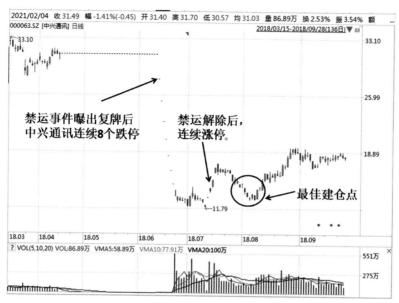

图 10.4　禁运事件前后中兴通讯股价走势图
【图片来源：万得（Wind）】

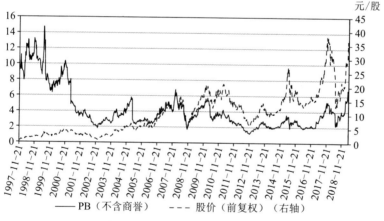

图 10.5　中兴通讯 1997 年至 2018 年 PB 水平及股价走势
【数据来源：理杏仁网站】

与伊利股份相类似的是，中兴通讯也属于行业的龙头，如图 10.6 所示，中兴通讯是通信基站主设备的供应商，其所在行业的集中度是较高的，根据英国 IHS Markit 的统计，2018 年从手机基站的出货额来看，前 5 家企业占领了全球 95.4% 的市场份额，国内市场主要集中在华为和中兴通讯上。

其次，从如图 10.7 所示的行业产业链情况看，由于主设备运营商的寡头竞争格局，其对上游供应商的议价能力较强，增长的情况更多取决于电信运营商，如中国移动、中国联通及中国电信的投资支出。

因此，只要禁运事件解除，加上行业寡头竞争的行业特性和 5G 通信的投资周期预期，其营业收入保持增长的概率非常大。

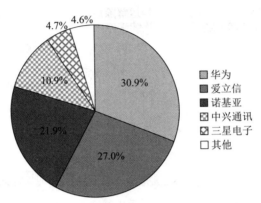

图 10.6　2018 年全球基站供应商市场份额情况

【数据来源：IHS Markit】

图 10.7　中兴通讯产业链情况

在 2018 年 7 月 14 日解除禁令后，禁运事件导致的股价超跌，在 2018 年 8 月开始进行估值修复行情，如图 10.4 所示。

且从中兴通讯的股东数据看，如图 10.8 及图 10.9 所示，2018 年第 3 季度社保基金加仓，同时在 2019 年第 1 季度国内著名的机构投资者高毅资产也进入前 10 大股东。

| 排名 | 股东名称 | 方向 | 变动分析 | 持股数量(股) | 持股数量变动(股) | 占总股本比例(%) |
|---|---|---|---|---|---|---|
| 1 | 中兴新通讯有限公司 | 不变 | 232.7519 | 1,271,868,333 | 0 | 30.3400 |
| 2 | 香港中央结算(代理人)有限公司 | 不变 | 138.0352 | 754,290,489 | 9,633 | 17.9900 |
| 3 | 中央汇金资产管理有限责任公司 | 不变 | 9.6111 | 52,519,600 | 0 | 1.2500 |
| 4 | 湖南南天集团有限公司 | 不变 | 7.5974 | 41,516,065 | 0 | 0.9900 |
| 5 | 全国社保基金——组合 | 新进 | 4.4139 | 24,119,900 |  | 0.5800 |
| 6 | 全国社保基金——零四组合 | 减少 | 3.7517 | 20,500,881 | -24,488,000 | 0.4900 |
| 7 | 中国移动通信集团第七研究所 | 不变 | 3.4905 | 19,073,940 | 0 | 0.4500 |
| 8 | 全国社保基金——六组合 | 新进 | 3.3001 | 18,033,345 |  | 0.4300 |
| 9 | 香港中央结算有限公司(陆股通) | 增加 | 3.1061 | 16,973,182 | 3,144,798 | 0.4000 |
| 10 | 全国社保基金——二组合 | 新进 | 2.9609 | 16,180,000 |  | 0.3900 |
|  | 合计 |  | 409.0189 | 2,235,075,735 |  | 53.3100 |

图 10.8　中兴通讯 2018 年第 3 季度前 10 大股东情况

| 2019 一季报 | | | | | | |
|---|---|---|---|---|---|---|
| 排名 | 股东名称 | 方向 | 变动分析 | 持股数量(股) | 持股数量变动(股) | 占总股本比例(%) |
| 1 | 中兴新通讯有限公司 | 减少 | 347.7067 | 1,190,776,300 | -81,092,033 | 28.4000 |
| 2 | 香港中央结算(代理人)有限公司 | 不变 | 220.2590 | 754,311,638 | 4,846 | 17.9990 |
| 3 | 香港中央结算有限公司(陆股通) | 增加 | 18.1444 | 62,138,413 | 37,639,575 | 1.4800 |
| 4 | 中央汇金资产管理有限责任公司 | 不变 | 15.3357 | 52,519,600 | 0 | 1.2500 |
| 5 | 湖南南天集团有限公司 | 不变 | 12.1227 | 41,516,065 | 0 | 0.9900 |
| 6 | 上海高毅资产管理合伙企业(有限合伙)-高毅邻山1号远望基金 | 新进 | 8.7600 | 30,000,000 | | 0.7200 |
| 7 | 中国人寿保险股份有限公司 分红-个人分红-005L-FH002深 | 新进 | 7.9574 | 27,251,458 | | 0.6500 |
| 8 | 全国社保基金一二组合 | 增加 | 7.0366 | 24,097,904 | 5,213,504 | 0.5700 |
| 9 | 中国移动通信第七研究所 | 不变 | 5.5696 | 19,073,940 | 0 | 0.4500 |
| 10 | 全国社保基金一零八组合 | 新进 | 5.2560 | 17,999,973 | | 0.4300 |
| | 合 计 | | 648.1481 | 2,219,685,291 | | 52.9300 |

图 10.9 中兴通讯 2019 年第 1 季度前 10 大股东情况

综上，从基本面看，在投资前应先注意以下几个方面：

一是发生事件性危机的上市公司应为行业龙头，在行业以及整个市场中具有较大的影响力，如中兴通讯，位于全球第四，全国第二的通信设备商且能够提供 5G 端到端的解决方案。

二是危机的事件是可以修复的，不存在违法违规或者被退市风险。

三是价格已经大幅下跌至其历史估值低位。

从交易层面上看，不宜过早买入，待事件已较为明确地得到解决后再进场也不迟。虽然结果出来后股价会快速反弹，但是通常来说事件性危机对上市公司股价的跌幅大都超过 50%，估值的修复不是一两天就能完成的。如图 10.4，中兴通讯股价虽然在 2018 年 7 月 14 日连续涨停，但后面随即回落，在事件确认解决且价格上涨后回落时，就是最好的入场机会。

## 10.2 事件性危机反转的投资要点

事件性危机反转投资策略与行业周期反转投资策略不同，投资机会主要来自错杀，如果是行业的事件性危机，除了估值修复的获利空间，还有就是幸存者抢占市场份额；对于公司事件性危机，一般只有估值修复的投资机会。

在采用事件性危机反转投资策略时，应注意以下几点：

一、发生事件性危机后，公司和行业是否会继续存在？这个问题是投资者首先要思考的。因此，行业事件性危机反转投资中，首选生命周期长的行业；同时公司事件性危机反转投资中，首选行业市场份额大的龙头企业。

二、股价跌幅是否已严重偏离公司价值？偏离的幅度决定着未来的获利空间。实际投资中如何计算和比较偏离度？如果以估值倍数的历史中值作为价值中枢的话，那么历史中值水平与其在下跌最低点时 PB 的比值，即为其偏离价值的幅度。

如表 10.1 所示，伊利股份在三聚氰胺事件造成的市值偏离度要大于禁运事件中的中兴通讯。

当然这只是建立在历史统计数据上的比较，根据统计学原理，统计时间越长，其数据越多，相对而言也会更有效。对于上市时间较短的上市公司而言，可能有效性会减弱。

表 10.1　伊利股份与中兴通讯在事件性危机中的市值偏离度比较

| 公司名称 | 事件性危机期间股价最低点日期 | 事件性危机期间的 PB 最低值 | 历史 PB 中位数 | 下跌造成的市值偏离公司价值的幅度 |
| --- | --- | --- | --- | --- |
| 伊利股份 | 2008-10-27 | 1.19 | 4.21 | 3.54 |
| 中兴通讯 | 2018-06-29 | 2.22 | 3.33 | 1.50 |

注释：历史 PB 中位数为截至最低点时的中位数；偏离度为中位数与最低值的比值。

三、不宜过早买入，结合事件的发展情况以及股价的走势情况，发生的事件之所以会使行业或公司陷入危机，通常是具有一定严重性的。因此，行业或公司业绩修复需要一定时间，买入不宜操之过急。

例如前面所提到的中兴通讯，在解禁消息出来后，虽然连续两天涨停，但是随即开始回调，经过了 150 个交易日才达到危机前的价位。

四、业绩转好时就是卖出点或者达到估值高位区间就是卖点，由于发生黑天鹅事件可能会造成净利润亏损，因此宜采用的估值方法是市净率（PB）或者市销率（PS）。

相对估值法只是参考，它不是万能的，对于投资者来说，通常可以根据上市公司的具体情况，给予相应的估值倍数，以伊利股份为例，如图 10.3 所示，中性预测时可以参照中位数的估值倍数 4.88，乐观预测时可以参照 7，从图中可以看到该位置是多个价位的交汇点。

五、还是那句话，投资要站在巨人的肩膀上，买卖时或持有期间可关注上市公司前 10 大股东中聪明投资者的持股变动情况。

以伊利股份为例，如图 10.10 所示，社保基金在 2009 年第 1 季度进入前 10 大股东，如图 10.11 所示，其买入的价格基本上非常接近底部，同时在 2009

年第 2 季度加仓，并在 2009 年第 4 季度卖出，卖出的时点基本上也是位于区间的高位。

图 10.10　2009 年第 1 季度伊利股份前 10 大流通股东情况

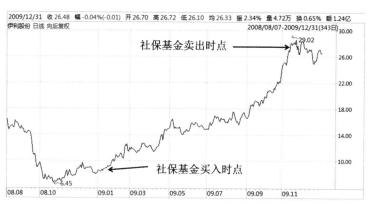

图 10.11　2008 年 8 月至 2009 年 12 月社保基金买卖伊利股份时点图
【图片来源：万得（Wind）】

## 10.3　杜邦分析法在事件性投资策略的应用

事件性危机的投资机会与前面两种投资机会有很大的不同，相对而言，它具有一定的偶发性，在财务指标上也更个性化，可能不具有很强的代表性。因此，该策略只适用于那些行业地位不可替代且没有违法的龙头上市公司。

以伊利股份为例，在 2008 年发生三聚氰胺事件时，如图 10.12 所示，营业收入仍保持增长且毛利率也没有较大变化，而如图 10.13 所示，其净利润率下降更多是由于资产减值损失的增加，总资产由于在 2008 年大幅计提减值损失而下降，如图10.14，资产减值损失中计提的主要为存货跌价准备，因此在营业收入保持增长的前提下，其资产周转率在减值损失后走向上升趋势；资产负债率，由于短期借款增加，如图10.15所示，其有息负债率在2008年达到高点，随后两年小幅下降；由于其有息负债占比较小，因此整体上看其资产负债率在2009年和2010年变化不大。

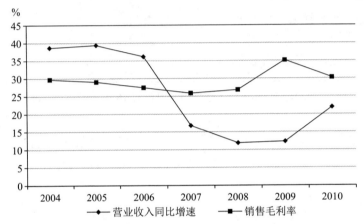

图10.12 伊利股份2004年至2010年营收增速及销售毛利率
【数据来源：伊利股份公司年报】

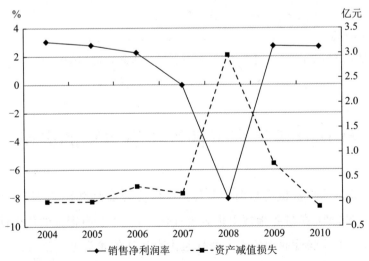

图10.13 伊利股份2004年至2010年净利润率及资产减值损失
【数据来源：伊利股份公司年报】

39、资产减值损失：

单位：元 币种：人民币

| 项目 | 本期发生额 | 上期发生额 |
|---|---|---|
| 一、坏账损失 | 34,618,237.05 | 8,618,080.02 |
| 二、存货跌价损失 | 238,480,707.30 | 5,140,871.53 |
| 三、可供出售金融资产减值损失 | | |
| 四、持有至到期投资减值损失 | | |
| 五、长期股权投资减值损失 | | |
| 六、投资性房地产减值损失 | | |
| 七、固定资产减值损失 | 22,583,582.80 | 3,680,198.15 |
| 八、工程物资减值损失 | | |
| 九、在建工程减值损失 | | |
| 十、生产性生物资产减值损失 | | |
| 十一、油气资产减值损失 | | |
| 十二、无形资产减值损失 | | |
| 十三、商誉减值损失 | | |
| 十四、其他 | | |
| 合计 | 295,682,527.15 | 17,439,149.70 |

图 10.14　伊利股份 2008 年年报对资产减值损失的披露

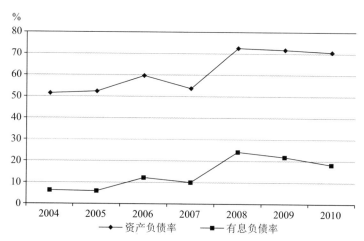

图 10.15　伊利股份 2004 年至 2010 年资产负债率及有息负债率
【数据来源：伊利股份公司年报】

从净资产收益率的杜邦分析公式 [净资产收益率（ROE）= 净利润率 × 资产周转率 × 权益乘数] 上看，其净利润率有上升空间，资产周转率也有上升空间，而资产负债率变动幅度不大，因此，如图 10.16 所示，2009 年第 1 季度开始单季度的净资产收益都要好于 2008 年，且 2009 年至 2010 年的年度净资产收益率都在 20% 以上。

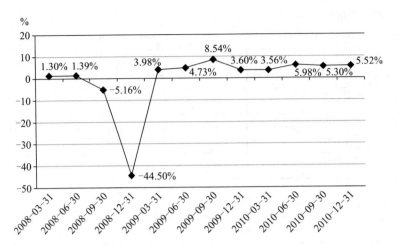

图 10.16 伊利股份 2008 年至 2010 年单季度净资产收益率情况
【数据来源：伊利股份公司年报】

净利润率提高是因为营业收入保持增长，固定成本因为已计提资产减值损失，后期继续下降的可能性小；而变动成本的原材料奶源供应，因为奶牛养殖户受三聚氰胺打击更大，短期内成本上升的可能性也很小。

资产周转率提高是因为营业收入能够保持增长。

资产负债率变动幅度不大是因为本身所处的防御性行业特性，有息负债占比较小。

综上，可以看到 2009 年和 2010 年伊利股份的估值修复更多的是来自营业收入保持增长以及净利润率的提高。所以行业龙头在遇到事件性危机时，重点关注的财务指标还是营业收入是否能保持增长？当期净利润率的降低是不是当期的资产减值损失或信用减值损失导致的？有息负债是否会下降？

与伊利股份不同，中兴通讯所处行业具有一定的周期性，因为其营业收入是否增长更多地取决于通信运营商的投资周期。因此，其估值修复行情的力度还要结合其行业周期来看。

# 第11章
# 成功的投资者都是典型的逆向投资者

纵观市场上那些著名的成功投资者,从本质上他们都是典型的逆向投资者,因为股票投资要想获利,就必须低买高卖。要想获得足够低的价格,当然是市场出现恐慌抛售的时候;同样如果要想获得足够高的溢价,当然是市场出现疯狂的时候。多数成功的投资者都是在别人恐慌时买入,在别人疯狂时卖出。

## 11.1 沃伦·巴菲特与查理·芒格

沃伦·巴菲特是大家耳熟能详的投资家,实际上他的成功离不开长期合作伙伴查理·芒格。在遇到查理·芒格之前,他更多的是遵循其导师格雷厄姆的投资理念,选择低估值的烟蒂股,可以说他是典型的逆向投资者。在遇到查理·芒格之后,他在原有的投资理念上加上了"好生意"的模式,因此,两者的长期合作造就了伯克希尔哈撒韦公司辉煌的投资业绩。按照伯克希尔哈撒韦公司的账面价值计算,1965 年至 2018 年的 54 年期间复合年化收益率达 18.7%。

### 11.1.1 人物简介

沃伦·巴菲特(后文均简称为巴菲特)。

1930 年出生于内布拉斯加州奥马哈市。

1947 年,巴菲特进入宾夕法尼亚大学攻读财务和商业管理。两年后转学到内布拉斯加大学林肯分校,一年内获得了经济学学士学位。

1950 年,巴菲特考入哥伦比亚大学商学院,师从著名投资学理论学家本杰明·格雷厄姆。

1951 年巴菲特从哥伦比亚商学院毕业并进入纽约金融学院学习经济学的知识。

1951 年至 1954 年,巴菲特在 Buffet-Falk & Co. 从事投资业务员工作。

1954 年至 1956 年,在 Graham-Newman Corp. 从事证券分析师工作。

1956 年,巴菲特成立了巴菲特合伙人公司并一直作为普通合伙人持续到 1969 年。

## 第 11 章 成功的投资者都是典型的逆向投资者

1969 年，巴菲特对合伙公司进行了清算并将资金转给了合伙人。

1970 年，巴菲特最终收购了纺织制造公司伯克希尔哈撒韦公司并成为公司的控股股东。1970 年至今巴菲特一直作为伯克希尔哈撒韦公司董事会主席及 CEO，其中 1978 年查理·芒格加入并成为伯克希尔哈撒韦公司的副主席。

根据福布斯的数据，截至 2019 年 12 月巴菲特财富净值达到 860 亿美元。

查理·芒格（后文均简称为芒格）。

1924 年出生于内布拉斯加州奥马哈市。

1941 年芒格进入密歇根大学学习数学专业。

1943 年年初 19 岁生日后，放弃学业，加入了美国陆军空军兵团的一个军官培养计划，由于在军队普通分类测试中分数较高，后被送到加利福尼亚州帕萨迪纳市的加州理工学院学习热力学和气象学。

1946 年芒格退役，借"复原军人安置法案"申请哈佛法学院，并于 1948 年毕业。

1948 年芒格哈佛毕业后去了加利福尼亚州，供职于 Wright & Garrett 律师事务所，后更名为 Musick, Peeler & Garrett 律师事务所。

1962 年，芒格成立 Munger, Tolles & Olson 律师事务所，专注于房地产行业法律咨询。随后他放弃了律师职业，专注于投资，与奥迪斯·布茨（Otis Booth）开发房地产。

1962 年至 1975 年，芒格和杰克·韦勒（Jack Wheeler）合作，成立韦勒芒格公司，从事股票投资。根据 1984 年出版的《格雷厄姆—多德都市的超级投资者们》中披露的信息，查理·芒格的投资公司在 1962 年至 1975 年获得了 19.8% 的年化收益率，而同期道琼斯指数的年化增长率为 5%。

1978 年芒格加入巴菲特公司，正式担任伯克希尔哈撒韦公司的董事会副主席。

### 11.1.2 投资理念

两者都是典型的逆向投资者，因为他们在买股票时都强调以合理的价格买入，特别是年轻时的巴菲特一直遵循其导师格雷厄姆的价值投资的理念，倾向买入低估值的烟蒂股。同时，他也一直遵循着投资具有安全边际且在自己理解范围之内的业务。

但是，伯克希尔哈撒韦同样遇到了烟蒂股的瓶颈。正如芒格2019年2月在Daily Journal公司年会所说的："伯克希尔哈撒韦，它最开始的生意是什么？穷途末路的百货商店、穷途末路的新英格兰纺织公司、穷途末路的印花票公司。"

遇到芒格之后，巴菲特的投资理念也发生了变化，从原来只专注估值低，变成同时也兼顾公司的业务是不是"好生意"。因此，伯克希尔哈撒韦公司也融入了芒格的一些投资理念，即投资具有持续竞争优势、净资产回报高但是债务低，甚至是0负债的公司。

通过跟踪伯克希尔哈撒韦公司过往的投资案例，可以看出其投资的公司更多地倾向生活必需品的龙头企业。不管是科技股、金融股还是能源股，业务都更偏向终端，即具有较强的消费属性。

巴菲特和芒格成功的投资案例非常多，我主要列举他们的伯克希尔哈撒韦公司2015年以来两个典型的投资案例。一个是2016年开始投资苹果公司，并逐步成为组合的重仓股；另一个是在2015年原油低迷期时开始买入石油炼化及销售公司菲利普斯66（Phillips 66）并在原油市场阶段性高点时卖出。两个案例可以凸显他们对不同类型股票的不同操作方式，同时可以看出长期以来扎实的研究让他们对事物发展趋势有着精准的把握，从而敢于在市场中逆向操作。

## 11.1.3　投资案例——2016年投资苹果公司

如图11.1所示，伯克希尔哈撒韦公司在2016年第1季度开始买入苹果公司，这是巴菲特投资生涯中第二次买入科技股。

之前说过，伯克希尔哈撒韦公司重仓的行业主要是在防御性消费行业和金融服务行业，业务都具有较强的消费属性。巴菲特2016年才买入苹果公司，个人的理解还是如前面所述，智能手机已成为每个人的必备，同时苹果公司的龙头地位也已非常明显。因此，此时买入苹果公司更多的是顺应时代消费趋势而买入的消费科技股。

此外，从财务的各项指标上看，净资产收益率很高，从资产负债结构上看，根据2016年年报的数据，类现金资产（包括非流动资产的有价证券）占总资产的比例达到73%，有息负债率仅为25%，净利润率自2011年以来稳定在20%以上，可以说是典型的白马股。

同时，从行业竞争情况看，虽然有三星及华为等对手侵蚀市场份额，但是在高端市场上苹果仍是一枝独秀，仍具有非常强的竞争力，特别是在美国国内市场。

通过巴菲特实际的操作也可以看到，其更多的是将苹果公司作为资产的配置，而不是短期的买卖。

虽然是长期持有，巴菲特也并不是随意买，而是在市场低迷时买入。如图 11.1 所示，从买入的时点看，首次建仓的位置是在股价连续下跌近 5 个月后买入的，随后几次加仓也基本是在股价调整期间买入。

通过如表 11.1 所示的持仓数据可以看到，虽然其在阶段高位有卖出苹果公司股票，但是跟持仓量相比基本上微不足道。

因此，对于类似苹果公司的白马股，其投资策略更多的是持有，在市场大跌的时候大幅加仓，在市场较为火热的时候略微减仓。同时，在单只个股的仓位安排上，通常是给予较大的仓位，截至 2019 年 9 月 30 日，苹果公司持仓的总市值为 557 亿美元，占总资金规模的比例达 26%。

从上述案例可以看到，巴菲特对白马股的选股标准及买卖操作方式。

首先，白马股应该是属于可持续性强的类消费行业，其产品已成为每个人生活的一部分，同时行业龙头已较为稳定。

其次，操作上就是在股价大幅下跌时买入，在仓位的安排上可加大仓位并一直持有，也可在市场疯狂时将其减仓。

对于没有时间打理股票的上班族散户投资者来说，该类型投资策略是值得借鉴的。因为该类型股票是抵抗通胀的好标的，这样的例子在 A 股中还是非常多的，如贵州茅台、伊利股份以及格力电器。

**表 11.1 伯克希尔哈撒韦公司 2016 年 3 月至 2019 年 9 月持有苹果公司的仓位变化情况**

| 13F 报告披露日期 | 市值 / 千美元 | 持仓数量 / 股 | 持仓数量变动情况 / 股 |
| --- | --- | --- | --- |
| 2016-03-31 | 1,069,382 | 9,811,747 | — |
| 2016-06-30 | 1,455,768 | 15,227,702 | 5,415,955 |
| 2016-09-30 | 1,721,492 | 15,227,702 | 0 |
| 2016-12-31 | 6,643,394 | 57,359,652 | 42,131,950 |
| 2017-03-31 | 18,583,441 | 129,357,106 | 71,997,454 |
| 2017-06-30 | 18,750,246 | 130,191,960 | 834,854 |

续表

| 13F报告披露日期 | 市值/千美元 | 持仓数量/股 | 持仓数量变动情况/股 |
| --- | --- | --- | --- |
| 2017-09-30 | 20,666,379 | 134,092,782 | 3,900,822 |
| 2017-12-31 | 27,979,467 | 165,333,962 | 31,241,180 |
| 2018-03-31 | 40,194,658 | 239,567,633 | 74,233,671 |
| 2018-06-30 | 46,639,553 | 251,955,877 | 12,388,244 |
| 2018-09-30 | 56,994,561 | 252,478,779 | 522,902 |
| 2018-12-31 | 39,370,221 | 249,589,329 | -2,889,450 |
| 2019-03-31 | 47,409,494 | 249,589,329 | 0 |
| 2019-06-30 | 49,398,720 | 249,589,329 | 0 |
| 2019-09-30 | 55,732,400 | 248,838,679 | -750,650 |

图 11.1 伯克希尔哈撒韦公司 2014 年 1 月至 2019 年 12 月买卖苹果公司的操作
【图片来源：万得（Wind）】

## 11.1.4 投资案例——2015 年再次买入菲利普斯 66 公司

菲利普斯 66 公司是美国一家跨国能源公司，总部位于得克萨斯州休斯敦威斯切斯（Westchase），公司于 2012 年上市。

菲利普斯 66 公司是一家侧重原油产业链中下游的能源公司，主要业务包括中游的原油、成品油、天然气等产品的运输和化工业务以及下游的炼化和终端销售业务。

虽然是处于原油产业链的中下游，但是公司盈利的周期性仍然与原油价格有很大的关联。如图 11.2 所示，菲利普斯 66 公司的营业收入增速与原油价格基本同涨同跌，即成较强的正相关的关系。

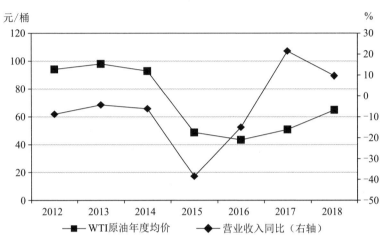

图 11.2　菲利普斯 66 公司 2012 年至 2018 年营业收入增速与 WTI 原油年度均价对比
【数据来源：万得（Wind）数据库】

根据表 11.2 所示的伯克希尔哈撒韦公司 13F 报告中菲利普斯 66 公司的持仓数据，其在 2015 年第 3 季度开始买入菲利普斯 66 公司，与苹果公司相比，菲利普斯 66 公司周期性偏强，在 2015 年之前伯克希尔哈撒韦公司也买入过，但在 2015 年第 2 季度清仓，并在 2015 年第 3 季度又开始建仓。

通过跟踪伯克希尔哈撒韦公司对菲利普斯 66 公司的操作，可以看出其对周期性个股的操作方式与之前的白马股是不相同的。

首先，在仓位上，不会像白马股那样给予很大的仓位，如表 11.2 所示，菲利普斯 66 公司在 2018 年第 4 季度市值最高时也就 82 亿美元，在其总资金规模中占比较小；其次，在买卖操作上，不会像白马股那样逢低买入持有，而是在周期底部时逢低买入，在周期景气阶段逢高卖出。

如图 11.3 所示，伯克希尔哈撒韦公司在 2015 年第 3 季度开始买入菲利普斯 66 公司，其买入的时点，如图 11.4 所示，刚好是原油价格下跌周期底部阶段，同时在原油价格触底反弹后开始大幅加仓；在原油处于阶段性顶部时，如图 11.3 和图 11.4 所示，2018 年第 1 至 3 季度大幅减持。

从该案例可以看到对于周期性波动较大的行业，巴菲特也并不是只是买入持有，而是进行了大波段的操作。但是一样的是，都是进行逆向操作，在市场低迷时买入，在市场疯狂时减仓卖出。

因此，散户投资者不要一味地认为价值投资者就是长期持有，面对周期性较强的行业上市公司时，也要考虑周期性大幅波动带来的影响。总之，要真正了解行业情况和公司价值，在公司价值因为行业弱周期被低估时敢于买入，同时在公司高估时卖出。通过巴菲特对菲利普斯 66 公司的买卖操作就可以看到，其对原油市场把握得非常准确，从而在对菲利普斯 66 公司的操作上，基本抄底逃顶。

表 11.2　伯克希尔哈撒韦公司 2015 年 6 月至 2019 年 9 月持有菲利普斯 66 公司的仓位变化情况

| 13F 报告披露日期 | 市值 / 千美元 | 持仓数量 / 股 | 持仓数量变动情况 / 股 |
| --- | --- | --- | --- |
| 2015-06-30 | 0 | 0 | — |
| 2015-09-30 | 4,724,655 | 61,486,926 | — |
| 2015-12-31 | 5,029,632 | 61,486,926 | 0 |
| 2016-03-31 | 6,541,939 | 75,550,745 | 14,063,819 |
| 2016-06-30 | 6,250,563 | 78,782,000 | 3,231,255 |
| 2016-09-30 | 6,499,571 | 80,689,892 | 1,907,892 |
| 2016-12-31 | 6,972,414 | 80,689,892 | 0 |
| 2017-03-31 | 6,392,254 | 80,689,892 | 0 |
| 2017-06-30 | 6,672,247 | 80,689,892 | 0 |
| 2017-09-30 | 7,392,000 | 80,689,892 | 0 |
| 2017-12-31 | 8,161,782 | 80,689,892 | 0 |
| 2018-03-31 | 4,382,575 | 45,689,892 | −35,000,000 |
| 2018-06-30 | 3,900,471 | 34,729,514 | −10,960,378 |
| 2018-09-30 | 1,739,611 | 15,433,024 | −19,296,490 |
| 2018-12-31 | 1,024,826 | 11,895,842 | −3,537,182 |
| 2019-03-31 | 528,452 | 5,552,715 | −6,343,127 |
| 2019-06-30 | 519,401 | 5,552,715 | 0 |
| 2019-09-30 | 530,702 | 5,182,637 | −370,078 |

第 11 章　成功的投资者都是典型的逆向投资者

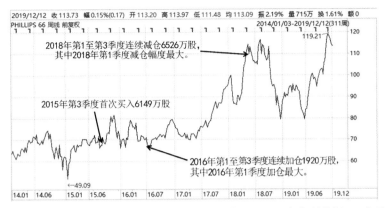

图 11.3　伯克希尔哈撒韦公司 2014 年 1 月至 2019 年 12 月买卖菲利普斯 66 公司的操作
【图片来源：万得（Wind）】

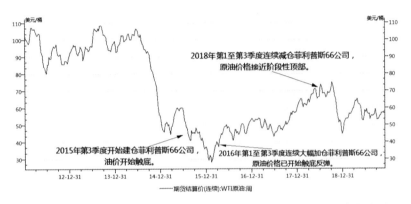

图 11.4　伯克希尔哈撒韦公司买卖菲利普斯 66 公司与原油价格走势图
【数据来源：万得（Wind）数据库】

## 11.2　塞斯·卡拉曼

塞斯·卡拉曼也是知名的价值投资者，他的代表作《安全边际》（Margin of Safety）已成为重要的投资经典著作。和巴菲特非常类似，卡拉曼极度厌恶风险，他说他管钱并非为了巨大收益而是为了保护资本，因此他喜欢在市场遭受痛击的时候买入，这也体现了其本质上也是逆向投资。事实上从其管理的投资公司业绩，就可以看出其实力，根据 CNBC 的报道，其管理的基金从 1982 年成立至 2015 年的 33 年里年化收益率达到 16.4%。基金管理规模从成立之初的 2700 万美元已经发展至 2019 年 12 月份的 270 亿美元。

## 11.2.1 人物简介

塞斯·卡拉曼，1957年出生于纽约市。

1979年，毕业于康奈尔大学，获得经济学学位，在大学三年级时，塞斯·卡拉曼开始在麦克斯·海因（Max Heine）和迈克尔·普莱斯（Michael Price）的共同股份基金（Mutual Shares Fund）公司实习并且在毕业后还在该公司工作了18个月。在共同股份基金的工作给塞斯·卡拉曼的投资理念起到了重要的作用。他曾说从麦克斯·海因和迈克尔·普莱斯两位价值投资大师那里学习到的商业知识，比书本或者教室中传授的知识都要好。

后来他又在哈佛商学院学习，1982年，获得MBA学位后，成立了自己的投资公司——Baupost集团公司，初始资金为2700万美元。从成立到2008年，公司的年化收益率超过了20%。此外，根据CNBC的报道，该基金从成立至2015年的年化收益率为16.4%。

根据福布斯2019年12月11日的数据，其管理的资金规模已达270亿美元，个人的财富净值达15亿美元。

## 11.2.2 投资理念

塞斯·卡拉曼的投资方法核心也是价值投资，但是他更加强调安全边际。

首先，他在仓位上很少满仓，投资公司Baupost投资组合中的现金比例很高，最高的时候会达到50%。因为他觉得长期满仓操作会把自己的风险都暴露出来，而且无法在股价更低的将来买入。

其次，在资产买入价格的安全边际上，塞斯·卡拉曼喜欢在价格受到极度打压的时候买入，而不赞同逢低便买的做法。因此，塞斯·卡拉曼总是有足够的耐心和信心等待最好的时机。

他一直秉承过度反应（下跌）=投资机会的投资理念。正如他所说的："我们寻求令人震惊的价格错位，这一般是由紧急事件、人们惊慌失措，或盲目的抛售引起的。"市场上各种催化剂事件造就了极佳的投资机会。

典型的例子就是雷曼公司倒闭前后，塞斯·卡拉曼买了大量的汽车消费金融债券，因为当时市场中到处是恐慌性的卖家，而买家有限，因此，他觉得此时是投资的大好时机，后面的确因此大赚了一笔。

在如何做出卖出的决策上，塞斯·卡拉曼的方法是先测算出股价的合理范围上限，如果达到上限附近，再进行重新评估，如果维持原来的判断，则不管未来还有多么大的涨幅，都坚定地开始卖出。

## 11.2.3 投资案例——2016年逆势抄底能源股

如图 11.5 所示，原油价格从 2014 年 7 月份开始进入下跌趋势，WTI 原油价格从 100 美元 / 桶跌至不到 30 美元 / 桶。与此同时，能源股也大幅下跌，如图 11.6 所示，2016 年 1 月能源板块的市净率跌至 1.01，同时如图 11.7 所示，能源板块在美股各板块的估值中也是最低，仅次于金融和材料板块。

通过跟踪塞斯·卡拉曼基金公司 Baupost 持仓数据可以看到，其在逆势中增持油气能源行业股票。如图 11.8 和图 11.9 所示，Baupost 在原油大幅下跌前，其能源行业的持仓仅为 11%。在原油出现恐慌性大跌后，其能源行业的持仓成为其第一大权重，持仓占比高达 33%。

同时，在 2018 年第 3 季度原油下跌调整时对能源股进行了减仓，如图 11.10 所示，2018 年第 3 季度其能源行业的持仓比例已下降至 18%。

通过塞斯·卡拉曼 2016 年抄底能源股的案例，可以看到塞斯·卡拉曼的操作基本与其投资理念一致。在市场恐慌杀跌时买入，此时资产的估值也是跌入谷底。

通过跟踪塞斯·卡拉曼的持仓可以看到，其各个时点的投资组合的行业权重会变化较大，说明他一直在寻找绝对收益的机会，即低估的行业和板块，同时会在市场恐慌时加大仓位。因此，从这一点上看，他与巴菲特有所不同，只要公司符合被低估的情况且出现恐慌性下跌，塞斯·卡拉曼会加大仓位，而不仅仅将大仓位锁定在稳健的白马股上。

当然，这可能与其资金管理规模的不同而有所不同，他比巴菲特管理的资金规模要小得多。因此，两者的投资策略并没有谁好谁坏，只是都适合各自的需求而已。但不管怎样，本质上看，都是一样的，即都是逆向投资者，且都是注重基本面研究的投资者。

图 11.5　塞斯·卡拉曼 2016 年抄底能源股与原油价格
【数据来源：万得（Wind）数据库】

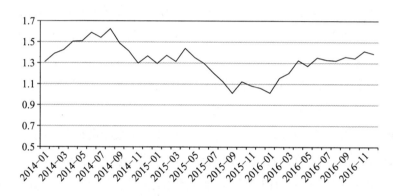

图 11.6　美股能源行业 2014 年至 2016 年行业市净率
【数据来源：万得（Wind）数据库】

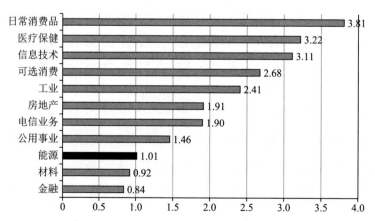

图 11.7　2016 年 1 月美股各行业市净率对比
【数据来源：万得（Wind）数据库】

第 11 章 成功的投资者都是典型的逆向投资者

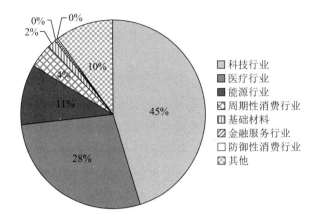

图 11.8 Baupost 公司 2014 年第 2 季度投资组合的行业权重
【数据来源：gurnfocus】

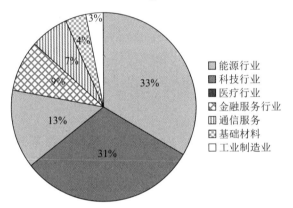

图 11.9 Baupost 公司 2015 年第 4 季度投资组合的行业权重
【数据来源：gurnfocus】

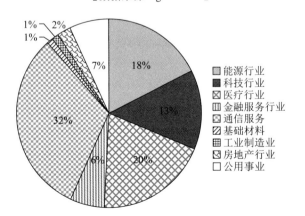

图 11.10 Baupost 公司 2018 年第 3 季度投资组合的行业权重
【数据来源：gurnfocus】

## 11.3 卡尔·伊坎

卡尔·伊坎也是典型的逆向投资者，他曾经将自己的投资理念简单归结为："买别人不买的东西，在没人买的时候买。"但与前面的三者相比，他更加激进，所以对于普通散户而言，是比较难操作的，但是也非常值得借鉴。在锚定低估值的股票后，他不只是买入，而是获得该公司的控制权，并进行公司治理上的改革以及资产重组让公司盈利增加或提高股价从而获得巨额回报。

### 11.3.1 人物简介

卡尔·伊坎，1936 年出生于纽约市的皇后区。

1957 年，毕业于普林斯顿大学的哲学专业，随后进入纽约大学学习医学，但是学习两年后，放弃学业参军。

入伍六个月后，卡尔·伊坎选择了退伍，1961 年，开始在华尔街从事股票经纪人职业。

1968 年，利用自己的积蓄 15 万美元及其叔叔的投资 40 万美元，在纽约交易所买了一个交易席位，并成立 Icahn & Co. 证券公司，主要从事风险套利和期权交易。

1978 年，开始通过二级市场收购低估值公司股票并获得控股权，通过重组卖出获利，先后投资了辉门公司、环球航空公司及菲力浦石油公司等公司，并且获得巨额回报。

根据福布斯的数据，截至 2019 年 10 月，卡尔·伊坎的财富净值达到 175 亿美元。

### 11.3.2 投资理念

卡尔·伊坎一系列的投资主要通过其控制的公开上市的有限合伙企业 Icahn Enterprise L.P. 进行交易，Icahn Enterprise L.P.2018 年年报中介绍了"伊坎投资策略"，即按照格雷厄姆和多德这两位传统价值投资者的股票估值方法寻找低估的上市公司，尤其是陷入困境股价暴跌的上市公司。遵循格雷厄姆和多德的传统价值投资者只是买入低估值证券并等待上涨，而卡尔·伊坎与他们不同，他是主动参与公司运营及管理来改变公司的现状，从而实现股东利益最大化，兑现投资回报。

卡尔·伊坎投资策略中最重要的是公司的股价要低于公司的内在价值，运用各种方法对公司价值进行衡量，包括重置成本、拆卖价值、现金流以及盈利能力和清算价值。他在投资策略介绍中提到，之所以公司的股价低于公司的内在价值，主要是由于市场发生的负面事件和环境导致市场混乱并发生误判，如诉讼事件、被追究连带责任、公司违法违纪、公司治理薄弱、宏观环境恶化、市场周期影响以及复杂和不当的资本结构等原因，他正是抓住市场误判的机会，找出有价值的公司，并进行主动出击。

在投资实现的方法上，他以过程为导向，注重密集地研究以及以价值为基础。他将其投资方法分为三个步骤：

（1）基本面的信用情况、估值及资本结构分析；

（2）在重要问题方面的法律及税务分析，如影响估值的诉讼及监管问题；

（3）结合业务估值分析及法律和税务分析的结果，设立投资计划来获得风险可控的投资仓位。

此外，他的积极主动的措施包括邀约收购、争夺代理权以及问责管理层，通常他会激进地买入并获得公司的控制权对公司进行改革，如公司治理上的改革以及资产重组拆分。在使用的工具上包括各种可用的金融工具、股票、债券、银行贷款及其他公司债务、期权等衍生品，在方向上不仅仅是做多，也会做空。

## 11.3.3　投资案例——2015年逆势收购巴西铁矿石开采商

2013年开始，铁矿石价格连续下跌，如图11.11所示，铁矿石价格从2013年接近1000元/吨，跌至2015年底的285元/吨。铁矿石价格的大幅下跌，使铁矿石生产商的估值大幅下降，上市公司的股价大幅下跌，其中包括力拓、淡水河谷及必和必拓三大铁矿石巨头。

就在铁矿石行业处于低谷时，卡尔·伊坎通过Icahn Enterprise L.P.的全资子公司IEP Ferrous Brazil LLC在2015年第2季度开始买入Ferrous Resources Limited（以下简称"Ferrous Resources"）的股权，随后通过邀约收购的方式持续增持 Ferrous Resources，截至 2015 年年底，在 Ferrous Resources 的持股比例达到 77.2%。

由于铁矿石处于低迷期，被收购后的 Ferrous Resources 在经营上通过降低成本提高产品质量来提高公司的盈利能力；同时在 2015 年第 4 季度，Ferrous Resources 对财务上进行了大幅计提减值损失。

2016 年由于中国供给侧改革政策的实施，中国国内钢铁价格开始大幅上涨，同时也推动铁矿石价格回暖。在 2019 年 1 月铁矿石即将大涨前，卡尔•伊坎以 5.5 亿美元的价格将 Ferrous Resources 卖给了淡水河谷，税前获利 2.52 亿美元，意味着他在持有将近 3 年的时间里获得约 85% 的回报率，年均复合收益率为 23%。

图 11.11　卡尔•伊坎 2013 年 10 月至 2019 年 11 月买卖 Ferrous Resources 时点与铁矿石价格
【数据来源：万得（Wind）数据库】

Ferrous Resources 是一家巴西的铁矿石生产商，根据铁矿石生产商 Ferrexpo 披露的数据，2014 年 Ferrous Resources 公司的铁矿石（62% 的品位）产量为 560 万吨，且产能可达到 1500 万吨/年，符合 JORC 标准的储量为 40 亿吨，在全球铁矿石行业中属于中型的铁矿石生产商。

虽然与淡水河谷、力拓及必和必拓三大铁矿石巨头相比，其产量的规模远不如它们，但是从业务结构上看，其纯粹是做铁矿石开采的，而三大铁矿石巨头除了铁矿石，还涉及其他矿开采的业务；其次，其铁矿石的品位和储量都较高，从每吨的储量价格上看，它比淡水河谷低。根据披露的信息，截至

2015年年底，Ferrous Resources 单位铁矿石储量市值为 0.1 美元/吨，而同期淡水河谷单位铁矿石储量市值为 0.2 美元/吨（已扣除其他矿的业务）。

因此，从估值上看，Ferrous Resources 的确是非常便宜的。这可能也是卡尔·伊坎买下它的一个重要原因。

卡尔·伊坎这种买入并控制公司股权的模式，在交易的流动性上会有更高的要求，在出售时可能要领先市场一步，即要赶在市场疯狂之前，否则可能会不好找到买家。以 Ferrous Resources 为例，他就是在铁矿石大涨之前进行出售的。

对于散户投资者来说，卡尔·伊坎的买卖逻辑是值得借鉴的。如果散户投资者能洞察到其投资的逻辑，敢于在逆势中买入铁矿石巨头的股票，同样是收益非常丰厚的，如图11.12所示，全球第一大铁矿石生产商淡水河谷在铁矿石价格大幅下跌时，股价也是一路狂跌，2016年跌至最低点的1.98美元/股，如果散户投资者从中发现投资逻辑，大胆买入，其在2018年的收益也是非常可观的。

图 11.12　淡水河谷 2011 年 1 月至 2019 年 12 月股价走势图
【图片来源：万得（Wind）】